"学校现代化2035"丛书　　丛书主编　杨小微

文化融合与重构

探寻城乡集团化办学之路

钱澜 ▣ 著

华东师范大学出版社

图书在版编目(CIP)数据

文化融合与重构：探寻城乡集团化办学之路/钱澜
著.—上海：华东师范大学出版社,2020
("学校现代化2035"丛书)
ISBN 978-7-5760-0657-5

Ⅰ.①文… Ⅱ.①钱… Ⅲ.①小学-办学模式-
研究-太仓 Ⅳ.①G629.285.34

中国版本图书馆 CIP 数据核字(2020)第 130929 号

"学校现代化 2035"丛书

文化融合与重构
——探寻城乡集团化办学之路

著　　者	钱　澜
责任编辑	彭呈军
审读编辑	王海玲
项目编辑	朱小钗
责任校对	谭若诗　时东明
装帧设计	刘怡霖

出版发行　华东师范大学出版社
社　　址　上海市中山北路 3663 号　邮编 200062
网　　址　www.ecnupress.com.cn
电　　话　021-60821666　行政传真 021-62572105
客服电话　021-62865537　门市(邮购)电话 021-62869887
地　　址　上海市中山北路 3663 号华东师范大学校内先锋路口
网　　店　http://hdsdcbs.tmall.com

印 刷 者　上海锦佳印刷有限公司
开　　本　787×1092　16 开
印　　张　18
字　　数　281 千字
版　　次　2020 年 9 月第 1 版
印　　次　2020 年 11 月第 2 次
书　　号　ISBN 978-7-5760-0657-5
定　　价　54.00 元

出版人　王　焰

(如发现本版图书有印订质量问题,请寄回本社客服中心调换或电话 021-62865537 联系)

钱澜，江苏省太仓市实验小学校长、党支部书记，姑苏教育领军人才、特级校长，全国优秀教育工作者。著有《平凡与卓越之间》《草根情怀教育——全球视野中小学素质教育的本土研究》，在省级以上刊物发表论文70多篇。2005年起探索城乡小学集团化办学，从文化融合与重构视角走出了县域教育优质均衡发展的独特之路。

钱澜

"学校现代化 2035"丛书总序

迈向现代化的学校变革与发展

2019 年中共中央国务院印发的《中国教育现代化 2035》,是未来 15 年我国教育改革与发展的纲领性文件,学校作为育人的基本单位,也因此有了前行的方向和路径。

清末民初新学制的引入之前,我国的育人机构有诸多称谓,如"辟雍""泮宫""庠""序""校"等,其性质与今天的学校迥异其趣,基本形态是年龄参差不齐的孩子跟着先生按各自的进度读书习字;在新学制即壬戌学制颁布实施以后,"学校"的涵义就不再是中国古代"学校"那种"聚而各习之"的概念了,而是开始转型为现代意义上的学校,即按年龄分班、依循大体一致的进度、学习规定的内容、对学业成就进行统一的检测与评价。

我国中小学阶段学校变革与发展的价值追求,是从优质学校(更确切地说是从重点学校)开始的。新中国成立不久便开启了"重点学校"政策,其意图是通过政策的倾斜来集聚优质的教育资源。尽管"重点校"较少纳入学校现代化视角来研讨,但其在实践中往往被视为当下"名校""品牌学校""优质学校"的源头或前身。20 世纪 50 年代初,经中央批准教育部在全国确定了重点中学 194 所,占全部中学总数的 4.4%。十年文革期间,我国重点学校政策中断,改革开放之后得以重启。1977 年邓小平复出主持工作后,对恢复建设重点学校问题高度重视,几乎每次有关教育的谈话和批示中都要提及重点学校建设,并对为什么要办重点学校、如何办好重点学校作了多层次思考与阐述。这个时期从大学到中小学的重点学校,在人们心目中就是优质学校。尔后小学初中不再提重点,而高中依然在实际上延续着重点学校的身份,尽管在名称上改为实验性示范性高中,但其重点高中的"形象"乃至实质都不变。近些年来,在上海、江苏等地,提出一个新的概念——

"新优质学校",无论高中还是初中和小学,都分批遴选进入。尽管引起社会和学界一些争议,但扩大优质教育资源的出发点仍是很好的,体现了"办家门口的好学校"的初衷。

然而,"优质"学校并不等于"现代化"学校,至少是不全等于现代化学校,优质学校固然存有相当丰富的现代化元素或基础,但也还有优化和完善的巨大空间,无论是办学理念、课程与教学,还是在组织、制度和运作机制,都有待提升与现代教育价值目标及形态特征上的契合性与融洽度。

为探索学校现代化的性质与特征,我们曾立项专门研制学校现代化标准及评价指标体系,并开展了一定范围的学校实验来加以验证。从现代化的核心在于理性这一意义上来说,"公平"属于价值理性,"效能"则属于工具理性;又由于学校的变革与发展实质是一种学校内部治理,因而"赋权"是一种刚性的治理方式,表现为一种"制度理性","生态"则是一种柔性的治理状态,亦可视为"文化理性"或"文化生态理性"。这四种价值取向构成了二重价值维度,加上从整体上加以判断和描述的"优质"这一标准,构成了学校现代化的"5E"标准,即公平(Equality)、效能(Efficiency)、赋权(Empowerment)、生态(Ecology)和"优质"(Excellent School)。这5个价值维度关键词的英文字母首字母皆为"E",所以称之为"5E"标准。为验证上述标准的科学性和可测性,我们先后在浙江杭州、江苏太仓、嘉兴海盐、合肥经开和重庆荣昌等地及所辖学校开展了教育现代化样本区、样本校的合作试验研究。

进入本套丛书的第一批书目共有5本,分别来自江苏太仓和浙江杭州,现作一简略的介绍。

《文化融合与重构——探寻城乡集团化办学之路》一书,基于教师太仓市实验小学与华东师大基础教育改革与发展研究所的长期合作实践,从文化的融合与重构的视角,围绕集团化办学的政策背景、太仓实小的学校文化以及城乡之间、学校之间的文化冲突、互动、理解与重构等方面,阐述了该校十多年来在城乡区域均衡发展理念下持续推进的集团化办学历程。

华东师大项目组与杭州江干区凯旋教育集团基于长达八年的合作共建历程,从校本课程开发、初中质量改进、教师专业发展和集团办学之路等四大主题撰写了4本专著：

《从共享到共创——实现区域教育优质均衡的课程建设之路》围绕凯旋教育集团两轮合作在课程改革上的递进来展开。如何推进区域教育的优质均衡发展，办好家门口的每一所学校，满足老百姓对优质教育的需求？浙江杭州的基本经验是名校集团化，特别是通过学校之间的特色课程共享来推进基础教育的均衡发展，促进教育的公平。第二轮合作由"共享课程"递进到"共创课程"，以集团学校为主体，合作双方聚焦"国际理解教育""儿童哲学""STEM＋"三大课程，吸收集团外志同道合的学校协力探索，产生了更为广泛和深入的合作共建效应。该书对这一课程共创过程的成效与经验展开了描述、提炼和反思。

《从"育分"到"育人"：U－S合作中初中高质量育人之路》一书以目前公办初中所遭遇到的诸如发展不均衡、民办初中挤压、优秀生源流失，教师队伍老化等种种问题为背景，以杭州集团化办学实践以及其他区校同类探索为基本案例，从核心素养、深度学习、差异—对话—点化教学、跨学科教学、学法指导理等基本概念和主题，呈现初中高质量育人的改进路径的实践成果。

《从培训到研修——基础教育集团化办学中教师专业发展之路》一书，顺应我国中小学教师专业发展所经历的从"培训"到"研训"到自主"研修"的演化脉络，评述了集团办学进程中尝试进行的以教师工作坊为主导的研修方式，让教师不仅做学生的先生，而且也做同事的"先生"；不是被动地等待专家给模式、给策略（即只是做"学生"），而是不断地通过伙伴合作、校本研修来创生实践智慧。该书对上述历程及相关经验进行了颇有深度的总结、提炼和反思。

《从管理到治理——区域基础教育治理现代化之路》一书，聚焦党的十八大以来教育治理体系和治理能力的现代化这一备受关注的主题和一直难以破解的难题，从集团化办学的视角阐述了区域共治、集团共建、学校共生、机制共寻、领导力共进等多层面多维度的探索、成果和经验。该书以杭州江干区的教育集团化办学为基本案例，结合其他合作区校同类实践与研究，展现迈向治理现代化进程中多方参与、共创共治的学理思考和心路历程。

相信这是一个美好的开端，后续会有更多更好的新著持续跟进。学校迈向教育现代化2035的步伐持续向前，其成果、经验和体悟也将源源不断，那么本套丛书也将未有穷期。诚挚地期待读者、作者以及同时也是学校变革者的朋友们加入我们、携手共进;同时也衷心感谢作者的辛劳、读者的厚爱以及华东师大出版社编者尤其是彭呈军社长的大力支持!

2020 年 8 月识于上海苏州河畔康泰寓所

目 录

以草根精神托起教育现代化梦想

"西洲在何处？两桨桥头渡……"，一曲南朝民歌，道尽了旖旎婉丽的江南风情。"何处是江南？""八府一州"应该是最可取信的界定，其中的"一州"，就是太仓州。从上海驱车去太仓，半个时辰可到。假如走水路，差不多是"两桨"的距离。自 2013 年与太仓市实验小学结缘，这条路便成了我们常走的路。

在快速城镇化的背景之下，东部中小学也毫无例外地增长迅速。乡村学校变身城市学校，加之新学校不断出现，为太仓市实验小学这所本地最好的小学赋予了更多的责任，去带动这些学校更好更快地成长。当然，这也为太仓市实验小学提供了自身快速成长的大好机遇，此即所谓"助人者自强"。在钱澜校长的带领下，学校以其强大的"软实力"尤其是多年培育出来的质朴而灵动的"草根文化"为载体，先后经历了与太仓新湖小学、新毛小学的"结对试水期"，与太仓九曲小学和直塘小学的"托管探索期"，与太仓科教新城实验小学结为紧密型集团的"一体化深化期"以及提携城乡 5 所学校共同进步的"联盟推广期"等四个阶段的实践与研究，形成了以"文化融合与重构"为关键路径与核心策略的城乡教学共同体的基本经验与实践范式，有效推动了集团内学校教学方式的变革，促进了全面、全程、全员的教学质量的跨越式提升。

钱澜校长的思想与行动，也如草根文化一般质朴而灵动，更带一种风风火火、雷厉风行的"女中豪杰"范儿。最初一段时间，我们这个大学研究团队深受其"苦"，时常被"调动"得"灵魂出窍"，被"压榨"得"脑子缺氧"。不过，在我们半开玩笑式的"抱怨"之下，在多次的真诚交往与沟通磨合之下，钱校长出手越来越有章法，提前计划，如期实行，但又适时变通，双方的合作越来越默契。

近些年来学校承担了好几个省部级教育科研课题，在集团化办学、深度学习与自由课堂、研学旅行课程创建等多个领域开展了扎扎实实的接地气的研究。这本书就是他们的"主打产品"之一。该书在透析城乡学校集团化办学的背景及发展定位的基础上，以"草根文化"作为集团办学的精神之源，勾勒出学校从委托管理到一体化办学再到教育联盟的发展轨迹，揭示了"草根文化"在合作牵手校中逐渐被认同、接受和分享的并非一帆风顺的历程，明晰了城乡教学共同体建设中共同愿景、学科领导者、共享的教学资源库、互动机制和高效能这五大核心要素及其内在关联，探明了跨校教师教学研修的互动分享机制、多主体参与下以项目为载体的协商推进机制以及"校内年级督导制"这样一种城乡教学共同体教学效能的评价机制。

太仓市实验小学之所以能在城乡学校教学共同体探索中取得持续的进步，得益于全体师生员工的共同努力，得益于地方领导、学者专家、学生家长、社会贤达等所有关心学校发展的人持久的认同与支持，也得益于学校在长期教育实践中感受、体悟和凝炼出的"草根文化"所释放出来的巨大力量。正如成尚荣先生所指出的那样，"草根"是一种喻指，喻指教师在教育实践及研究中像草根那样充满生命活力，喻指一种质朴、顽强、不屈不挠、扎根大地深处寻求萌发的精神，喻指一种回归简约、真实并切近生活的教育理想。我理解，这种坚决、坚定且能恒久坚持的草根情怀，源自太仓这片以"饭稻羹鱼"为生产生活特征的"不离人间烟火"的热土，以及这片热土所孕育的坚韧、质朴、灵动、舒展的草根文化精神。草根文化精神，已如彭钢所长所言成为学校独具的鲜明的文化符号，是"引领学校发展的共同愿景，支持学校实践变革的内在灵魂，体现学生整体风貌的精神导引"。

太仓不仅是满含江南诗性文化底蕴的沃土，作为郑和七次下西洋的起锚地，也是联通中国与世界的最美港湾。今天，作为江南教育文化一个缩影的太仓市实验小学，也似一叶风帆，满载教育现代化梦想，乘风破浪驶向碧空澄澈的天际！

"太仓在何处？江左烟雨中。南风知我意，吹梦到西洲。"

识于 2020 年元旦之夜

导　言

　　本书记录了中国长三角地区一所位于县域的省级实验小学在城乡学校集团化办学实践中的辛勤探索，总结了该校所历经的与农村学校结对、托管、一体化办学、联盟式合作等多样态的集团化办学路径，回溯与反思了学校立足现实、基于情景、聚焦问题，化不利为有利、化差异为资源、化任务为契机的负重奋进之路。

　　这是一所学校视野中的集团化办学之路，也是学校层面实施教育综合改革的探索之路，更是学校步入新时代以后，不忘初心、自主探索可持续发展的实践创新之路。将一个锐意进取的基础教育实践团队的心路历程以专著的形式呈现出来，与中小学同行、教育行政部门领导及基础教育研究专家共享。

　　全书分为 7 章，阐述学校集团化办学的背景、历程及教师的成长故事。

　　第一章"城乡学校集团化办学背景与定位"，概述了县域城区名校开启集团化办学之旅的时代背景、国家政策和全国中小学试行集团化办学的典型模式，介绍了集团化办学所涉及的组织理论、学习共同体建设理论、文化融合与重构的相关理论等，分析了太仓市实验小学以文化融合与重构的视角建设城乡学校共同体的独特做法及价值意义。

　　第二章"草根文化：集团化办学的精神之源"，呈现了作为集团化办学牵头校的太仓市实验小学学校文化的内涵特质与办学优势，总结了"草根文化"观照下苏南素质教育样本校的实践经验，分析了"草根文化"输出过程中所遇到的主要矛盾及化解之道。

　　第三章"委托管理：城乡学校的融合之径"，记录了太仓市实验小学托管九曲、直塘两所乡镇学校的实践路径，从分析城乡学校间存在的各种差异的原因出发，详细阐述了委托管理"验血——输血——造血"的融合路径、实施策略及存在的问题和不足。

　　第四章"'一体化'办学：城乡学校的重构之式"。"两校一体"的集团化办学是开启城乡一体化探索的重要节点,本章重点阐述了"文化融合走向文化重构"的客观因素和现实意义,总结了一体化管理的基本运作模式,从"两校一体"的内部组织建构创新出发,实现了教育理念、研修制度、特色课程的全方位重构。

第五章"教育联盟:集团化办学的共创之势"。教育联盟是太仓市教育局在总结前期实验小学等学校集团化办学经验的基础上,在区域教育高位均衡发展新要求下,在县域范围内集团化办学整体推进的新举措。本章主要记录了太仓市实验小学教育联盟的三大关键举措——草根"淘金计划"(课程建设)、草根"新绿计划"(教师培养)、草根"播种计划"(学习方式变革)——的实践探索,总结了教育联盟运作机制、关键要素及其存在问题,展望了理想中研究型教学共同体的样子。

第六章"年级督导:城乡学校共同体的质量保障",聚焦学校内部治理的一个重要的创新性举措——校内督导制。校内督导制是太仓市实验小学集团化办学16年来教育质量综合评估始终位列区域第一的重要保障,被区域内许多学校仿效,并被写入2020年太仓市教育局《关于进一步强化落实中小学校年级组教学督导制度建设的指导意见》,得到全面推广。本章具体阐述了年级组校内督导产生的背景与价值,具体的操作要点及未来在联盟校体系内的实践与应用。

第七章"草根夜话:共同成长的故事"。学校的集团化办学进程中,有很多志同道合者先后加入这一变革与发展的洪流,并共同创造了今日的辉煌。本章遴选部分成员的随笔故事,意在通过呈现草根教师自强不息的心路历程,展现集团化办学之路的生动鲜活与绚丽多姿。

集团化办学是教育管理体制与机制的一种创新,涉及多种确定或不确定的因素,为此,我们用列表格的方式来呈现每一个阶段的实践样态、解决的问题、主要策略、标志性成果、政府保障与专家介入情况。

表1　太仓市实验小学集团化办学四段历程

时期	试水期	探索期	深化期	拓展期
时间	2003年8月—2006年6月	2007年8月—2011年6月	2013年6月—2016年8月	2017年8月—2019年12月

时期	试水期	探索期	深化期	拓展期
事件	"结对"新湖小学、新毛小学	"托管"九曲小学、直塘小学	"一体化"管理科教新城实验小学	与另外五校形成"教育联盟"：科教新城实验小学、科教新城南郊小学、高新区第四小学、沙溪镇第一小学、港城小学
主要问题	有效规避城乡"文化冲突"，让农村薄弱学校认同城区学校的优质文化与先进的教育理念	拉长"短板"，规范学校的管理，规范"六认真"教学制度，提高教育教学质量	优质资源增量，缩短新校的启动期	提升课程与教学领导力，建立现代化小学样本群，带动集团校高水平发展
关键举措	"师徒式"城乡教学共同体	1. 在城乡之间成立了语文、数学、英语、班主任和信息技术5个学习型城乡教学共同体； 2. 主题式五环跨校研修活动； 3. 三校开发"城乡学校一日体验课程"	1. 组织架构创新成立跨校五大中心：管理决策中心、课程研发中心、质量监控中心、教师发展中心和资源配置中心； 2. 在五大中心的推动下形成了多种任务型城乡教师教学共同体，实现两校"教研训"一体化	以课题与项目为牵引，围绕学校特色课程研发、教学主张与风格形成、学生学习方式变革，成立研究型城乡教师教学共同体
政府保障	由太仓市教育局召开城乡校长联席会议，发起城区学校和相对薄弱的农村学校结对	1. 太仓市教育局正式发文，城区学校托管农村学校，与城区学校签订托管协议； 2. 购买专车每天接送城区教师下乡、农村教师进城； 3. 城乡学校交换骨干教师； 4. 给城区学校与教师发放托管津贴； 5. 尝试委托第三方评价托管效果	1. 根据太仓市教育局安排，太仓市实验小学派出13名骨干教师到新校工作； 2. 科教新城政府给予充足的科研经费保障； 3. 被推荐成为苏州市义务教育集团化办学项目组并担任组长单位	1. 太仓市教育局发文，全面推广太仓市实验小学集团化办学经验； 2. 太仓市教育局任命太仓市实验小学的副校长担任联盟内学校校长； 3. 太仓市教育局为教师流动与联盟的考核评估出台相关政策

续　表

时期	试水期	探索期	深化期	拓展期
专家介入	教育局基教科	1. 江苏省教育科学研究院专家每月来校指导； 2. 太仓市教育局领导、教师发展中心本土专家到集团内听评课，参加教师论坛和沙龙等	1. 江苏省教育科学研究院基地学校每学期来校指导； 2. 开启了和华东师范大学杨小微教授团队的 U-S 合作； 3. 苏州市教育局聘请集团化办学的指导专家莅临指导	1. 深化与华东师范大学 U-S 合作； 2. 江苏省教育科学研究院专家继续指导； 3. 联盟内各校根据需要自聘教育教学专家指导
效果	有一定效果，但不明显	农村学校教育教学质量跨越式发展，达到并超过预期效果	科教新城实验小学快速崛起，效果明显	六所学校的质量都有提升，在教育局质量评估中，两所被评为一等奖，两所被评为二等奖，两所被评为进步奖，效果明显
标志性成果	没有	承担"十一五"规划教育部规划课题"文化融合视野中的学校共同体建设个案研究"，成为江苏省教学共同体建设的典型样本，研究成果获得全国基础教育成果网络评比一等奖	"文化融合视野下的城乡教师教学共同体建设"成为全国典型样本，在 2014 年 11 月全国教育学会年会上交流；《名校＋新校一体化办学》成果获得苏州市政府教育成果特等奖	集团化办学成果"文化融合与重构：城乡学校共同体建设个案研究"2018 年在广东珠海第四届全国教育博览会上展出；2019 年被江苏省教育厅列为重点培育与推广的内涵发展项目
存在问题	教学共同体没有共同的愿景，没有协同的机制，活动没有主题与质量保证	托管三年期满，城区学校教师撤走后农村学校的教学质量略有回落。城区学校因骨干流动频繁，家校矛盾频发	政府没有专门评估一体化的绩效；对承担两校一体化管理的行政工作没有工作量与质的专项评估，工作的推进主要依靠两校行政人员与教师的自律与自觉	管理层级增多，学校活动过于频繁

　　概言之，《文化融合与重构——探寻城乡集团化办学之路》呈现了一所学校在探索集团化办学不同时期的不同实践样态，展示了学校集团化办学的本质与关键路径。

　　集团化办学是借助学校优质文化的力量，在与异质文化的互动中不断融合先进的文化元素，从而实现优质资源增量的一种管理创举。太仓市实验小学成功的集团化办学路径可以概括为"文化尊重——文化互动——文化融合——文化重构——文化自强"。

　　以"文化融合与重构"方式建立城乡学校教学共同体，这一核心经验是经历了16年的实践、研究和思考得出的，是四个阶段的共性经验，是集团内校长团队和教师团队在开放、互动、共创中，在有效破解集团化办学所面临的挑战与问题中获得的集体智慧的结晶。

　　我们深信，文化融合是校际相互尊重、相互认同和相互理解的综合体现，其在精神层面共同的价值追求和发展愿景，无疑是召唤全体师生、家长及所有其他支持者的内在凝聚力所在。

　　提出"文化融合"，是基于试水期与探索期城乡教师间强烈的"文化冲突"。如何消除这种冲突？我们从一开始的害怕冲突，到跨校互动机制有效建立后的文化融合，实现了双赢，我们逐渐开始正视并利用这种"冲突"，甚至在全国范围内寻找"对标学校"，自找"差异"，制造"冲突"，寻求更高层次的突破与提升。

　　提出"文化重构"，是基于城区学校撤走后的质量回落，城区学校家长对农村调入教师不够信任。文化重构是在融合基础上互相借鉴、互相帮助、相互启迪，各自重新创造更有活力的学校文化。根据集团内学校的发展阶段与师生的实际情况，有时需要先融合再重构，有时边融合边重构，也可以直接抱团重构。融合是为了重构，重构是为了更好地发展。不管是融合还是重构，核心元素都是人与人之间的互动，而这个互动更多指向有异质文化背景的城区教师与农村教师。聚焦于教学共同体，直接回归于城乡儿童是否受到优质而公平的教育这个出发点与落脚点。

　　限于研究和写作水平，本书有些地方尚待进一步思考探究，特别是对城乡学校的一些问题剖析，不一定具有广幅的适用性，但其中的个案价值值得进一步关注，还望在日后的教学研究中不断加以补足，以期贡献出更大的参考价值。

　　本书从2019年4月开始撰写，其间得到华东师范大学专家和江苏省教育科学研究院专家的指导，也得到太仓市教育局领导的鼓励与鞭策，更得到草根团队伙伴们的无私帮助。正逢新冠病毒的防疫期，在线教育被大规模地推广开来，这种未来的学习方式已经打破了地域和人员的各种限制，为我们的区域教育集团化发展带来新的冲击和思考。

教育，就是一场永不停止探索的旅程。

第一章
城乡学校集团化办学背景与定位

目前,义务教育阶段的教育不均衡性,在全国范围之内,在区域间及区域内均有不同程度的体现,并由此引发类似于愈演愈烈的名校"择校热"等教育现象。如何在短时间内快速提升相对稀缺的优质教育资源使用效率,促进义务教育阶段教育的高位均衡?集团化办学,成为解决上述矛盾的一剂良方。

自 20 世纪 90 年代以来,义务教育阶段的教育集团化办学便呈现出蓬勃发展的态势。从整体上看,集团化办学(教育集团)只是基础教育界诸多办学形式中的一种,其占比并没有绝对优势,但透过现象看本质,我们会发现,其背后存在一种必然。教育集团化办学现象的出现,是特定的社会、政治、经济共同作用下所产生的一个历史现象,是优质教育资源短缺和教育的选择性需求日趋强烈所产生的必然结果,也是我国教育领域内多元化办学体制变革的一个重要发展趋势。

2005 年,教育部《关于进一步推进义务教育均衡发展的若干意见》明确要求把提高农村学校教育质量和改造城镇薄弱学校放在首要位置,因地制宜创造出符合当地实际的有效做法和经验。2014 年,李克强总理在政府工作报告中提出,要促进教育事业优先发展、公平发展,把公平发展与优先发展并提。

江苏省太仓市是探索教育优质均衡发展的先行地区之一,以 2012 年率先通过全国基本均衡化先进县市验收为标志,太仓教育步入了义务教育后均衡发展时代。2013 年 12 月,苏州市教育局下发苏教基〔2013〕39 号文件《关于组织申报义务教育改革项目学校的通知》,鼓励各县市以优质学校多样化探索集团化办学模式,促进区域义务教育的均衡发展。苏州各地积极探索组建以优质学校为龙头的教育集团,推动区域内学校教育资源的整体优化与教育质量的整体提高,加快教育均衡化、优质化进程,促进优质教育平民化、普及化,满足广大人民群众对优质教育资源的渴求。

太仓市实验小学自 2005 年起,先后与新湖、新毛两所农村小学结对组建教育集团,2007 至 2011 年间又成功托管九曲、直塘两所农村学校,2013 年秋开始一体化管理太仓市科教新城实验小学,均取得了突破性成果,成为太仓市区域义务教育高位均衡的龙头学校。

2017 年 8 月,太仓市教育局发布太教〔2017〕22 号文件《关于建设学校教育联盟,推进区域教育优质均衡发展的实施意见》,按照"优质学校集团化办学""中小学连片的学区化管理"及"均衡配置资源"的思路,通过深化集团化办学,健全优质学校与相对薄弱学校之间稳定的共建机制,促进优质教育资源共享,推动区域教育质量持续提升。文件以"资源共享、帮扶共建、特色共显、质量共优"为宗旨,通过推动区域内各联盟校的办学特色、课程改革、特长培养等方面建设,促进教师素养发展,提高人才培养质量,提升联盟学校整体办学水平,实现太仓基础教育的优质、均衡、特色发展。

基于太仓市县域范围内的义务教育高位均衡,又将翻开新的一页。作为一种新型的组织经营模式,集团化办学是如何产生的,产生的原因到底有哪些? 它是如何组织和运行的? 与传统的学校相比较,其优势和不足有哪些? 在提高教育教学质量和办学效益上,集团化办学有着怎样的独到之处,其存在的价值和意义到底在哪里? 这些问题都值得我们去做进一步的思考。

第一节　城乡教育共同发展的现状与问题

城乡教育共同发展的核心是教育均衡化。所谓教育均衡化,是指通过法律法规确保给公民或未来公民以同等的受教育的权利和义务,通过政策制定与调整及资源调配提供相对均等的教育机会和条件,以客观公正的态度和科学有效的方法实现教育效果和成功机会的相对均衡。

但事实上,当下由城乡教育二元结构所导致的城乡教育差异依然十分明显。2012 年 9 月 5 日,《国务院关于深入推进义务教育均衡发展的意见》(国发〔2012〕48 号)指出,当下,"在区域之间、城乡之间、学校之间办学水平和教育质量还存在明显差距,人民群众不断增长的高质量教育需求与供给不足的矛盾依然突出"。并提出推进义务教育均衡发展的基本目标:"每一所学校符合国家办学标准,办学经费得到保障。教育资源满足学校教育教学需要,开齐国家规定课程。教师配置更加合理,提高教师整体素质。"

为此,全国各地不同程度地开展了多种形式的集团化办学改革与实践,其中尤以上海、杭州、苏州、重庆等地的集团化办学成效显著。多样态的集团化办学形式,为我们的实践研究提供了借鉴的样板。

当然,欲从根本上解决城乡差异,我们还需要从更深层面去了解差异形成的原因,了解差异形成的历史和当下,只有全面深入加以了解,才能找到有效的解决方案。

一、 城乡教育共同发展的关键是教育公平

追求教育公平是当前基础教育发展的根本趋势,是世界范围内教育改革和发展的基本出发点。从内涵来看,教育公平包括机会公平、过程公平和结果公平。从外延来看,教育公平包括对相同的人平等对待,对不同的人差别对待,对特殊人群倾斜对待。

(一) 城乡教育共同发展的国际视野

在全球化发展背景下,国家社会、经济的发展对教育的要求越来越迫切。当今世界正处在大发展、大变革、大调整时期,世界多极化深入发展使国际力量对比变得日益平衡。作为发展中国家,中国以不断增强的经济实力为支撑,不断提高自身在国际货币基金组织和世界银行中的投票权,持续增大在联合国、"金砖+"、二十国集团峰会等多边框架下的影响力,综合国力和国际地位提高尤为显著。借助世界多极化、经济全球化深入发展,中国展现出大国的责任和担当,推升全球治理加快变革。

随着新一轮科技革命和产业革命加快重塑世界,中国必须抓住机会建设世界科技强国,努力成为世界主要科学中心和创新高地,不断提升在全球产业链中所处的位置。

以上种种,是中国的发展历史机遇。与此同时,中国又面临着严峻挑战。

伴随经济全球化深入发展,大国战略博弈加剧。大国关系的合作面明显下降,竞争面明显上升,而且竞争日益聚焦于重塑国际规制。我国正处在改革发展的关键阶段,经济建设、政治建设、文化建设、社会建设以及生态文明建设全面推进,工业化、信息化、城镇化、市场化、国际化深入发展,人口、资源、环境压力日益加大,经济发展方式加快转变,都凸显了提高国民素质、培养创新人才的重要性和紧迫性。

20世纪90年代以来,联合国相继召开了多个国际性教育会议,发表了一系列重要的教育宣言,例如1990年的《世界全民教育宣言》、1993年的《德里宣言》、1994年的《萨拉曼卡宣言》等,国际社会对教育机会均等的关注进入了一个新的高潮。

进入21世纪,无论是法国的《为了全体学生成功》(2004年)、美国的《不让一个孩子掉队》(2002年)、英国的《为了全体学生:更高的标准,更好的学校》(2005年),还是南非的《2005课程:21世纪的终身教育》(1997年)等,都体现了全球追求教育公平是教育均衡的核心理念。

从发展趋势上看,经济全球一体化、区域发展本土化对基础教育产生了深远的影响。有的国家区域教育均衡差异显著,比如俄罗斯和法国;有的则相对均衡,比如芬兰和韩国等。例如,在国际学生评价项目(PISA)中屡次夺冠的芬兰,其不同地区间、各学校间的差异,不同家庭背景的学生成绩差距在所有参评国家中是最小的(王悦芳,2009)。

但是,一个无法回避的事实是,区域不均衡的现象将长期存在。例如,在法国,"过滤理论"认为教育有筛选的功能,而德国的分流则从孩子10岁就开始,这就导致学生分化严重。根据统计,在2007年之前的10年,俄罗斯城市间的教育人均支出有约为4倍的差异(杨建梅,2007)。澳大利亚一些学者发现,教育领域分配不公平的现象与当年的预测相差越来越远(牛道生,2004)。

区域间及区域内的教育不均衡问题到底该如何破解?政府的宏观调控和市场机制的动态平衡是关键。

进入21世纪以来,各国政府本着教育公平的理念,实行了多种政策推进基础教育的均衡发展。在联邦制国家(例如美国、俄罗斯等),政府一般通过立法来推动各州、学区(地方)的教育均衡。

在日本、韩国等中央集权程度较高的国家,通过国家立法的形式来推动中央权力和地方权力的分割,使得区域获得自主权,促进区域内教育的均衡发展。例如,1991年,韩国政府制定并颁布了《地方教育自治法》,以促进教育分权,市、道教育厅在基础教育中被赋予更多人力、财力、物力等方面的管理决策权(张红,杨颖秀,2008)。

在芬兰,地方教育当局拥有大多数学校的所有权和经营权,新的改革立法赋予地方当局相当的公共服务自主权,包括教育自主权。整个教育管理结构因而显得宽松简单:教育部负责制定政策、构建立法架构和进行教育投资,国家教育署负责课程开发与教育评价,并向学校和教师提供专业扶持服务(原青林,2007)。

研究发现,欧美国家虽然也看到了区域不均衡所带来的潜在影响,甚至从立法分权层面出手干预,但整体上看,因制度不同,管理层级不同,城乡人员结构也不尽相同,西方教育无论是在教育目标和教育模式上,还是整体框架和结构上,都与国内教育有着很大的不同。例如,一般情况下,西方教育呈现出"特大城市的教育水平差"及"公弱民强"的特点,这与我们国家的基础教育现状恰恰相反。

因此,西方国家在具体实践层面的措施和方法,我们虽可借鉴,但若要从根本上解决城乡教育差异,改变城乡教育二元结构,我们仍需要从实际出发,走中国道路。

(二) 城乡教育共同发展的国内视角

今天的中国,教育公平已经不仅是教育问题,而是国家和社会的问题,还是整个国家在新的战略布局中非常重要的基础性问题(谢维和,2015)。教育公平是社会公平的重要基础,是衡量文明社会的重要尺度,也是我国教育发展的重大战略抉择。《国家中长期教育改革和发展规划纲要(2010—2020年)》强调:把促进公平作为国家基本教育政策。教育公平的关键是机会公平,基本要求是保障公民依法享有受教育的权利,重点是促进义务教育均衡发展和扶持困难群体,根本措施是合理配置教育资源,向农村地区、边远贫困地区和民族地区倾斜,缩小教育差距。

改革开放以后,随着国家经济实力的不断增强,为了改变农村教育的落后状况,政府加大投入力度,出台了"一费制""两免一补""免费义务教育"等一系列政策,在全国范围内基本普及了九年义务教育,受教育权利得到前所未有的尊重,社会成员的受教育意识、对教育的重视程度普遍提高。

上述政策的逐步实施,大力促进了农村教育的整体发展。但是,受社会生产力发展水平、区域经济发展状况、区域经济资源差异、社会成员的思想观念差异等因素制约,我国的教育公平现状不容乐观,城乡教育的差距仍然很大,教育公平问题远未得到解决,产生了许多备受人们关注的教育问题,主要体现在以下几个方面:

1. 区域间的教育差异主要体现为整体水平参差不齐

我国区域之间的教育存在很大差距,并且差距正在加剧。特别是东部发达地区与西部欠发达和不发达地区间的差距十分明显。我国中西部地区、老少边穷地区的经济发展和社会发展水平相对东部地区落后,在东部和西部地区的教育投入也存在明显的差距。当然,不仅区域之间差距明显,即便在区域内部,差距也是十分明显,甚至省内教育差距大于省际教育差距(袁振国,2005)。经济发达地区与经济欠发达地区的孩子之间教育机会的巨大差距,成为阻碍教育公平的一个重要因素。

2. 城乡间的教育差异主要体现在教育资源的向心集聚

新中国成立后很长一段时期内,我国在城乡二元结构高度集中的计划体制下,形成一种忽视地区差别和城乡差别的"城市中心"的价值取向。教育政策中的"城市中心"导致城乡学生在受教育机会上的"起点不公平",且中央政府承担的义务教育的比重比较低,没有足够的财政支援落后地区的教育,因而,农村地区尤其是经济落后地区基础教育的贫弱状况没有得到明显改善。

我国在20世纪80年代中期下放教育管理权限,建立了基础教育由地方负责的分级管理体制,义务教育经费主要由地方政府负担。地方办教育的积极性被调动起来,但同时,在一些经济落后的地方,财政能力不足,县际、乡际经济发展不平衡,直接影响了义务教育的实施。

随着我国经济的持续发展,城市布局的调整,区域内优质教育资源相对集中和教育资源的需要合理调配的矛盾在城市化进程中凸显。改革开放以后,教育开始发展起来，特别是民办教育迅速恢复和发展，打破了公立教育一统天下的局面，促使了我国多元办学体制的形成。但随着城市的扩大和城市功能的转变，一些新的问题开始凸显，比如，非学区内家长的"择校"需求，新建学校因不能及时满足"优质教育"愿望面临招生不足，大量进城务工人员子女面临"上学难"问题，等等。诸多矛盾对教育公平提出了更多考验。

总之，从教育经费投入、教师质量水平、升学率、辍学率和家庭背景等方面来看，城乡间的差距依然十分明显。

3. 学校间的教育差异主要体现在名校高地的黑洞效应

1977 年 5 月，针对国内优质教育资源相对匮乏的状况，邓小平同志提出办教育要两条腿走路："要办重点小学、重点中学、重点大学。要经过严格考试，把最优秀的人集中在重点中学和大学。"之后一段时间内，国家在基础教育发展上便形成重视重点学校建设的策略。但这一策略的实施无疑是一把双刃剑。重点学校政策在集中有限资源确保优秀人才的培养方面起到了历史性的作用，重点学校得到政府的支持、社会的认可和家长的青睐。重点学校集结了基础设施、设备、师资、生源等硬软件条件方面的优势。在短时间内，重点学校成为所在地区优势教育资源相对集中的"高地"，政府及百姓心目中的"名"校。但是重点学校政策导致基础教育领域资源配置失衡，一所重点学校得到的实际经费往往是全地区其他所有学校经费的总和，优秀的教师也被其吸纳过去。经年累月，名校大班额与弱校"空果"效应形成鲜明对比，导致同一地区区域内学校间的差距拉大，"薄弱学校"逐渐形成。与此同时，"择校现象"出现了，既强化了应试教育的倾向，又扩大了城市中已经存在的阶层差别。

二、　县域范围内城乡教育共同发展的问题所在

以太仓市这一县域范围为例，2007 年之前，城乡教育差距是全面性的，是鸿沟性质的巨大差异。无论是硬件基础，还是师资条件，乡镇学校都与城区学校有着明显的差异，因此，太仓市实验小学全面"托管"乡镇薄弱学校是全方位的介入，通过"验血、输血、造血"三大步骤，逐步完成对乡镇学校的全面改造。"十三五"以来，乡镇学校的硬件基础设施可以说今非昔比，有了全面改善，以港区一小、港城

小学为例,其办学条件已经远远超越城区几所老牌实验小学。乡镇学校在办学条件(基础设施方面)彻底改善之后,在办学理念、学校文化、课程建设、师资培养等诸多方面的不足进一步凸显出来。

如何让每一个孩子都能在家门口上好学校,显得更加迫切。教育的集团化办学显然已经是迫在眉睫。但是,集团化办学之路依然是困难重重!

(一)制度层面的城乡差异一时间仍难以破解

从教育管理制度上看,农村义务教育实行"在国务院领导下,由地方政府负责,分级管理,以县为主的管理体制",这种体制只能在县域层面统筹城乡教育发展,重心偏低,区县之间、县市之间无法有效统筹。

从教育投入制度上看,农村义务教育实行"各级政府分担,经费省级统筹,管理以县为主"的财政体制,这种体制虽然明确了中央和省各自的经费保障责任,但是,对省以下各级政府的经费保障责任不够明确。由于地域、地区经济发展状况存在差别,地方财政状况差异很大,各地教育经费投入差异更大。

从教师管理制度上看,二元分割体制造成城乡教师在质量水平和条件待遇上的巨大差距。在教师资源配给上,长期以来倾向城市,导致农村教师资源十分短缺,优质教师资源更是稀缺难得。且农村教师存在结构性短缺(专职体卫艺类教师偏少偏弱),农村教师岗位缺少吸引力,缺少政策倾斜的农村学校很难吸引大学毕业生到农村任教。相反,农村优秀教师向城市流动的趋向愈演愈烈,致使城乡教育资源差距更显巨大。

(二)师资层面的城乡差异短时内仍难以均衡

太仓市教育局《太仓市教育事业概况(2016—2017)》显示,城乡学校的师资分配存在较大差异,其中名校的教师数量相对充足,甚至存在个别超编现象,但农村学校的教师数量仍然短缺,局聘代课和校聘代课教师较为普遍,尤其是在当下外来人口急剧增长,二胎政策"红利"开始凸显时,乡镇学校的压力尤显突出。

此外,从年龄结构、性别结构、教师学历、学科师资结构等方面来看,城乡差异也颇为明显。我们以2007年时的太仓市实验小学和九曲小学为例:

九曲、老闸校区包括附属幼儿园共有57名公办教师,16名民办教师。从年龄结构上看,57名公办教师中,30周岁以下占比42%,30—45周岁占比35%,45岁以上占比23％。从骨干教师队伍建设方面看,太仓市级及以上学科带头人数为0,校级骨干占比5％,骨干梯队建设严重滞后。调查显示,很多教师缺少学习,缺少竞争,缺少主人翁意识,更缺少创新意识,习惯于一种平庸的工作状态。

太仓市实验小学共有99名教师,其中苏州市级名教师学科带头人2人(之前换届时提拔调出4位),太仓市级骨干54人,占比超过50％。

2017年时,太仓市教育局在实施区域内新教师"2＋5"(新教师在城区工作两年后必须到乡镇学校工作至少五年)政策多年之后,乡镇学校有生力量数字有了明显回升,加上自2015年开始的江苏省教育厅"乡村骨干教师培育站"五年计划,系统且有针对性的乡村骨干教师培育也对乡村学校骨干队伍建设带来利好,这些都从一定程度上改善了城乡学校的师资结构。

集团化办学之后的太仓市域范围内的义务教育阶段教育,城乡师资正逐步趋向均衡化,但集团内的城区学校与农村学校,教师分配不平衡不充分现象仍然存在。

(三) 区域布局上的城乡差异几乎是无解难题

外地务工人员随迁就读政策及苏南地区相对优质的教育软硬件环境,使得大量外来务工子女扎堆来太仓就读,乡镇学校学额屡创新高,就读压力逐年增大。本地乡镇学生为了追求更优质的教育,更是通过各种途径进城,形成了事实上的新城乡差异。而优秀骨干下乡,则更多为了评职称等功利性目的,并没有长期扎根乡镇的个人意愿,因此其骨干的示范作用相对弱化,不能对支教学校形成长期示范效应,加上在城区工作两年后再下乡服务五年的青年教师正处于适婚适育年龄,五年内女教师结婚加二胎比例颇高,此类现实困境一时仍无法解决。

除此以外,城乡学校间还普遍存在以下问题(差异),需在集团化办学过程中加以重视并得到解决:一是乡镇学校教师原有的工作惯性和现代学校建设标准之间的冲突;二是共同体各学校之间的自我约束与各自向往更多自由的冲突;三是家长对名校的高期望导致对新融入教师的不信任感,共同体组织内教师因遭遇过度关注而压力陡增,从而产生逃离的念头。

这些现实问题、这种危机感伴随着集团化办学的各个阶段,我们希望能够有一种责任与权利对等平衡的绩效考核机制,为这一创新实践提供政策保障。

三、 集团化办学是县域城乡教育共同发展的应然之举

2018 年以来,太仓市义务教育阶段的城乡学校,其硬件资源配置已基本均衡,但在学校文化、办学理念、师资队伍、课程建设、教育质量等方面的内涵式发展仍存在较大差异。有鉴于此,我们致力于通过构建区域城乡学校发展共同体,从文化融合与重构的视角,聚焦城乡教育共同发展的核心问题,整合城乡教育资源,构建动态均衡、双向沟通、良性互动的教育体系和体制机制,进一步缩小城乡教育差距,共同形成办学优势,有效促进区域教育的优质均衡发展。

（一）教育均衡化,是国家教育的基本国策

教育均衡化发展是近年来我国义务教育阶段出现频率极高的关键词,也是当前全社会尤其是教育界关注的热点问题。坚持以人民为中心,持续推进教育公平,补齐民生短板。

教育公平是社会公平的重要基础。党的十九大报告指出,"必须多谋民生之利、多解民生之忧,在发展中补齐民生短板、促进社会公平正义",并对促进教育公平作出重要部署。保基本、补短板、促公平,重中之重是推动城乡义务教育一体化发展,高度重视农村义务教育。这是缩小城乡义务教育差距的标本兼治之策,也是促进城镇基本公共服务与农村共享的关键环节,将充分彰显教育权利和机会公平。这项工作重点从县域做起,逐步向有条件的市域扩展。

从 2006 年开始,义务教育均衡发展成为国家义务教育发展的政策着力点。2010 年 7 月,《国家中长期教育改革和发展规划纲要（2010—2020 年）》指出,均衡发展是义务教育的战略性任务。2016 年 7 月,《国务院关于统筹推进县域内城乡义务教育一体化改革发展的若干意见》明确表示,要通过城乡义务教育一体化、实施学区化集团化办学或学校联盟、均衡配置师资等方式,加大对薄弱学校和乡村学校的扶持力度,促进教育均衡发展。

基于这一背景,集团化办学已经成为国家和地方行政部门推进义务教育均衡发展与提升义务教育质量的重要举措。

（二）教育均衡化,是区域教育的现实需求

太仓市地处长三角,接壤大上海,随着近年来经济建设的高速发展,已连续数年名列全国百强经济县前十名。经济的发展带来社会多方面的繁荣,人民对优质

教育的强烈需求与渴望也空前高涨。

因此,太仓市教育局强力推进教育现代化工程,首批通过江苏省"教育现代化先进市"的验收,也是省首批"教育均衡化发展先进市",从客观上逐步缩小了城乡教育的差距,特别在硬件建设方面,城乡之间已经完全处于同一建设与发展水平。但是在内涵发展方面,城乡差异仍然明显,尤其是学校管理水平以及教师队伍建设和专业化发展方面的差异更为突出。

太仓市连续多年被评为全国"十强"县级市,经济实力发展迅速,人民生活水平不断提高。但是,和周边地区的县级市一样,太仓城乡之间存在着发展的差异。

图1　2014—2019年太仓市城乡居民收入统计图

来源:2019年太仓市国民经济和社会发展统计公报太仓市政府网

从经济发展看,2019年,太仓市城乡居民收入分别为68 204元和35 198元,接近2∶1;城乡主要产业分类不同,有的乡镇仍然以工业为主,有的乡镇服务业占主体;各镇区企业,有的以传统产业为主,规模小,有的积极引进先进制造业,吸收外资,规模大。

从文化事业看,太仓城区大力发展公共服务事业,拥有体育馆、文化馆、博物馆、大剧院、图博中心等,可承办国际级体育赛事,百姓的文化生活丰富多彩,而农村镇区的社会服务事业相对落后,文化设施及活动相对偏少。

从人口看,璜泾、双凤、沙溪等镇聚集大量外来务工人员,居民受教育程度相对偏低,而中心城区则以本地户籍人口为主,吸纳了大量高素质人才,居民整体学历水平高。随着中央对发展的认识不断提高,太仓政府更加重视社会公平,重视全市均衡发展,城乡协同发展。社会的发展离不开人才,教育是百年大计,对社会发挥着重要作用。自 2005 年以来,太仓市教育局始终把缩小城乡差距,加快发展农村教育作为工作目标之一。

正是基于这样的现状,太仓市教育局借助推进教育现代化进程的步伐逐步构建城乡一体化教育体系,并在县域范围内稳步推行教育集团联动制,并试点出台了城区优秀学校"托管"农村相对薄弱学校的举措。

这些政策和举措,把一批城区优质学校推到了改革的风口浪尖,学校自身发展与教育均衡化之间的微妙关系促使我们必须用新的眼光去审视和研究这个新问题。

(三) 教育均衡化,是区域名校的责任担当

太仓市实验小学是一所拥有优质教育资源的优秀学校,理应承担区域范围内的引领、示范和辐射的重任。在城乡一体与教育均衡的大背景下,在自我发展的基础上积极引领、帮助相对弱势的学校快速发展,是一种责任,更是一种使命。

太仓市实验小学在"十五"期间承担的江苏省教育科学规划重点课题"'草根化'校本研究"在学校文化建设、教师队伍建设、学校课程规划与建设、学生个性化发展等方面取得了丰硕的成果。在进一步深化"草根化"校本研究课题成果的同时,如何把草根文化精神向农村学校蔓延,将优质的教育资源与农村学校共享,把先进的管理理念和方式向农村学校迁移,成为集团化办学的关键。

早在 2005 年,学校就与地处乡镇的新毛、新湖两所乡镇小学结成教育集团,在资源共享、师资培训、联合教研等多方面积累了一定的实践经验。也正是从那时起,我们开始逐步具备向外输出的能力和条件,并以"托管"和"一体化管理"等多种形式,开始了学校集团化办学的探索之路。

第二节　城乡集团化办学模式的比较研究

集团化办学是一个促进组织之间持续互动的过程,其核心办学特征是倡导主流文化并尊重文化的多样性和互动性。集团内组织与组织之间的协商共赢关系

等文化价值观,已经成为当前集团化办学组织者和实施者的基本共识。

早在1996年,王克玉在《中小学管理》发表《江苏省射阳县职教走上集团化办学之路》一文,从实践层面介绍了射阳县职业教育集团化发展的路径。随后10年间,关于集团化办学的论文较少,直到2006年后,相关论文数量呈平稳增长趋势。研究发现,虽然与集团化办学相关的核心期刊论文与优秀硕士学位论文数量呈现整体性增长,但并没有出现逐年完全递增的情况,并且论文的质量参差不齐。由此可见,集团化办学的纵深性研究以及研究质量还有较大上升空间。

一、 国外教育集团化办学的启示

教育集团于20世纪60年代在国际上兴起,之后逐渐形成的集团化办学模式、运行机制和组织关系虽与国内相似,但在具体称呼和做法方面有所区别。

国外教育集团的经营与拓展机制主要有加盟式和派生式两种,通过对存量教育资源进行整合而形成加盟式教育集团,通过新建分支机构而不断扩大规模形成派生式教育集团。据研究表明,世界各国的教育集团办学模式主要分为五种:政府主导型、自愿联盟型、院校主导型、企业或行业主导型及中介主导型,在世界上占据主导类型的教育集团模式还是政府主导型模式。

在美国,教育集团发展起步较早,并有不同的分类方式。比如,按是否营利可以分为营利性教育集团和非营利性教育集团,按管理类型可分为特许学校管理集团和非特许学校管理集团等。美国国家教育政策中心(NEPC)每年都会发布关于营利性教育集团和非营利性教育集团文件,对其组织规模、涉及管理学校类型、涉及州的范围、入学率等进行统计与比较。

在英国,政府为了提高弱势地区的教育质量,实施了"教育行动区计划"以及"连锁学校"等措施。美国学区间合作构建了服务、经济和系统等三个层次的模式,特别是"要素学校联盟"产生了深远的影响。

德·阿蒙德·迈克尔(De Armond Michael)等人通过调查研究认为,特许学校管理教育集团经常通过缩小潜在的教师的招聘范围来选择更加符合自己组织的老师,通过在工作中提供持续的团队合作的机会来促进组织目标的实现,通过提供职业锻炼机会成就特别老师的专业判断才能,并以此三点来更好地管理有才能的老师,促进组织的凝聚力及其持续发展。

乔舒亚·弗加森(Joshua Furgeson)等指出特许学校管理集团采取了与社区学校不同的管理实践方式,主要包括:提供更多的教学时间,校长拥有更多的课程选择自主权,在报告综合行为政策时灵活地定义细节,实行有针对性的招聘和基于绩效的薪酬管理,强调工作坊形式的教师指导与监控。

概括来说,美国关于教育集团的理论模型是:通过提供学校间协作机会、合作面对挑战能力、规模经济来进行成功教育项目的复制、迅速扩张、市场份额的增加,为更多学生提供优质教育机会和系统性改变教育供给模式。

太仓市实验小学托管九曲、直塘小学开展文化融合视野中的学校共同体建设,最初参照的是美国的"改薄经验"。我们深知,尽管针对薄弱学校改造的国际经验已有多种行之有效的干预策略,但任何一种帮扶(各种助推)和奖惩方式在改造实践中的作用都因环境和作用方式的不同而导致不同甚至截然相反的效果。

无论是现在抑或将来,都很难找到能包治百病的"灵丹妙药",从美国的改造经历中可知的是,薄弱学校的成功改造是在学校特定需求分析的基础上多种因素长期作用的结果。这些因素至少涉及适宜的政策环境的创设,针对薄弱学校的问责制度的建立和以课堂教学为核心的学校能力建设等方面。

美国改薄经验给我们的另一个启示是,只有学校改革真正进入课堂教学层面,才能有效提高学校的绩效水平。从具体的实践方式(方法)上看,除了基本的专业情感、知识和技能培训外,有经验的专家的现场跟踪指导,系统地运用课堂观察工具进行临床诊断,将对薄弱学校教师的专业能力提升产生更为实质性的影响。由此,我们把目光聚焦课堂教学改进(起点研究)、探究有效教研途径(五环式研修)以及年级综合督导(校本专业评价)三个方面。

二、 国内基础教育集团化办学的启示

基础教育集团化办学在特定时期、特定范围内既能促进教育公平,又可以提高教育效率,是促进教育优质以及均衡发展的有效的教育改革形式。但是就目前的发展状况而言,基础教育领域的集团化办学的发展并不是很完善,还存在很多问题,要促进基础教育集团化办学的进一步发展,就必须注重集团的品牌效应、科

学的内部管理制度以及优质的教育质量等各方面的因素。只有这样,才能扩大基础教育优质品牌的社会效益,降低集团的成本与风险,大规模提高基础教育的质量,满足现代都市居民日益增长的对教育的选择性需求。

义务教育集团化办学探索始于 1999 年杭州市成立杭州求是小学教育集团,2004 年起杭州市全面实施名校集团化战略,随后上海市从 2005 年起实施集团化办学委托管理,集团化办学成为沿海经济与教育发达地区推进义务教育优质均衡发展的基本策略和举措。

2012 年,《国务院关于深入推进义务教育均衡发展的意见》提出,"发挥优质学校的辐射带动作用,鼓励建立学校联盟,探索集团化办学,提倡对口帮扶,实施学区化管理,整体提升学校办学水平"。随后,从沿海经济发达的杭州、上海等地,到各省会大中城市,再到全国各地,集团化办学迅猛发展,建立起大规模、多层次的组织形态,推动学校由单一封闭走向联合开放。

目前集团化办学已从探索阶段向深化阶段、从外延式发展向内涵式发展逐渐转变。

(一)杭州模式:名校集团化办学

2006 年 9 月,杭州市正式出台《关于实施中小学名校集团化战略的若干意见》。该意见明确指出,名校集团化是公办或国有民办学校联姻而成的"新教育集团"。以名校为龙头,通过名校承办、投资、入股等形式,实施"名校 + 新校""名校 + 民校""名校 + 名企""名校 + 弱校""名校 + 农校"以及中外合作办学等多种办学模式,名校输出品牌、管理、师资,在最短的时间内带领新校、弱校整体提升教学质量。即通过名校的资源优势和管理优势的辐射,促进乡校、弱校、新校办学条件的改善和内涵式发展,让每个孩子享受到优质教育资源。

名校集团化强调"教育集群"概念,由教育主管部门主导,集群内优质学校牵头,汇集了一个地区的各种教育资源并实现其优质资源的共创共享。集团内的资源共享主要包括"师资共享、生源共享、文化共享"。

名校集团化也可以在当地教育行政部门主导下,由当地名校联合当地相对薄弱学校共同形成"以著名中小学的教育品牌为名的教育集团",以此"化解教育均衡与教育优质、教育公平与教育效率之间的冲突,在均衡教育与优质教育的张力中获得发展"。

名校集团化"将名校的品牌、管理、理念、教师以及其他各种教育资源进行输出,推动优质教育资源的普及,使名校教育呈现出大众化、平民化的发展趋势,让更多的孩子接受高质量的教育"。

综上所述,名校集团化办学具备两个基本特征:一是以一所名校为核心,即在名校集团化办学中以一所名校为核心,通过其自身教育资源向子体学校的输出,促进集团内部学校共同发展;二是在教育集团内部共享优质教育资源,名校集团化办学的目的就是通过子体学校共享集团内部优质的教育资源,从而扩大优质教育资源的覆盖面,促进教育均衡发展。

(二)重庆模式:城乡教育统筹发展

2007年6月,重庆和成都分别被批准为全国统筹城乡配套改革试验区。2008年7月,教育部与重庆市共同签署了《建设国家统筹城乡教育综合改革试验区战略合作协议》,以重庆为试点,探索城乡区域教育的协调发展。2009年2月,《国务院关于推进重庆市统筹城乡改革和发展的若干意见》(国发〔2009〕3号)出台,提出:"加快教育体制改革,形成城乡教育一体化发展机制,支持重庆建设国家统筹城乡教育综合改革试验区。"

重庆是一个集大城市、大农村、大山区、大库区于一体的城市,城乡二元结构矛盾突出,优质的教育资源相对不足,基础教育发展不均衡。因此,他们把解决问题的策略落实到统筹城乡教育发展,提高城乡教师素养上。建立了"以城带乡、城乡统筹""以强带弱、捆绑帮扶"式的校际合作,即通过优质学校、城市学校和镇(街)中心校与农村学校或薄弱学校一对一"捆绑结队",提高薄弱学校、农村学校的教育质量和办学效益,从而以点带面,推进全区义务教育的均衡发展。

具体做法是:

城乡中小学"以强带弱、捆绑帮扶"发展:由优质城市学校捆绑帮扶薄弱学校或农村学校;镇(街)中心校捆绑帮扶全镇所有小学共同发展:在教育管理中心内实行教育资源统筹,特别是教师的统筹和调配。

在学校管理方面,捆绑"结对"的学校是同一个法定代表人和一套领导班子,被帮扶学校的领导班子对帮扶学校的领导班子负责。

在学校经费方面,捆绑学校和被捆绑帮扶学校实行经费独立核算。

在师资队伍方面,一是要求捆绑帮扶学校双方在区教委的指导下,每年互派固定数量的教师(必须包括骨干教师、主要学科教师)和管理人员到对方学校工作不少于3年,同时下达带动其他教师共同发展的指标和任务。到对方学校工作的教职工,其人事关系不变,待遇不变,并给予适当补贴,在评优评先时"同等条件优先考虑"。二是实行镇(街)教育资源统筹的学校,教师编制集中到镇(街)教育管理中心,根据教育教学的需要,实行全镇(街)教师统筹安排。原则上,全镇教师轮流到村小执教,实行同等待遇。

在教育教学方面,城市学校、优质学校将先进的教育理念、富有成效的管理手段和方法移植到帮扶学校教学管理中,利用优质的教师资源、课程资源及其他资源,提升农村学校、薄弱学校的德育、教学和教研水平。

在教育科研方面,城市学校和优质学校帮助被帮扶学校建立和完善校本教研制度。充分发挥教育科研实力较强的特点,帮助被帮扶学校加强教育科研工作,培养教育科研队伍,积极进行有关科研课题的申报和研究工作,通过教育科研带动被帮扶学校教师水平和科研水平的提高。[①]

(三) 上海模式:从精准托管到学区化集团办学

为了让每个孩子都能享有公平而有质量的教育,上海市历届市委、市政府都高度重视基础教育均衡发展。上海市集团化办学,以区县为主推进,通过学校自愿参与,来聚焦学校内涵发展,并坚持开放、协同原则,达到真正激发委托校办学活力的目的。

上海市在集团化办学方面历经了三个阶段,形成三种办学模式:一是"精准托管"模式,通过政府购买服务、骨干教师输出品牌、管理人员的形式,使被托管学校办学质量在短时间内得到迅速提升;二是"一校带几区"模式,通过一个法人(总校长)负责制,统一规范管理模式,由总校向各校区选派执行校长,实行师资互派、资源共享、统一教学和捆绑考核;三是"学区化、集团化办学"管理模式,同一社区内的跨学段纵向衔接的集团与学区,发挥各办学模式的优势,形成学区与集团各自

① 谢宁.城乡统筹背景下教师专业发展的校际合作机制研究[D].西南大学,2013.

特色,整体提升学校的办学质量。

普陀区以实施教育优质化、教育信息化、教育国际化和人才强教的"三化一强"区域教育发展核心战略,创新学区化和集团化办学模式,通过溢出转化、承载突破、融合带动,构建"一环一园十街镇"优质教育资源辐射网框架体系。

嘉定区根据建设品质教育的需要,提出"两圈四区"战略。依托科研院所、高校、专业教育机构,形成中科优质教育圈和新城核心教育圈;按照地理位置就近原则,建立在同一街镇的跨学段纵向衔接的学区,包括南翔、江桥等四个学区。

宝山区以"办好每一所老百姓家门口的学校,服务每一个学生的全面健康成长,托起每一个家庭的幸福生活梦想"为愿景,在各镇(街道)设置学区,在各镇(街道)成立教育委员会,形成"1+1"的学区化办学格局。打造以优质学校为核心的实体式教育集团、以主题项目研究为引领的联盟式教育集团、以特色项目建设为纽带的特色类教育集团、以社会优质资源办学为支撑的品牌式教育集团等四类集团,并衍生出更多的集团化办学模式,形成集团化办学"4+X"模式。

(四)苏州模式:项目化推进多头并进

作为全国首个教育基本均衡地级市,苏州市不断探索集团化办学的创新路径,推动义务教育均衡发展跃上新高度。

苏州市集团化办学的实施模式包括五种:一是城乡一体型。以太仓市的两个"一体化"管理集团为例,其"一体化"探索主要体现在五个方面:管理团队一体化、文化建设一体化、教师发展一体化、日常研修一体化、学术引领一体化。二是委托管理型。太仓市实验小学托管九曲小学和直塘小学两所农村学校,通过文化融合的方式进行城乡学校共同体建设的探索,强调"文化尊重——文化理解——文化融合"的实践路径。太仓市园区的星湾学校集团也属于这一类型。三是学校联盟型。吴中区宝带实验小学集团以宝带实验小学为组长单位,联合木渎实验小学等六所公办学校,并吸收两所民工子弟学校形成"7+2"的新型小学教育办学体。常熟市的协作型教育集团也形成较为完备的学校联盟型集团办学的运行机制。四是强强共创型,即名校与强校强强联合。苏州立达中学和胥江实验中学展开教师流动、干部交流、课程资源共享和文化沟通等方面的融合,两校的课程建设专业水平均得到极大提升。五是学科联盟型。姑苏区的敬善教育集团就是建立在敬文实验小学和善耕实验小学各具特色的数学优势学科基础上，通过深度对话与合作，分享交流特色资源，互相体验不同教学风格，在个性发展基础上共同提高数学学科的课程建设与课堂教学水平。

苏州市集团化办学模式的基本形态可以概括为以下几个类型：一是单一型与多元型并存，二是阶段式与拓展式共进，三是城区式与城乡式同行，四是紧密型与松散型交融，五是多方位与单向度呼应。

如今，太仓市基础教育领域的集团化办学，从 2005 年开始的城乡松散型教育集团，历经托管（2007—2011 年）、一体化管理（2012—2015 年），直至区域范围内三纵九横教育联盟的全面推进。在太仓市的区域教育集团化办学历程的每一个阶段，都有太仓市实验小学的身影，正因为太仓市实验小学等一批区域名校的共同努力，才有了太仓市区域集团化办学的辉煌成果。

作为太仓市区域集团化办学的亲历者和见证者，太仓市实验小学在区域集团化办学各阶段都是核心领军学校，其多阶段的多项研究成果均成为区域教育集团化办学的基本策略和典型做法，得到广泛推广与应用，多项成果和策略被写入《太仓市基础教育中长期发展规划 2010—2020》等政府文件中。2019 年 7 月，人民网专题报道太仓市"助推区域教育优质均衡发展"的实践经历和主要成果，其中多项举措和实践成果源自太仓市实验小学所领衔的集体和团队。

十六年来，太仓市实验小学在区域集团化办学之路上摸索前行，经历了不同模式不同样态下的实践探索，有着诸多的经验与教训可供大家参考。从借鉴上海托管模式，到关注杭州名校集团化办学经历，因为区域教育均衡的事实需求，所以我们借鉴国内外集团化办学的各种理念和经验，因为区域教育高位均衡的发展需求，所以我们研究国内外集团化办学的经典个案，尤其是国内先行地区的先进经验。

同时，我们也发现，与上海、辽宁等地不同的是，他们的需求是薄弱学校从自身发展利益出发的主动引进，而太仓的区域协同发展是政府主导下城区优质学校与乡镇薄弱学校间的托管和被托管，由此也产生了完全不同的实践经历，这些经验和教训，将成为我们学校发展之路上的宝贵财富，也是同类型学校共同发展的典型经验。

因此,我力图将自己所亲历的每一阶段的独特经历和各种收获分享给大家,一方面,是对前期成果的总结和汇报,另一方面,也是一所区域名校围绕"教育质量"与"教育公平"所应有的责任担当。

第三节　城乡学校集团化办学的定位与内涵

2010年,《国家中长期教育改革与发展规划纲要(2010—2020年)》出台,标志着中国义务教育发展价值观的总体取向从"重效益"向"重公平"转变。因此,集团化办学不能只是片面强调项目合作和数据评估,重视对外宣传而忽视办学共同愿景的生成,忽视学校培养人、发展人的根本任务。集团化办学必须重视文化融合与创新的力量。文化,说到底就是"人化"与"化人",是一群人共同创造的价值体现。名校集团化办学的过程就是优质资源放大与再生的过程,需要激发更多教师对素质教育的使命感与责任感,激活更多人的智慧与创造力。

由此,我们逐步明确了城乡学校集团化办学的基本定位:重视学校文化建设,构建文化融合视野中的城乡学校发展共同体。

一、 集团化办学中城乡学校发展共同体组织的类型与特征

共同体的英文是"community",也常被译为"社区""社群"等。共同体是一个社会学的基本概念,由德国社会学家和哲学家斐迪南·滕尼斯在1881年所写的社会学名著《共同体与社会》中提出。滕尼斯认为,共同体和社会是人类群体生活的两种基本类型:共同体存在于建立在自然基础上的群体中,而社会则是一种目的联合体,一种"人工制品"。我国社会学家吴文藻先生更是把"共同体"直接解释为"自然社会",把"社会"理解为"人为社会"。

成尚荣先生认为,学习型学校倡导的是以学习为主题的文化,这种文化有鲜明的价值取向,即形成学校的共同愿景,形成共同的价值认同、价值期盼和价值追求;以"人化"为核心,提升教师的教育理念,进而形成教育信念,坚持素质教育目标,积极进行课程、教学改革;让学生生活在文化中,体验生活的幸福和生命的价值;使自己处在学习、思考和创造的状态中,体验和追求真正的教育、良好的教育。

他在《科学发展观观照下的学习型学校建设——兼论学习型学校的实质》一文中，把学习型学校里的学习型组织划分为以下四类：

第一类，学校就是一个学习型组织。在学校的共同愿景下，人人都被组织起来学习，人人都在组织里学习。

"共同体"这个词传递的感觉总是很美妙的。共同体是一个温暖而舒适的场所，一个温馨的"家"，在这个家中，我们彼此信任、互相依赖。然而，这是一个失去了的天堂，或者说是一个人们还希望能找到的天堂。

随着社会的不断发展与进步，共同体的内涵也在不断地发生变化。从总体上看，我们认为，城乡学校共同发展的前提，是建立具有共同愿景的学习共同体。

第二类，学校里的行政组织，比如教导处、总务处、教科室、教学组、年级组等。

现代意义上的共同体，其内涵已与原来意义上的共同体大相径庭。"共同体的本质特征从本体性的共同理解转变为经过协商的'共识'；共同体要素的结构从基于同质性转变为基于异质性；共同体成员从共同生活在同一地域转变为成员关系的'脱域'；个体由于劳动分工和交互媒介的作用，因而有可能在多个共同体中拥有不同的身份认同。"

上述这些学校行政组织，围绕着学校规定的任务开展工作，同时把工作与学习相结合，着力建设各种具有不同性质、不同任务和使命的学习型组织。

第三类，学校里根据临时任务组建的小组，比如各种工作小组、活动小组、课题组等。

现行的学校管理模式由于受工业时代管理模式的影响，强调秩序与控制，这种习惯于按既定程序做事与思考的方式实质上扼杀了不确定性与创新性的生长空间。彼得·圣吉在《第五项修炼》中提出："未来真正出色的企业，将是能够设法使各阶层人员全心投入，并有能力不断学习的组织"。

在临时任务基础上组建的学习小组在任务完成之后即解散，但是这些组织的活动从小组成立的那天起，便以学习来带动。因此，即使组织解散了，"共同体"的精神仍会得到延续。

第四类，教师自愿结合组成的组织，比如沙龙、读书会、茶叙会等，这种组织更以学习与交流为主。

学习型学校需要各种不同类型的学习共同体，以学习与交流为主的沙龙、茶叙会等自组织便是一种理想的方式，这种学习型组织应该是包容的、充满活力的和持续学习的地方。

随着社会的发展与变化，知识经济时代的学校教育需要进行根本性的变革，学校教育的重心也将发生转变——从过去更多地强调知识与技能的传授，转变到更加注重学习能力与创造能力的培养。这种转变要求学校在课程结构、教育教学方法以及管理方式等方面进行根本性的变革，或许，学习型组织的变革是这场教育变革最为理想的实践载体。

学校发展共同体，事实上就是基于上述四种组织的学习型组织，但这种基于一个学校的共同体在"托管"背景下被赋予新的内涵。

学校共同体仍然是各个不同层面的学习型组织，但这个组织的成员遍布集团内各个学校和各个层级。同时，我们所构建的学校共同体，是一种基于学校各自相对独立和个性保持基础上的合作伙伴，双方学校在学校发展各个领域相互帮助、相互支持以及相互协作，同时也存在合理规范的竞争。

学校共同体建设，在关注双方学校有利发展的基础上，同时关注教师群体的有效发展，并把学生发展放在整体发展的核心地位。我们建立不同类型的教师发展共同体。在"和而不同、不同而和"理念观照下逐步形成的跨校共同体组织，为教师的跨校交流和个人专业发展搭建了平台。

"教育管理创新共同体"确立集团发展共同愿景，制定和完善学校各项制度，挖掘与梳理各自学校文化；"青年教师专业发展共同体"以太仓市实验小学为学习基地，联合集团各校 30 周岁以下的青年教师，按学科分组活动，每周进行一次活动，由太仓市实验小学提供"专家资源"，通过主题式培训与沙龙活动，促进教师专业发展；"教科研协作共同体"依托网络平台，进一步拓展与延伸学校教科研组的功能，将集团各校同学科教师组成一个真正有效的异地研究协作共同体。

区域内基于文化融合与重构理念下的城乡学校发展共同体建设，在实施和运作中，主要落实了以下几项重点工作：

1. 互派一支队伍：向共同体学校派遣 4～6 名骨干教师分别担任乡镇学校执行校长、教科（教导）主任、少先队大队辅导员等，全方位参与乡镇学校教育教学各项工作;乡镇学校派出对等数量骨干教师在太仓市实验小学浸润式学习一年。

2. 形成一套制度:指导帮助共同体学校完成学校发展五年规划及学校课程规划,并逐步形成一套共同遵守的规范与制度,如校长联席会议制、年级课程督导制、城乡学校骨干互派及干部交流制,以及《太仓市实验小学托管九曲、直塘小学预案》《三校共同开发课程的实施意见》等教代会决议文件。

3. 打造一个群体:组建跨校"青年教师发展共同体",为乡镇学校各学科青年教师结对配名师。逐步形成"独立备课→集体研修→抽签上课→集体评议→人人上课"的五段式"跨校主题研修"模式,共同开发"跨校一日体验活动"课程,让城乡学生在异地游学中体验不同生活。

4. 重构管理机构:管理决策、教师发展、质量监控、课程研发、资源配置等五个中心协同管理,逐步实现文化建设、管理团队、教师发展、日常研修、学术引领和资源统筹的一体化。

共同体建设的成果数据显示:城乡学校共同体教师骨干成长迅速,四年托管期间,九曲小学市级骨干从 1 名增加到 15 名,直塘小学市级骨干从没有增加到 9 名。集团化办学期间,一所百人的省级实验小学输出了 25 位校级领导,培养了 43 名市级以上学科带头人。太仓市实验小学的周二课堂开放日让乡镇学校老师在实验小学的听课覆盖面达 100%。参与"跨校一日体验活动"的学生占比达 45%。

二、 集团化办学中城乡学校发展共同体文化的冲突与融合

城乡教育的一体化发展,首先达到均衡的是学校间的有形资产(硬件条件),然而校与校之间的本质差异依然存在,这种差异更多表现在文化方面,是群体思维方式及精神追求方面的差异。当然,我们也可以把这种学校间的文化差异作为各自的不同风格特征来进行研究(并不简单地区分文化优劣),那么不同学校的不同文化,必然会体现人类社会的丰富性与个体生命价值的独特性。

一般而言,学校是一个能让师生找到自我的地方,一个能找到心灵皈依的地方。学校最重要的一件事,就是建设有生命力的文化场,去滋润师生的心田,解放师生的心灵,让师生更具想象力与创造力。

学校的差异在于学校文化软实力的差异,无论是老校与新校,名校与相对薄

弱学校,还是城区学校与农村学校,在政府合理配置资源、促进教育公平的契机中,要想找到自身的一席之地,关键在于学校文化内涵的重塑。

何为文化?文化是人类所创造的各种科学知识及其在各种交往活动中产生并影响着人们行为的精神、社会心理的总称。最早把文化作为专门术语来使用的是"人类学之父"——英国的泰勒,他在 1871 年发表的《原始文化》一书中给文化下了这样的定义:文化是一个复杂的总体,包括知识、信仰、艺术、道德、法律、风俗,以及人类在社会里所得的一切能力与习惯。泰勒的这一定义被文化学研究者看作是最早对文化进行界定的经典定义,对其后文化概念的研究产生了长远的影响。在我国,1920 年,蔡元培先生在湖南演讲《何谓文化?》时提出"文化是人生发展的状况",并列举衣食住行、医疗卫生、政治、经济、道德、教育、科学等事。1922年,梁启超在《什么是文化?》一书中提出:"文化者,人类心能所开释出来有价值的共业也。"梁漱溟先生在《东西文化及其哲学》一书中认为,文化乃是"人类生活的样法"。他把"人类生活的样法"分为精神生活、物质生活和社会生活三大内容。

两种文化最终的相互融合,必定会经历一条从冲突逐步走向融合的艰难之路。所谓文化冲突,是指不同文化模式之间的相互排斥机制,是不同形态的文化或者文化要素之间相互对立、相互排斥的过程。而文化的融合则是指异质文化之间相互接触、彼此交流、不断创新和融会贯通的过程。融合体现了在互补和互惠关系中寻求平衡的倾向,是文化发展演进过程的必然步骤。

文化的融合不是整合形成单一的另外一种文化,而是一个赋予原有文化生命力和发展动力的有层次性的互动过程。一般认为,文化可以抽象划分为物质技术、制度行为和精神观念三个层次。文化的融合,正是体现了不同文化之间上述三个层次的交流和渗透。具体说,文化的融合在物质技术和制度行为两个层面显得流畅和自觉,先进对落后的影响极具有普遍性,其融合的结果就是落后向先进靠拢。但是,文化的融合在核心层精神观念层面上,则显得力不从心。因为文化的精神观念层最具内在性,是文化难以把握和参透的灵魂所在。不同文化相处往往会表现出对自己"灵魂"的坚持和对其他"灵魂"的排斥。正是由于文化融合过程中各种文化要素的取舍、组合及各种矛盾的运动和调适,人类丰富多彩的文化才更具生命力,才能流传到今天。

　　城乡学校发展共同体建设过程中的文化融合经历了以下的历程：文化尊重（相互了解、相互理解）——文化互动（渗透、冲突、沟通、认同）——文化重构（相互融合、文化转型）——文化自强（时代、社会的适应性）。

　　我们之所以描绘并实践这样一条文化融合的路线图，正是在理论研究与文化实践基础上反复权衡与探究的结果。

　　文化融合的前提是文化尊重，只有彼此尊重，才有彼此认同的可能性。无论是城区学校对农村学校，重点学校对普通学校，还是名教师对一般教师，都市学生对农村学生，都必须建立在相互尊重的基础上，由此才能产生良性互动，最终从文化情感上达成城乡教育的同步发展。

　　与此同时，太仓市实验小学的"草根文化"在与集团中其他学校文化融合的历程中，在相互尊重、相互了解的基础上，必定有一种强势文化单向渗透的过程，这种文化渗透必定引起文化"冲突"，然而冲突与融合作为一对矛盾的两个方面，共存于文化联系的过程之中。因此更简明一些来说，文化融合的过程，就是一个正视文化冲突的存在并着力解决冲突的过程。

　　基于上述理性认识，文化融合视野中的区域城乡学校发展共同体，首先体现在对各自学校原有文化的尊重。尊重是融合的前提，没有尊重，融合就失去了基础。

　　其次，文化融合视野中的学校发展共同体，体现在城乡学校间多元文化的融合。共同体学校文化的有机融合，需要一个共同的发展愿景（目标和理念在方向上的一致），需要一个共同的教师专业发展平台（城乡一体的教师发展平台），需要共同的文化元素（共同体标识等具象的文化元素），还需要共同的课程资源（城乡课程资源的互补与共享）。

　　再次，文化融合视野中的学校共同体，要凸显主流文化对农村小学的影响。太仓市实验小学在人才输出、管理输出的同时，更为关注学校"草根文化"对乡镇学校潜移默化的影响，乡镇学校则在托管过程中注重学习和吸收，并在学习的过程中逐步转型。

　　当城乡学校之间无可避免地必将通过"集团化"这一组织融合到一起时，文化的冲突与融合会同时发生，且文化融合来自不同圈子（这个圈子特指"共同体"建设之前各自学校的组织与团体)之间的逐步"认同",这种"认同"的过程中同时伴随着"冲突","冲突"之中又必定有交流,交流的过程又会逐步地相互"认同"。因此,"冲突"会在共同体建设的每一个阶段产生,而"冲突"的过程又必定是一个发展的过程,一个双方学校文化逐步认同和融合的过程。这是一个相对缓慢的发展过程。

在城乡学校文化融合的过程中,太仓市实验小学始终坚持用"坚韧、质朴、灵动、舒展"的草根精神作为主流文化来影响和改变农村学校教师的价值观和思维方式,提升农村学校的文化品质。

文化融合视野中的城乡学校发展共同体,真正把集团内各学校放在平等的位置上进行统整考虑,尊重、理解、包容、协作成为托管共同体各项工作的核心关键词,围绕"文化"这一核心构建的学校共同体逐步走向和谐与默契。

三、 集团化办学中城乡学校发展共同体的实践机制与准则

区域集团化办学应该是具有高效率、个性化、内生式新型办学方式。主要有以下几方面的要义:一是区域集团化办学应该是"高效率"的,就是要处理好均衡与效率的关系;二是区域集团化办学应该是"个性化"的,就是要处理好协同与差异的关系;三是区域集团化办学应该是"内生式"的,就是要处理好"输血"与"造血"的关系。

集团化办学的一个重要理念是赋权,行政部门向集团赋权,让集团在自主的空间内开展教育均衡实验,在关键的地方有话语权。

(一) 区域集团化办学要踏准外推与内生的节奏

先以外控的方式快速提高学校的环境条件、硬件设施、管理规范等方面的水平,随后,集团成员学校要把主要精力放在学校文化基因、教学模式、课程体系、管理经验等学校的内涵建设和特色发展,以及创生各个教育要素的高效运作机制上,协调好扩张和积累的关系,使学校的制度得到完善,特色得到强化,发展空间得到拓展,内生机制得到激活,促进自身办学水平和人才培养质量的不断提升。

(二) 区域集团化办学要遵循"和而不同"的办学哲学

在区域集团化办学中,"和"是指各校区在校长的统一领导下,形成统一协调

的管理团队,围绕共同的办学总目标,践行共同的办学理念,遵循共同的核心制度,实行统一的人、财、物等的宏观配置,形成一个和谐的教育改革与发展的良好环境;"不同"是指集团中各校的差异与特色,可以将集团内的差异作为资源来统合,在集团化办学过程中,要保护各学校文化的独特个性,即在办学理念、价值观一致的前提下,保护各校文化种类和文化层次的多样化。

(三)区域集团化办学要建立联动共建的高效机制

集团化办学往往涉及多所学校,这些学校处于一个集团系统中,步调一致地协同运作十分重要,从理念认同到共同决策,从建章立制到组织运行,从过程管理到考核评价,都需要各学校、各部门乃至各个班级与师生的协同配合。

文化融合视野中的学校共同体建设,强调各成员校之间勠力同心、共创共享、共赢共生,把个性独立与协同发展完美融合,充分体现了区域内城乡教育优质均衡的价值理念。在太仓市实验小学"草根文化"的示范引领下,城乡学校以共同体的组织形式,在组织架构、制度建设、课程与教学、师生发展等方面均有创新性成果。

文化融合视野中的城乡学校共同体建设,得到太仓市教育局、太仓市政府的充分肯定,被写入《太仓市中长期教育改革和发展规划纲要(2010—2020)》,并作为江苏省内学校发展共同体样本之一,在《江苏教育研究》专题介绍。共同体办学经验在北京、贵州、甘肃、浙江、安徽、广东和香港等地交流,相关成果先后获评苏州市首届基础教育教学成果特等奖、江苏省基础教育教学成果二等奖、首届全国基础教育科研成果网络博览会一等奖。

2017 年 8 月,以太仓市实验小学托管乡镇学校及"一体化"管理新校期间的集团化办学经验为基础,太仓市教育局在全市范围建立三纵九横的"教育联盟",区域范围内的城乡学校共同体建设开始全面实施。因此,进一步梳理和概括太仓市实验小学在各阶段集团化办学中的典型成果,显得尤为迫切。

第二章
草根文化：集团化办学的精神之源

草根文化的形成并非一蹴而就，而是在一年又一年的教育实践中迭代生长并逐步完善。草根文化具有强大的凝聚力、生命力和独特性，但"草根"的生长常会处于一种无序状态，因此对草根文化的研究和实践就是要"打理草根生长的场所，指引草根生长的方向，规约草根生长的秩序"。

回溯学校草根文化的生长历程，自我迭代只是其中的一个方面，在太仓市实验小学集团化办学历程中不同学校间文化交融的作用更是不可替代。草根文化需要内生的源动力，还需要外来的助推力，我们希望草根文化能持续不断地迭代生长并永葆旺盛的生命力。

学校草根文化从萌芽、生发、蓬勃到蔓延的生长历程，与学校承担区域集团化办学的历程息息相关。文化融合视野中的城乡学校共同体建设，在助力区域基础教育高位均衡，助推乡镇相对薄弱学校快速发展，协同联盟学校共同发展的同时，太仓市实验小学的草根文化也逐渐走向成熟，并最终形成"坚韧、质朴、灵动、舒展"的草根精神。

如今，我们重新梳理和回顾这个过程，由内，是一种自省；及外，则是一种借鉴，都具有一定的积极意义。

草根的萌芽（2003年12月—2007年8月）：那时的我们还不够优秀。当时的太仓市实验小学，是一所区域内的"所谓名校"，即便在县域范围内，也没有底气说自己足够优秀。于是，我们开始倡导"草根化的校本研究"，强调"自下而上"和"人人参与"。同时，我们积极地从地域文化中挖掘文化基因，从学校历史中探寻文化渊源，在师生行动中抽象文化符号，在一系列的学校活动中沉淀出"草根文化"的基本雏形。

草根的生发（2007年9月—2011年8月）：那时的我们唤醒了内在的文化自

信，拥有了坚韧、质朴的草根文化元素，并以文化融合为依托，开始了托管九曲、直塘两所乡镇小学的城乡学校共同体建设之路。坚韧、质朴、灵动、舒展的草根精神成为我们文化自信坚定的基石。

草根的蓬勃（2011 年 9 月—2017 年 8 月）：那时的我们具有文化自觉的品质，灵动、舒展成为草根文化核心元素，进一步丰富了草根精神的文化内涵。一体化管理新校（科教新城实验小学），让一所新校拥有了"90 ＋"（实验小学 90 年办学历史在文化层面的跨校、跨区域传承）的文化底气。

草根的蔓延（2017 年 9 月—至今）：当下的我们共同拥有文化自强的意识，六所不同地域、不同气质、不同文化的学校，在太仓市实验小学这所龙头学校的带领下，秉承共生、共享、共创、共赢的合作原则，协同前进。

由此可见，太仓市实验小学的草根文化，在太仓市区域集团化办学的各个阶段，都有着不可替代的核心作用，文化融合与重构理念观照下的城乡学校发展共同体建设，其本质就是草根文化观照下的共同体学校吸收优质文化元素，坚持走各自特色化发展的探索之路。因此，重新审视草根文化在太仓市实验小学从萌发到蓬勃逐步完善的历程显得尤为必要，也极为重要。

第一节　草根文化的含义和特质

太仓市实验小学的草根文化是一种看似平凡却不甘平庸的学校文化，是一种基于学校日常实践的文化，是一种基于教师群体共同创造的文化，是一种宽广而博大的"爱每一个孩子"的教育文化。草根文化是太仓市实验小学宝贵的精神财富，它生发于学校历史积淀，繁荣于草根化研究之中，是一种刨根问底的探究文化，是一种自强不息的创新文化，是一种每位师生都重要的大众文化。

一、草根：学校愿景的隐喻表达

草根，普通常见，只要有泥土的地方就有草根。草根虽然平凡，但是给点阳光就灿烂，给点雨露就成长，有草根的地方就有春天，有春天的地方就有和谐的氛围、旺盛的朝气和蓬勃的事业！所以，"草根化"是一个形象的比喻，是太仓市实验小学的文化姿态,能够紧跟时代步伐,但是又不随波逐流。

"草根"喻指和代表的是一种信念和力量,是对教育这片热土的眷恋,是对学校百年文化的传承。它表明学校的校本研究是一种扎根于教育实践、扎根于学校、扎根于教师、扎根于学生的研究。学校的教育实践是它成活的土壤,学校、校长、教师、学生的发展都是它催生的成果。

二、 草根精神: 学校文化的价值核心

太仓市实验小学的草根文化源自学校的草根化校本研究,是融合了地域传统、学校历史和时代气息的校园文化。草根文化的本质特征,是草根自由舒展的个性特征与学校制度规则之间的有效结合。

草根文化的精神内核是"坚韧、质朴、灵动、舒展",这是学校发展的核心支柱,并逐步成为滋养联盟学校文化自强的精神之源。

坚韧,代表的是人的一种意志品质,是学校每一位师生在教与学过程中的坚持,是草根师生百折不挠地扎根、扎实和扎深,更是教育者对教育价值本质的追求和坚守。坚韧还体现在县域集团化办学中勇挑重担。坚韧的品质在优质师资辐射联盟学校的历程中无缝渗透,每一个"实小人"都在自我拔节生长的同时,携手伙伴,共同追寻教育的本义。

质朴,更多指向人的自然天性,追求的教育目标是朴素且直逼教育本质的,是一种返璞归真的真教育。对孩子们的培养目标是质朴的,是一种自然、直接、可行且符合儿童发展规律的;教师追求的核心价值是质朴的,"实、活、乐"课堂是草根的,"一年有序、三年有效、五年有风格"的发展需求是草根的。因此,草根文化在区域城乡学校具有天然普适的土壤和生长环境,被广大教师、学生和社会各界普遍接受。

灵动,指向人的思维与精神解放,是教与学过程中的自由与创新。教师教得自由,学生学得主动,教师敢于放手,学生善于自主;教师有基于学生学习起点的课程创生,学生能围绕自己学习兴趣参与课程的设计与开发。

草根灵动活泼的特性,使得六所联盟学校在办学理念、学校原生文化完全不同的前提下,能依据各自所处的不同的地域环境和原有的校本资源,因地因时制

宜,生发出各自独特的校园文化,呈现出不同的生长姿态并各趋完善。

舒展,一方面表现在师生在校行为与姿态上的和谐与开放,教师是自由平等、博爱友善的,学生是健康快乐、自主包容的;另一方面,体现在学校办学环境的开放度上,学校课程生态与教育生态呈现出更多的自主空间。

草根舒展蓬勃的特性,使得草根文化能够在不同学校以其独特的方式扎根、蔓延、自由生长。

草根标识:

太仓市实验小学的文化标识,是以绿色渐变构成为底色,传达清爽、理想、希望、生长的意象,符合教育事业的形象诉求。图标以点、线、面结合并不断向外扩散的图像形式,象征着草根的不断蓬勃与蔓延,表达出草根顽强旺盛的生命力和不断进取的开拓精神。整个标识设计新颖独特,具有强烈的视觉冲击力,并能充分显现草根的独特与个性。

图 2　草根标识

三、 草根文化： 师生成长的内生力量

一所百年老校要保持其教育活力并不断向前发展,就必须在传承其传统校园文化的基础上进行时代创新,把优秀的文化传统与当代教育理念和教育理想相结合,用新时代中国特色社会主义思想铸魂育人,形成新的具有时代特征的学校教育文化。

草根文化作为太仓市实验小学学校文化的核心内容,自有其独特的精神气质、行为特征和思维品质,并逐步影响到区域集团化联盟学校的办学。

（一）草根的精神气质：人人平等,整个教育,扎根儿童

"平等"是随着近代民主体制建立而被广泛传播的政治理念。太仓市实验小学在 20 世纪 20 年代建校之初有两幢教学楼,分别取名为"平等院"和"博爱院","平等"和"博爱"由此扎根于每个"实小人"的身体里,融于每个人的血脉中,成为太仓市实验小学传统文化里必不可少的文化基因。

历史的底蕴一脉相承,从 20 世纪 30 年代的"整个教育"开始,太仓市实验小学就把"扎根儿童,潜心研究"作为学校文化传承和发展的根本。草根为每个人而扎根,扎的是知识与能力之根,扎的是生命成长之根,扎的是品德人格之根。草根文化"关注整个教育,扎根儿童成长"的精神特质应运而生。

草根教育的价值取向是每个人都值得尊重(博爱),每个人都生而平等,每个人都有自由表达的权利。在教育中"人人平等",意味着教师对学生一视同仁,不能"区别对待",不能有"偏心",不能有任何的"不公平",这是教师职业道德的底线,值得每个实验小学人去尊重和好好守护。

综观学校文化的发展历史,我们选择"草根"作为当代学校文化主题,是有着历史渊源与文化创新的。草根文化就是因为坚守而有了传承和文脉,更因为不断地吸收和创新才更具生命力。

(二) 草根的行为准则: 自下而上,知行合一,解决问题

"自下而上"指的是草根行为方式的平等取向,即承认每个人都有自己的思考,都有可能自己找出答案。教育实践问题最终是中小学教师必须直面的问题,特定的班级教学和个别辅导问题,只能是特定的中小学老师直面的问题。其他老师、外部学者可能会给出建议,但最终如何选择和解决,还要看特定的教师。

"知行合一"是指认识与行动的统一,思想与行为的一致。教师努力实验新思想、新观念和新方法,同时努力思考自己的新举措、新想法和新收获。知是行的主意,行是知的实践,知是行之始,行是知之成。通过自我研修、教师培训和合作研究获得的新说法,不能仅仅停留在"说说"阶段,而要经过思考然后创造性转化为自己的行动。这样,教育知识才能转化为教育生产力。同时,每个教师都有自己的实践性知识,都有自己的心得体会,也要仔细思考,将"行"转化为"知"。

"解决问题"即推动教育现实理想化和推动教育理想现实化。草根的行动方式以解决问题为归宿。而这里所谓的"问题",不是理论性问题,而是现实性问题。对中小学教师而言,最需要解决的现实问题即"教学法问题",这是教师立足课堂的根本性问题。

(三) 草根的思维品质: 源于实践,精神自由,个性解放

"源于实践"强调教育教学活动的诱导因素必须是来自现实的真实问题,不应是玄虚的理论问题。杜威"反省思维"始自"疑难",舍恩"行动中反思"始自现实

"困境"，都属"源于实践"的行为方式。

草根文化强调的就是每一位教师都是研究者，要用研究的眼光和态度去看待学校及课堂中发生的每一件事情，并通过记录"草根日志"的方式将原来的经验积累进行提炼和总结，用于指导今后可能会面临的类似问题。教师的一切科研活动都可以是源于对教育教学实践的反思和改进，基于集团内学校情况，实事求是，不奢华，不浮躁，不任性。教育需要"仰望星空"的理想主义，更需要"脚踏实地"的现实主义。

"精神自由"既是领导者从学校组织管理层面给师生员工提供人格独立、自由思考的空间和实践，又是教师群体在行动层面的思想自由和行动自觉。"精神自由"于教师而言，确有其迫切性和必要性，因为小学生身上所具有的依赖性，在很大程度上可以从我们教师身上寻找到相对应的参照点。当然，一般而言，在小学组织管理形态下的所谓"精神自由"，与基础教育中学段以及大学阶段的"自由"有所不同，因为小学生正处于行为习惯养成教育的关键阶段，小学老师的一言一行对小学生的影响非常重要。因此，在强调草根"精神自由"的同时，更要强调"行为规约"，需要强调教师榜样的力量。

"个性解放"，学校组织制度规范的是"底线"，同时又为每位成员提供释放个性的空间，从规范统一到解放个性，是学校组织从科层制结构向学习共同体转变的一种必然。在学习共同体中，我们"和而不同"。也正是组织成员之间的"和而不同"，才有了学校组织的不断创新和发展。

在集团化办学的进程中，太仓市实验小学的老师们走出象牙塔，看到了其他学校教师的工作状态，也接触到更加多元的学生及家庭，近距离感受到不同校园文化的浸润和冲击……无论是思想认识还是学术见识，都有不同程度的碰撞和融合，每个参与集团化办学的成员都需要调整和重新适应。

太仓市实验小学作为集团化办学联盟学校的盟主校，一贯秉持草根教育相互平等、相互尊重的价值观，尊重集团内不同学校的本土文化，找到其与草根文化相契合的点扎根，帮助它们重构学校文化；尊重集团内每一位教师和每一位学生，包容他们的差异性，用实小人固有的"扎根课堂、追求卓越"的品质潜移默化地影响着更多人，让草根精神悄悄在集团内各个学校蔓延。

第二节　草根文化的形成与发展

　　"草根化"是一种形象的比喻,表明学校的校本研究是一种扎根于教育实践、扎根于学校、扎根于教师的研究。它成活的土壤是学校的教育实践,它与学校的生存发展,与校长、教师的专业发展紧密相关,富有鲜明的"本土化""校本化"特征。它像草根一样,虽然平凡普通,但给点雨水就成活,给点阳光就灿烂,具有旺盛的生命力、生长力和亲和力。

一、草根文化的渊源: 来自一方水土的精神滋养

　　太仓市实验小学选择"草根"作为校园文化符号,有其深厚的历史渊源。草根文化的最终提出,源于太仓区域本土文化的历史滋养,更是学校办学百年的文化积淀和涵养。

　　"金太仓"地处长江入海口,是闻名遐迩的鱼米之乡。千百年来,百姓们日出而作,日落而息,像草根般扎根于这片故土。终年的辛勤劳作使得生活在这里的人们拥有着坚韧和质朴的内涵品质,这种品质深深地影响着一代又一代太仓人,也为"草根文化"提供了生长的滋养。

图3　发表于20世纪30年代《江苏教育》的《整个教育的实施》

　　太仓市实验小学创办于1922年,初创时期校名为太仓师范附属小学,是师范学生的实习基地,一拨拨优秀师范生怀着对教育事业的热爱从这里走出学堂,走向社会。从20世纪30年代起,受杜威教育思想及陶行知教学主张影响,龚家骊校长(任职年限: 1933—1936年)带领老师们开展了"整个教育"的教改实验。1933年8月,《江苏教育》第二卷第九期刊载太仓师范附属小学的《整个教育的理论与实践》,第十期刊登《整个教育的实施》(作者为龚家骊、郁钟麟、夏兆

纶），《江苏教育》"小学教育"专题第七、八期刊载《国难声中的整个教育》，对"整个教育"均作详细介绍，在当时教育界很有影响。

"整个教育"为学校文化的发展留下了宝贵的教育教学财富，这种依托生活原型创新建立的学校办学形制，已经蕴含了素质教育的雏形，是学校创新性实践全面素质教育的历史基础，更是学校草根文化立足于课堂、关注学生自由成长理念的根基，成为孕育学校"草根文化"的重要源头。

整个教育的要义：

"整个教育"就是儿童整个生活的教育，目标是培养全面发展的学生，提出"以社会生活做目的""以儿童生活做出发""以儿童生活做进程""以团体活动做手段""以生活环境做材料""以系统活动做方向""以艺术精神做表现""以圆满生活做考核"的八大原则。并逐步形成了"以圆满人生为终极目的，分康乐、社会、科学、业务四个生活，订定分年级具体纲要，以成熟样本为必修单元，鼓励开展个性选修"的整个教育特色课程。

新中国成立后，学校率先废弃旧教育法，积极引进和推广新教学法，并创生归纳出国文教学的"八步教学法"，即"引起动机→全文概览→大意演述→字句研究→诵读练习→深究→整理→表演"。20 世纪 70 年代，学校在狠抓教学质量的同时，开展丰富多彩、生动活泼的少先队创新活动，极大地激发了学生的自主意识，培养了学生的综合素质能力。80 年代，一位名叫段向慧的小女孩给著名数学家苏

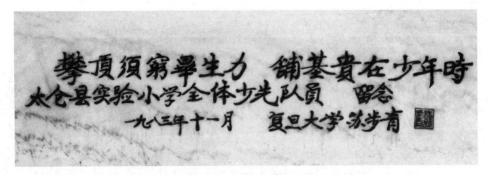

图 4　苏步青先生为太仓县实验小学学生赠言

步青写了一封信,苏爷爷回信赠言"攀顶需穷毕生力,铺基贵在少年时",这句赠言成为那一时期学校全体师生的座右铭。

90年代,学校创新开展了对学生心理品质的系统研究,并组织开展了以集体智慧为核心的"磨好课"活动:集体备课——组内研讨——校内展示——骨干点评。一系列活动扎实开展,并于1991年进行了首届青年教师"希望杯"评优课活动,至今已近30个年头。2000年之后,新的世纪也开启了学校新的发展之路,2003年12月,草根化校本研究成为学校教育教学实践与研究的基本方式,草根文化也渐积渐厚并最终成为学校的文化之魂。

回顾学校百年历史,贯穿始终的,正是"扎根儿童,潜心研究"的理念与文化。

二、 草根文化的凝练: 源于草根化的校本研究

"草根化"是太仓市实验小学多年来的师生行走方式,它并非凭空而来。

2003年9月的一天,刊载在《解放日报》的一篇有关浙江"草根化"民营企业抱团席卷美国旧金山的报道给了我灵感:"抱团才可以发展。"

2003年11月8日,我在"中国首届教育科学论坛"会场看到了彭钢先生的《校本研究:一种"草根化"教育研究基本规范的论证》一文,在学校开展"草根化校本研究"的想法就在这灵光一现间形成。同年12月,"草根化"学术沙龙宣告成立。

2003年12月23日,太仓市实验小学首届"草根化"学术沙龙正式鸣锣开张。然而,首期沙龙的第一个议题竟然是"草根化:根在哪里,化向何方?"

对老师来说,根扎学校,根扎课堂,根扎儿童,潜心研究,化向学生的可持续发展;对学生来说,根在基础,根在品格,根在祖国大地,乐学善学,自主成长,化向未来走向世界;对学校来说,根在本土,根在师生,服务师生,激活师生,化向教育现代化,化向中华民族伟大复兴。

一次次草根化学术沙龙,唤醒了老师们对素质教育的使命感与责任感,奠定了太仓市实验小学的草根化校本研究之路。从此,校园里出现了人人自觉写草根日志、草根随笔,人人主动参加草根沙龙与草根论坛的现象,信息在校园里多向交流,形成了民主、自由、开放的研究氛围。

十六年来,我们的教师就像草根一样扎根于教育土壤,以草根化校本研究为

抓手，围绕"自我反思、同伴互助、专业引领"三大要素，开始了卓有成效的专业化发展之路，不断进步，不断成长。

逐渐地，"草根化"校本研究成为学校的特色品牌。"十一五"期间，学校明确提出"建设草根文化，办好优质教育，培养有教养的和谐发展的现代人"的办学理念。由此，"草根文化"逐渐成为太仓市实验小学整体文化的特质，影响到学校的教育价值观、思维方式、行为方式、组织管理制度、集团化办学等各个方面。

三、草根文化的丰厚：成为集团化办学助推器

自 2005 年始，作为一所区域名校，太仓市实验小学开始了区域教育集团化办学的尝试。十六年的实践经验表明，名校的优质文化的引领和示范必不可少且作用巨大。正如彭钢先生所说的，"名校之所以是名校，以其对社会贡献而产生了广泛教育影响和社会影响。它能引领我们重温和回归教育的本义，这是名校的价值和意义"。

名校的成功受具体时间、空间和文化约束，往往不具有普遍的有效性，更不具备可重复性和可模仿性。但名校的学校精神是可以借鉴和传承的。太仓市实验小学的草根文化，就是这样一种可传承的具有示范性和辐射性的学校文化。自学校承担区域集团化办学项目以来，草根文化在办学实践中逐步发展，不断成熟，且直接影响着学校集团化办学的整个历程。

（一）草根萌芽：城乡学校松散型集团期，"草根化"校本研究的探索实践（2003—2007 年）

2003 年 12 月"草根化"学术沙龙成立，由校长室直接领导，教科室具体负责，是一个学校和教师双向选择形成的，以信息沟通、知识传递、经验交流、学术研究为主的群众性组织。参加人员包括基本成员、自愿随机参加教师和特邀的课程专家，其中基本成员是固定的，由校长、中层干部和各级学科带头人组成。经历了一个自由成长的阶段后沙龙形成了《沙龙章程》，对时间保障、主题确定、研究任务、奖励制度、经费落实等方面做出规定。

草根化学术沙龙的成立，宣告学校"草根化校本研究"的正式起步。我们强调校本研究的"草根化"，是倡导一种真正源于基层、基于校本的自下而上的研究，并

期许作为一种典型的非专业化的教育研究，充分践行学校教育科研的三个"转向"：从强调对他人理论研究和实证研究成果的"验证性"探索转向更加强调对学校和教师"自我经验"的主动反思、积极生成和创造性的表达，从追求教育研究的"科学范式"转向更多地提倡教育研究的"人文范式"，从执着于教育研究的"宏大叙述"转向更加看重教育研究的"日常叙述"。

"草根化"校本研究，更关注学校内在的发展力量，更关注学校文化和品质建设，更关注教师的个性化发展研究，更重视基于教师自身实践的自下而上的力量。

"草根化"校本研究如火如荼的实践阶段，正是学校集团化办学的起步尝试阶段——城乡学校"结对期"。在这一阶段，太仓市实验小学的师生们在草根化校本教研中受益，并不断汲取养分发展自我，学校内部的校本研究活动已自成体系。然而，自下而上的校本教研虽有相对固定的制度与模式，学校文化的研究却未能进行系统而完整的提炼。

处于萌芽期的草根文化，无法深入有效地传递到两所结对学校（新湖小学和新毛小学），更无法对集团化工作进行系统指导，同时，城乡学校文化间有着诸多差异，文化冲突体现在管理、教学、研究及教师专业发展等诸多领域，一时间无法调和，尤其是集团的三所学校法人、财务独立，学校间没有任何彼此的约束，太仓市实验小学只是单方面承担了教育教学、教师培养的引领带动作用，以骨干教师送课下乡为载体的送培项目成效极其微弱。

因此，我们亟需探讨新的集团化办学模式，真正从制度层面创新管理，从文化层面互动融合——文化融合视野中的城乡学校共同体建设呼之欲出。

（二）草根关怀：城乡学校委托管理期，草根文化的初步融合（2007—2011 年）

松散型集团诸多不成功因素中最为关键的是文化冲突。文化冲突导致城乡学校间从管理到教学诸多领域产生不可调和之矛盾，这些矛盾被不断激化而无法相互融合调和，最有可能的一个因素就是强势文化没有足够的先进性，也没有合理的包容性。从这一角度出发，当我们接受太仓市教育局委托，自 2007 年 9 月起，先后托管九曲、直塘两所乡镇学校时，我们反思的首要问题是：太仓市实验小学如何打造自己的特色文化，如何创新自己的教学文化和管理文化，如何再将这一系列优质文化通过多重手段有效对接集团内薄弱学校，并与之共生长、共发展？

从 2007 年开始，"草根化"理念开始在学校中由点及面生长成为草根文化。在这种草根文化关照下，学校各方面改革有了新的方向和举措，也取得了较为广泛的关注和认可。从"草根化"理念和行走方式出发，学校完成了草根文化观照下的学校课程规划，凝练出"草根文化"的策略与方法，以"坚韧、质朴、灵动、舒展"的草根精神为学校的集体人格开始形成。并通过"信息分享""项目研究""校内年级督导"三项创新的课程与教学制度，来确保学校课程改革不断深入。

正是由于上一阶段松散型集团所存在的文化冲突问题，在本阶段的集团办学进程中，学校一方面重视自身的草根文化建设，同时进一步加强草根制度建设，并通过草根化校本研修的模式迁移、草根文化的融合输出、草根制度的协同推进等方式，为城乡学校的托管共建奠定了"一家亲"的底色，草根文化以"文化融合"的形式，渗入被托管学校的血脉之中。

文化融合有其独特的实践途径。研究发现，城区优质学校和农村相对薄弱学校在教学文化上的差异是导致城乡学校教育教学质量差距大的根本原因。针对这一现状，我们提出构建文化融合视野中的城乡学校发展共同体，充分遵循"文化尊重、文化互动、文化融合、文化重构、文化自强"的基本规律，并逐步建立了多元化多层次的城乡学校教学文化共同体，这是城乡教师共同组成并具有相互浸润特征的学习型、协作型团队。

在这一时期，以太仓市实验小学为主体，三校共同承担了全国教育科学"十一五"规划教育部立项课题"文化融合视野中的学校共同体建设个案研究"，太仓市实验小学在承担示范辐射作用的过程中不断反思和总结，提炼成功的教育教学经验，积极构建各类学习型组织：第一类是城乡互派骨干教师深度融入对方学校构建的"学科领导者协作共同体"，三年中，参与托管的城乡学校均有近三分之一的学科骨干有了跨校任教经历，并逐步成长为各自学校学科教学的引领者；第二类是由太仓市实验小学骨干教师领衔组织的"跨校青年教师发展共同体"，三校 30 周岁以下青年教师为主体组成语、数、英、综合（班主任）四个小组，每周开展一次有计划、有核心主题的研训活动，确保青年教师快速、有活力地成长；第三类是城乡学校同学科老师跨校组建的"区域研修协作共同体"，区域研修协作共同体有两种形式，一种由各校同学科同年段老师组成（语数英为主），另一种由三校同学科全体老师组成(综合学科为主)。区域研修协作共同体着力解决"教学六认真"等教学基本问题,并逐步提升教师日常教学的研究品质。

托管期间的每周二下午,太仓市实验小学都会开放课堂,随时欢迎被托管学校的老师过来听推门课,参加教研组、备课组的研讨活动。于是,每个实验小学老师都要做好被听课的准备,每位备课组长都要做好主持多校的课堂研讨活动的准备。在准备的过程中,实验小学的普通老师都被"逼"着开放自己的课堂,让日常"关起门来"自己人之间的沟通交流走上更大的舞台。

久而久之,实验小学老师们的课堂教学能力、教材研究水平、科研主持能力都得到了不同程度的提升。在托管期间,托管学校双方的老师们实现了相互学习、相互促进、共同发展的目标。

太仓市实验小学与两所乡镇小学(九曲小学和直塘小学)在托管共建活动中共生共长,通过"验血"(全方位诊断)、"输血"(单向支持)、"造血"(自我发展)三个层次的有效管理,完成了托管双方学校从一般行政意志下以强带弱的校际帮扶向双方学校基于共享、共生基础上共同发展的转变,为区域教育的高位均衡发展探索出一条可资借鉴的实践途径。

托管期满后,太仓市教育局对两所学校在托管期的办学综合水平进行考核评级。直塘小学和九曲小学的整体面貌发生根本性变化,综合教学能力跃升至乡镇学校第一方阵。以两校教师发展为例,自托管以来,九曲小学 2008—2010 年间市级骨干教师比例从无到有,增长了 23.2%,直塘小学市级骨干教师比例从 2% 增长到 30.3%,三校互派交流骨干中有 6 名老师走上校级岗位,十多名骨干走上中层行政岗位,城乡学校在教学实践评优、教育科研、学生发展等方面也都形成良好氛围,各自行走在快速上升通道中。

但是,三年期满之后,太仓市实验小学管理团队与骨干支教团队全面撤离,被托管学校在后续发展上并未显示出持续的发展动力,整体实力有所回落。

可见,如果不能做到真正的价值认同与文化融合,而只是直接把草根文化、草根制度、草根教师移植到集团的其他学校,还是治标不治本的融合方式。

要真正改变农村学校,还需要为它们培养更多本土的管理型教师,只有草根文化与学校原来的文化真正融合以后,才会从内部催生出支撑学校不断发展的力量,不再单纯依靠外力输入。

(三) 草根连理：城乡学校一体化管理期,草根教育的协同创新(2011—2016 年)

2011 年,学校提出把"草根情怀"作为素质教育的价值追求,并依此整体建构了学校办学的哲学、目标、方法、原则、课程和教学,草根文化得到广大师生的普遍认同,并得到上级主管部门的充分肯定,社会反响也越来越好。

那么,一所好学校是不是就此因了那所谓的"优秀"就可以停滞不前? 答案当然是否定的。2011 年 10 月,江苏省教育科学"十二五"规划重点资助课题"全球化视野中草根情怀教育的实践研究"正式立项,基于全球化视野的草根情怀教育,确立了"自由成长和社会责任相伴,民族情怀与国际理解融通,传统文化同时代精神共育"的教育理念,学校办学视野有了进一步的拓宽,广大教师和学生的心灵开始解放,个性逐步张扬,学校教风、学风呈现出更加鲜明的个性特征。

从师生培养目标的研制出发,太仓市实验小学重点研究了国家课程的创造性实施和学校特色课程的校本研发与跨学科统整,进一步完善了学校草根情怀课程体系和彰显儿童自由精神的"实、活、乐"课堂表征指标体系,探索出一个基层学校素质教育综合改革的实践样本。

此时,学校的集团化办学之路已经走到"一体化办学"的阶段。2013 年太仓市科教新城实验小学正式启用招生,作为集团化办学一体化管理的样本学校,实验小学输出了包括校长在内的十多名骨干教师,由钱澜兼任两个校区的总校长,吴敏敏副校长担任科教新城实验小学的执行校长,其他骨干教师皆在行政或年级组、教研组中担任要职。这就把实验小学的草根文化、草根研修制度等多年来积累的办学经验完全移植到新校,成功实现了城乡学校文化的融合,以老校带新校,用名校的办学经验和学校文化打造出科教新城里一所生机勃勃的新学校。

科教新城实验小学在与太仓市实验小学文化融合的基础上,进一步实行文化重构,实验小学行政团队和专家领导共同商讨和研发,完成了对科教新城实验小学课程规划的顶层设计。基于自身处于科教新城的地域优势,用实验小学 90 年的校园文化作为基础,找到"科技幻想"的契合点,科教新城实验小学在草根文化的基础上发展起自己的校园文化。科教新城实验小学是一所办学历史为"90 + X"的学校,融合和传承了 90 年的草根文化,规划了未来发展的 X 年和 X 种可能。

(四) 草根共生：后集团时代教育联盟期，草根文化的群体蓬勃(2017 年至今)

城区优质学校托管农村(乡镇)相对薄弱校以及城区优质校一体化管理城乡结合部新建校，为太仓市区域范围内整体推进集团化办学积累了实践经验，文化融合视野中的城乡学校发展共同体建设，是托管和一体化管理两种不同模式的理论和实践基础，十多年来所积累的经验和教训，成为区域教育高位均衡最宝贵的财富。

2017 年 9 月，太仓市教育局出台《关于建设学校教育联盟，推进区域教育优质均衡发展的实施意见》(太教〔2017〕22 号文)，正式成立区域范围内三纵九横的教育联盟，涉及全太仓基础教育的全部学校。太仓市实验小学出任太仓市实验小学课程与教学联盟盟主校，前后输出四位副校长担任集团内其他学校校长。校长们自带草根特质，把实验小学的草根文化自然渗透到各联盟学校，并逐步与学校传统文化相互交融，形成各自新的学校文化。

六校联盟的学校构成是多元的，成员单位里既有太仓市实验小学这样的县域龙头示范学校，也有一体化办学期间太仓市实验小学团队倾力打造的新建校，还有政府新农村建设实事工程中转型的开发区重点建设窗口校，以及典型的乡镇学校和城郊结合部的老牌校。

各种不同性质的小学、更加多元的学校文化，在第二、第三阶段的基础上又一次拓展了太仓市实验小学集团化办学的范围，太仓市实验小学草根文化的辐射更加广阔，影响成效更加显著。正是这种能够扎根大地、坚守教育土壤又极具包容性的特性，使得"草根文化"可以理解和接纳来自不同地域、具有不同状态的他校文化，并在潜移默化中慢慢融通和重构。

此时，草根文化已经不再是一个学校的校园文化，而是成为整个教育联盟学校共同的文化特质，是集团化办学的精神源泉。无论是各联盟校的特色课程，还是教师培养计划、学生活动方案，都打上草根文化的烙印：以人为本的工作方式，尊重师生人格，倾听师生声音，一切从师生出发。

"草根文化"的诞生与发展，遵循了学校历史发展的轨迹，传承了太仓市实验小学百年文化的渊源，这是一种文化自觉；在此基础上不断创生出适应当前社会发展和人民需求的目标和要求，这是一种文化自信；不仅凝聚自身，具有强大的亲和力和影响力，而且辐射到集团联盟校，在实践与创新中实现集团文化的融合与重构，同时做到"助人者自强"，逐步完成对自身文化的完善与历练，这是一种文化自强。这一脉相承的草根文化就是集团化办学的精神之源，相信在草根文化的指引之下，未来学校集团化办学之路会越走越扎实，越走越创新。

第三节　草根教育的实践范式

草根文化是太仓市实验小学的学校文化，草根文化的核心是"坚韧、质朴、灵动、舒展"的草根精神，这是学校在新世纪办学历史新阶段对学校百年教育历史和文化的全新总结，是在正确审视和传承学校优秀传统文化基础上的新发展，并由此逐步形成了独具校本特色的"草根教育"。

草根教育从"草根化"学术沙龙、"草根化"校本研究、草根文化的发展中一路探索并逐步孕育生成，成为具有一定典型意义的较为成熟的校本素质教育新模式。草根教育是学校"草根文化"教育实践的产物，草根积蓄的是生命的能量，培养的是祖国的栋梁，太仓市实验小学一代代教师从没有豪言壮语，只有默默奉献，就像深埋地下的草根，低调而优秀，培养出一拨又一拨优秀毕业生，灵动而舒展。这就是儿童教育的情怀，是一种尊重生命的教育情怀。

我们认为，草根教育就是要坚持一贯地践行素质教育，关注每一个儿童的发展，为儿童提供丰富而适切的多元课程。正是基于这种"儿童本位"思想，我们的课程与教学都是根据学生身心发展之特点去构建和创设，进一步关注学生的个体差异和不同学习需求，充分发挥学生的主动性，关心每个学生，促进每个学生主动地、生动活泼地发展。

总结和概括整个集团化办学时期太仓市实验小学草根教育的实践路径和形成规律，真实呈现太仓市实验小学以城乡学校教学共同体建设为载体，充分发挥其实验性、示范性和辐射性的同时，自信自觉、自强自立、不断实验，逐步完善自己的草根教育实践模式，并将其有效迁移，为广大农村学校和联盟学校提供了一个可资借鉴的素质教育实践样本。

一、草根教育：学校课程的整体建构

草根教育，一方面是时代创新的需要，必须以创新促发展；另一方面是对教育传统的深入理解和适度回归。回归教育传统，不是捡其糟粕去重拾旧思想和老方法，而是进一步强调，在努力创新和突破的同时，我们必须尊重教育的基本规律，尊重教育的一般常识，不能本末倒置。

草根文化的实践，是一种真实的、朴素的、大众的教育实践。因此，我们需要研究学校课程设置，包括国家课程的合理安排、校本课程的开发与实施等；需要研究课堂教学变革，根据新课程改革和学生核心素养的发展改进课堂教学；需要研究教师专业发展；更需要研究儿童的学习方式向自主、互助、探究型变革。

（一）草根教育的整体框架

总体而言，草根教育整个体系的建构，包括学校具体培养目标的确定、课程体系的建构、教学文化的生成、教师专业素质的发展与提升及学校管理制度的制定等，都是基于文化融合的理念，具体来说，自由成长和社会责任相伴，就是民族情怀与国际理解融通，传统文化同时代精神共育。

草根教育整体框架的建立并不是一蹴而就的，而是随着学校的发展逐渐成长，逐步成熟的。草根教育的 1.0 版本，我们称之为草根情怀教育，其整个教育体系如图 5 所示，主要包括以下四个方面的内容：

一是文化融合理念引领下学生发展目标的整体建构，"珍爱生命"（健康）、"自信向上"（快乐）、"独立自主"（自主）、"社会责任"（包容）成为学校"四品"草根娃品质形成的四个关键方面，它们以国家教育方针和社会发展需要为方向，以学生个性特征与发展需求为前提，在学校特有的草根文化观照下最终成型。

二是教学文化生成与草根情怀课程的整体建构，主要包括彰显自由精神的课堂教学文化养成，行知统一的学科性草根情怀主题课程开发，陌生体验的跨文化游学实践课程及生命溯源的娄东文化校本课程开发的整体设计与开发等。

三是草根教师专业发展"五有"标准的逐步明确，明确了太仓市实验小学要培养"有终身学习理念、有草根教育情怀、有课程开发能力、有专业生活情趣和有国际文化理解"的"五有"名师，围绕"五有"核心，我们在教、研、训一体化方向做顶层设计，为教师自我发展与学校服务教师策略进行整体规划。

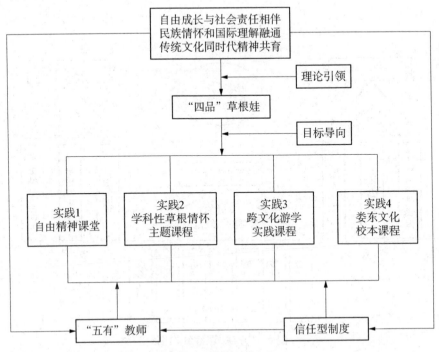

图 5 草根情怀教育体系

四是以信任哲学为理论基础的学校信任型管理制度的建立，让学校每一个需要达成的共同目标都有相应的制度作保障。在每一个集体里，都必然存在集体利益与个体利益的冲突，也存在纪律与自由之间的矛盾张力。学校作为一个特殊集体，教师的工作在集体中准备，但普遍是由单个教师独立完成的，因此，信任型制度建构尤为重要。

（二）草根教育的实践课程体系

儿童的成长有着无限的可能性，为儿童提供丰富而适切的课程是学校课程建设的主旨。

太仓市实验小学的草根教育课程被命名为"三味"课程——"真味""玩味"和"情味"。构建学校"三味"课程的宗旨是为学生的个性化学习提供更多的课程选择。

"真味"课程是基于国家课程的校本化实施，强调基础的、科学的、规范的学科核心素养的培养，主要包括语文课程、数学课程、英语课程、科学课程、道德与法治

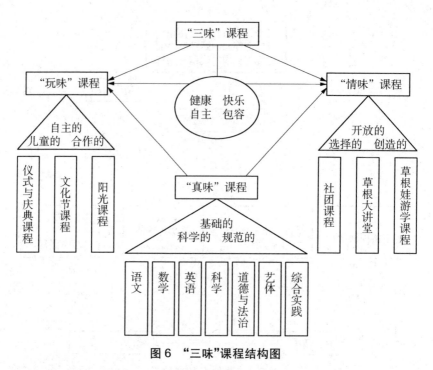

图6 "三味"课程结构图

课程、艺体课程、综合实践课程等。

"玩味"课程更多体现了儿童快乐、游戏的天性,他们学习的内容与方式应该是自主的、好玩的且具有合作性,主要包括仪式与庆典课程、文化节课程、阳光课程和草根娃游学课程,我们的活动课程是学生全员参与的课程。比如,仪式与庆典课程包括一年级新生入学课程、三年级成童仪式、六年级毕业典礼及一年一度的少先队建队日等,文化节课程囊括了艺术节、科技节、体育节、双语节和阅读节等,阳光课程里有阳光体育运动课程——哑铃操、亲子趣味互动课程及心理健康操等。

"情味"课程更多体现了儿童的个性化、创造性和开放度,根据儿童个人喜好开设充满趣味的情味课程,与"草根情怀"所倡导的生命情怀、民族情怀和平民情怀有着更好的关联,主要包括"草根情怀"教育主题课程、社团课程、阅读课程等,这些都是选择性课程。

从本质上看,"草根情怀"教育学校课程是基于国家课程的校本化改造。正是这种校本化的"素质教育"特征,使得我们的课程体系既保有一般课程体系结构的完整性和权威性，又兼具草根化的校本特色。

二、 草根教育的校本课程开发

（一）学科性主题课程

"知行统一"是草根教育最重要的教育思想溯源之一，因为草根教育的第一要义是学生发展，指导学生能学以致用，能学出自信，学出成功，学出快乐，能通过自己主动、积极的学习、探讨，运用已有的经验和能力与各种教育资源互动来解决问题，寻找答案，在解决问题的过程中使经验和能力得到提升，获得学习的乐趣和信心，培养探索、创新精神和实践能力。

从课程属性来说，学科性主题课程是国家课程的校本化实施，是在学科教学中开发的主题活动课程，能充分彰显学校课程特色。具体来讲，就是在学科教学中以学生问题为中心，围绕一个主题构建单元学习，帮助学生通过自己主动、积极的学习、探讨，真正对主题有更深入的了解，从而实现草根教育的培养目标。

1. 局部生根——单一学科单元学习

围绕某一学科某一主题开发的单元学习，需要通盘考虑学科教材、社会需求、学生兴趣，并围绕草根教育目标选择学习主题，围绕主题组织的不仅有学科中的既定内容，还有与主题密切相关的拓展内容。通过学习，学生在相关的概念和内容之间建立链接，让学生在课程内容基础上获得更多更广的基于学科背景的相关知识。

2. 同气连枝——跨学科整合主题单元学习

围绕同一主题，不同学科在相关知识背景下，具有协同学习的可能性。通过内容、问题和活动的统一设计，让跨学科主题单元学习走进学生的学习生活，促使学生从跨学科的视角立体、深刻地理解主题，融通所学。

对照草根教育的整体目标，通过对各学科课程内容的分析和梳理，逐步明确不同学科间学习内容的相关性，在跨学科教师的相互交流和分享中发现、遴选出多学科均需涉及的、具有长时间探究价值或需要跨学科学习的相关内容，并能很好观照草根教育实践的主题，开发成一个个跨学科整合的主题单元设计。

3. 全面播种——多学科融合主题单元学习

多学科融合的主题单元学习，是在对分科课程进行分析、梳理的基础上，获取多个学科共有的主题，然后在不同学科领域分别进行探究和学习。

与跨学科整合主题单元学习不同的是，我们的草根教育多学科融合主题单元学习，目的是培养学生的"草根情怀"，为培养学生健康人格和社会适应能力而"量身定制"，没有在学科知识和核心素养方面的明确指向，更多关注的是学生非智力因素的发展和健全人格的塑造。

（二）娄东文化课程

娄东文化是太仓（又名娄东）人民的文化之根，精神之根。娄东文化需要传承，娄东少年传承娄东文化是一种使命。

学校是学生接受教育的主阵地，理应承担起传承和发扬本土文化之重任。开发和利用地方文化资源，构建合理的地方文化课程，无论对于文化自身的保护、传承，还是对生存于文化母体中的人的教育和培养，都非常必要。因此，我们设计和开发了娄东文化课程，让学生在学习和实践中逐渐丰厚自己的地方文化储备，把学生培养成带有娄东文化烙印、具有民族精神的有根的人，让学生在学习实践中逐渐丰厚自己的本土文化储备，从而提升自身修养。

娄东文化课程主要包括艺术综合课程、阅读赏析课程、主题研究课程和文化专题课程，四类课程形成逐级递进的整体。

1. 艺术综合课程：关注特长与爱好

根据艺术特长生的爱好，选择娄东艺术流派中最突出的"娄东画派"与"江南丝竹"为课程内容，联合校外专家，开设水墨丹青社团、萱草民乐团两大社团，对学生进行艺术熏陶和技艺传授。

2. 阅读赏析课程：关注认知与兴趣

根据小学一至六年级学生认知水平和兴趣点选择资源，参考《娄东文化丛书第一辑》中的各板块内容，进行改编、整理，由易到难分低、中、高三个年段，形成适合不同年龄学生学习特点的娄东文化系列校本教材，以满足阅读赏析课程所需。

3. 主题研究课程：关注整体与内涵

主题研究课程内容的选择，不仅要根据三到六年级学生的兴趣点与知识基础,还要关注学生对娄东文化研究的整体设计与学生内涵素养逐步提高的现状。

本课程根据娄东文化的各种表现形式与难易程度,分年段、分学期选定项目研究,包括"故土情怀"与"放眼世界"两大主题。

"故土情怀"主题涵盖了娄东文化大部分的表现形式,旨在让学生在小学阶段对娄东文化有整体的探究,感受本土文化的丰富多彩,培养学生的故土情怀;"放眼世界"主题主要通过项目研究,了解娄东的新发展、娄东与世界各国的联系,从而培养学生国际视野。

4. 文化专题课程:关注自主与发展

文化专题课程指的是学生大讲堂活动,面向的对象是三到六年级学生。本课程的内容主要来自学生自己对娄东文化的研究所得,并在教师指导下把自己的研究成果梳理加工后形成主题研究报告,在学生大讲堂活动中进行成果发布。

学生在六年的学校生活中,逐步接触和了解不同形式、不同时代的地方文化,会对学生知识体系和人格完善起到关键作用。概括地说,这样的设计和实施:从课程目标上看,是逐层深入递进的;从学生培养上看,是认知、能力、情感整体感知并逐步丰盈的;从过程上看,是动态的、渐进并迭代生成逐步完善的。

娄东文化课程的开发与实施,有助于让学生多方位地了解娄东文化,感受娄东文化的博大精深,激发对本土文化的自豪感,培养学生的民族情怀,树立关注家乡、建设家乡的远大志向,并在学习、探究和表达(展示)的过程中进一步改变学习方式,促进学生综合能力的发展。

(三)研学旅行课程

研学旅行课程把大千世界作为课堂,把地球资源当作学习资源,把游中学的体验历程作为一种独特的成长方式,是一门开放性的、动态生成的综合性课程。

研学旅行课程的总体目标是:培养学生"快乐、自信、坚毅、豁达"的内涵特质,促进学生培育和践行社会主义核心价值观,促进书本知识和生活经验的深度融合,锻炼学生自主交往、吸收接纳的能力,加深学生与自然和文化的亲近感,加深学生对本土文化的理解,培植学生对家乡的认同感与自豪感,开拓学生视野,促进学生理解、尊重和接纳多元文化。

研学旅行课程内容的设计紧紧围绕上述学生培养目标,结合学生兴趣、学习动机、意志品质、认知能力和认知方式进行深度开发。

研学课程以开展研学旅行的时间阶段为纵轴,分为研前课程、研中课程和研后课程。研学前,各学科为研学课程提供支撑;研学中,学生通过学科知识融合学习;研学后,研学课程反哺学科教学,为学科教学提供教学资源。

研学课程以学生涉足区域距学校的路程为横轴,分为"漫步校园""寻访娄东""美丽中国""走近世界"四个板块。同时,根据学生的年龄特点和认知特点,开发了菜单式微型课程。

研学旅行课程以学科整合的理念设计,让学生从单一的学校情境走向多元的社会情境,游学多方位视野的拓展、多方面能力的锻炼、多元化的情感体验,是完善学生人格的重要途径。

具体来说,太仓市实验小学的研学旅行课程,根据区域的地理位置及资源价值进行合理遴选,以学校为圆心,学生可以涉足的距离为半径,把研学旅行课程按区域分为四个板块共十二个主题。

1. 跨校一日体验活动课程

跨校一日体验活动课程包括校园拾趣、生态探秘、跨校交友三个主题,主要适用于低、中年级的学生。通过研学旅行,学生能够体验不同学校的文化和特色课程,扩大社交活动圈,锻炼与人交往的能力。

2. 家在太仓娄东寻根课程

家在太仓娄东寻根课程包括走近圣贤、寻访老街、亲近园林三个主题,主要适用于中年级学生。通过研学旅行,学生能够了解和感受到家乡娄东文化的深厚底蕴,培养热爱家乡、传承家乡文化的热情和审美情趣。

3. 长三角游历开放主题课程

长三角游历开放主题课程包括红色追踪、科技畅想、登高望远、对话历史、动物世界五个主题,主要适用于中、高年级的学生。通过研学旅行,培养学生爱国主义情怀、民族自尊自强、科学研究思维和公益环保意识等。

4. 国际研学文化理解课程

国际研学文化理解课程主题为域外视野,主要适用于高年级学生。通过研学旅行,让学生体验不同文化,接受文化熏陶,增强国际理解能力。

作为一种体验性学习，研学旅行课程特别强调课程主体的主动参与、深度参与。国际研学课程源于学校的游学旅行，其中的"游"是游走、游历，不仅要玩味、欣赏，还要亲自经历、体察；"学"是主动地体验，不仅要吸纳关于游学对象的普适性知识，更要建构属于自己的个体性知识。"游"是"学"的方式，"学"是"游"的目的，"游"与"学"互为表里、交互共生，是国际研学文化理解课程的基础。

概括地说，太仓市实验小学开发的国际研学文化理解课程，是立德树人理念基础上具有校本特质的德育课程，是倡导学生在自主、协同、个性发展前提下开展的主题项目式学习的综合实践课程，是基于学校整体研学旅行规划框架开发的面向学生集体的创意课程。

草根教育是学校素质教育的实践探索和创新变革，它将草根文化具体为学校的行动，落实于教师日常的教育教学行为和学生的学习活动中。

在集团化办学的各个阶段，太仓市实验小学的草根文化每时每刻都在深刻影响着集团各学校，草根教育在集团（联盟）学校的有效迁移，草根文化与集团联盟学校文化的融合与重构，引领集团学校共同发展。

第三章
委托管理：城乡学校的融合之径

2007 年 7 月 8 日，太仓市教育局下发太教〔2007〕23 号文件，委托太仓市实验小学全面管理九曲小学及其老闸校区。2008 年，太仓市教育局又委托太仓市实验小学管理直塘小学，形成太仓市实验小学管理、带动九曲小学和直塘小学共同进步的局面。至 2011 年 6 月，九曲小学和直塘小学取得明显进步，实验小学团队全面退出农村学校的相关工作。我们称这一阶段为"委托管理"阶段，简称"托管"阶段。

在托管阶段，实验小学从文化融合的角度入手，在农村两校开展各项工作。在文化融合的过程中，城乡学校共同经历了如下历程：文化尊重（相互了解和相互理解）——文化互动（渗透、冲突、沟通、认同）——文化融合（共享、补充、协作）。

其时，客观上农村学校较为薄弱，但其并未主动要求托管与改进，三校在相互尊重、相互了解的基础上，也不免有一种城区"强势"文化单向渗透的趋势，这种文化渗透必定引起文化"冲突"。文化融合的过程，就是一个正视文化冲突的存在并着力解决冲突的过程。

在整个托管工作的研究历程中，太仓市实验小学成功申报了全国教育科学"十一五"规划教育部立项课题"文化融合视野中的学校共同体建设个案研究"。就共同体建设而言，我们一方面强调共同体的"温暖"与"和谐"，同时着力于把共同体建设成为一种基于教师个体需求的跨校协作型和发展型团队，在制度保障、形式创新、有效研修、网络支撑等多方面进行研究和探索，让温暖的共同体呈现出具有信息时代特征且基于三校共同发展愿景的"家"集体。

太仓市实验小学倡导"草根文化"，其办学理念就是根植于大地，根植于学生，根植于学校。草根文化中所蕴含的旺盛生命力，让实验小学的管理和研修方式能顺利迁移至农村学校，唤醒农村教师发展的内驱力，为农村学生提供更加优质的课堂与教学,加快农村学校的发展。

第一节 "委托管理"的实践基础

倡导教育公平,追求教育平等,办好每一所学校,让每一个孩子幸福成长,这是教育均衡发展的目标导向。1996 年,江苏省教委对义务教育阶段薄弱学校进行抽样调查,经测算,小学有 17% 的薄弱学校。经省政府同意,启动了"改造义务教育阶段薄弱学校行动计划",1997—2000 年,全省改造 3 200 所小学,巩固提高了义务教育的实施成果,促进了义务教育的均衡发展,被称为"民心工程"。城乡学校在多年的政府投入下,硬件建设方面已经基本处在同一发展水平,但在软实力方面,比如内涵发展,特别是学校管理水平、教师的专业发展和教育质量方面,城乡学校仍然有较大差异。

一、 委托管理的缘起

太仓市教育局何以出台这样的措施呢? 具体原因颇多,这是一项综合各种因素的决策,也是一项顺应地方经济社会发展的举措。

(一) 太仓市政府率先提出"城乡一体化发展"的战略

21 世纪初,苏南乡镇经济飞速发展,县镇两级财政收入稳步提升,对基础教育的投入逐渐增多。2003 年,太仓市政府提出"城乡一体化发展"的战略,城乡教师的工资都由县级财政统筹发放,城乡教师享有同样的待遇与福利。2005 年起,苏州教育率先提出创建"教育现代化小学"行动,隶属苏州的太仓及周边的县市都受益于这项举措。苏州教育局组织县域学校互相评估验收,形成你追我赶的创建氛围。这一行动促进了地方政府对教育的快速投入。连续三年,一批一批地验收,农村学校被慢慢卷入进去。各乡镇也不甘落后,不仅落实了教师的待遇问题,对乡镇学校的硬件投入也增多了。乡镇学校的硬件建设一下子提档了,电脑数量、图书储备、体育器材等方面尤为突出。在教育信息化方面,太仓教育提出了校园网建设"校校通""班班通"的要求,生机电脑拥有量要求达到 8∶1。太仓市政府一下子投入 7 000 多万元用于信息装备,城乡学校的电脑拥有量立刻到位。互联的联通，为中小学打开了通向世界的窗口，城乡学校的信息互通有了硬件的保障。

（二）太仓市教育局先行先试，积累了一定的改薄经验

太仓市教育局有一支乐于改革创新的年轻干部队伍，局班子成员都有基层学校工作经验，曾经是重点高中的优秀教师、优秀校长或优秀的科研工作者。来自江苏省太仓高级中学的孔春明局长33岁就担任了教育局"一把手"，其他三位副局长也都是三十出头的青年人。这些领导成员对新的教育法规政策有极强的敏锐性，并付诸行动，有"先行先试"的胆魄。

1999年，太仓市教育局出台了城乡教师流动的政策，政策规定，城区教师晋升高一级职称必须有一年农村学校工作经历。从2000年起，城区学校教师在观望一段时间后开始主动申请下乡支教锻炼。直到2013年，苏州其他县市才全面执行"城区教师晋升高一级职称必须有一年农村学校工作经历"的制度。为了消除下乡支教教师的后顾之忧，局里出台政策，对于前往农村支教的教师，其编制保留在城区学校，所有的工资待遇和福利都由城区学校发放。太仓市教育局还和交通部门联系，开通了农村学校教师上下班的交通专线，保证城乡教师交流的常态化。2002年，太仓中小学试行"教师全员聘任制"，校长和行政"竞聘上岗制"，教师业务考核"末位培训制"，让每一位老师都不敢懈怠。2003年，各小学的附属幼儿园从小学完全剥离，小学和幼儿园各自独立运作，保证了义务教育阶段政府投入的"三增长一保障"。2005年，太仓市教育局要求太仓市实验小学这所直属的城区学校和太仓市新湖、新毛两所农村学校结成"教育集团"，进行结对帮扶，要求城区学校定期送课下乡，要求城区学校的骨干教师和农村学校青年教师结成师徒。

（三）太仓市实验小学既是新课改的"排头兵"，又是改薄的"先锋校"

1981年，太仓市实验小学被列入江苏省首批实验小学，在师资分配上得到倾斜，云集了一大批优秀的中师毕业生。从20世纪90年代起，太仓市实验小学一直是太仓区域内的示范窗口学校，"磨好课"的经验刊登在《中国教育报》上。1999年，太仓区域内全面启动第八次课程改革，太仓市实验小学连续三年承办了太仓市新课程改革的系列活动，包括"走近新课程""走进新课程"与"深化新课程"的县域展示活动。综合实践活动、信息技术支撑新课程改革的经验、草根化校本研修全面提高各学科综合教育质量等经验在全市推广，成为新课程改革的排头兵。

太仓市实验小学的办学规模是 6 轨 36 个班级,在编在册的教师人数一直在 96 名左右,这几乎是江苏省内规模最小的省级实验小学(时任省基教处长马斌第一次来太仓市实验小学的印象)。行政班子具有很强的凝聚力和内驱力,想作为、肯作为、有作为,具有较高的专业领导水平。每一位行政人员都是凭自己的实力通过笔试、面试、民主测评等程序任命的,任期有年限规定。9 名行政人员中有 6 名是苏州市学科带头人。担任校长前,我在实验小学工作了 13 年,有成功改造薄弱乡镇学校的管理经验:4 年的乡镇小学校长经历,让我比较熟悉乡镇学校管理体制、经费运作、人事管理、资源配置、环境调适等方面的常识。2004 年 3 月,我参加了全国第四期骨干校长培训班,视野开阔了,也有了敢于担当的勇气。实验小学的每一位教师都敬业爱岗,乐于奉献,形成了浓厚的学习与研究氛围,人人作为、奋发有为的精神风貌蔚然成风。骨干教师占比 68%,其中太仓市级以上学科带头人 13 名,涵盖了小学阶段开设的各个学科。2003 年,学校成为苏州教育信息化运用示范学校、全国信息技术创新运用先进学校,几乎每一位教师的信息技术运用能力都很强,人人都会做教学课件。2004、2005、2006 年在太仓教育局组织的信息技术整合课比赛中,太仓市实验小学连续三年囊括一、二、三等奖,全国各地的老师和校长纷纷前来考察学习太仓市实验小学的信息化运用经验。太仓市实验小学在综合实践改革、信息化运用方面已经远远领先于县域内农村薄弱学校。

(四) 太仓县市区的农村学校依然相对薄弱

二十一世纪初的苏南农村,尽管乡镇企业一时繁荣,尽管乡镇学校有较大的投入,尽管农村学校的硬件装备发生了翻天覆地的变化,但抵不上农村城市化的发展进程,富裕的农村居民集聚城区购买住房,并把子女的户口迁入城区,城区依然是资源的集聚地。

2003 年乡镇撤并,九曲镇调整为浮桥镇九曲管理区,直塘镇调整为沙溪镇直塘管理区,太仓行政区划在短短数年间从 22 个镇合并为 7 个镇,村里的办学点全部取消,学生集中到管理区学校上课。行政区划上的分分合合,也带来学校管理方面的分合动荡。九曲小学是比较典型的农村薄弱学校,九曲成为管理区,它就成为管理区的一个学校,但各个管理区的分校又分而治之,看似一个校长,却各个校区各自为政,只在期初期末大家一起开个会,直塘小学也类似。这一类学校,在太仓县域数量不少,这样的合并,往往老师人心较为不稳,管理力量比较弱。教育局领导在深入基层学校听课调研后发现城乡学校内涵发展依然存在二元分割的现象,农村学校的发展明显滞后于城区优质学校。

(五) 开拓创新的领导从成功的企业管理中触发灵感

2002 年,太仓市政府建成了一家豪华的五星级酒店——花园酒店,这是当时太仓的地标建筑,是太仓经济发展能级的一个象征,也是招商引资、吸引外商的一项长线投资。这家酒店不是太仓人管理的,而是委托南京著名的金陵饭店来管理。金陵饭店标准化的管理、一流的服务给花园酒店注入了活力,也给太仓市民带来了新眼光与新追求。这一现象被时任教育局局长孔春明注意到,并触发了让城区学校全面托管农村薄弱学校的设想。

太仓市教育局高度认可太仓市实验小学的办学实力,2006 年寒假期间,他开始与我磋商城区学校托管农村薄弱学校事宜。

省级实验小学具有实验性、示范性、辐射性、服务性四大功能,我和行政团队对辐射帮扶乡镇薄弱学校是有一定思想准备的,在与新毛小学和新湖小学进行结对帮扶时,也已经有师徒结对等有效举措。但是,因为当年并非从管理角度深度介入、通盘规划和全面指导,所以只是骨干教师下乡支教,对农村薄弱学校不能有根本性的改变。

孔春明局长从"委托管理"的角度来开展农村改薄工作的设想,恰好补足了当年"结对"时的短板,我们一拍即合,第一次商讨就形成了"委托管理"的基本框架,关于如何组建托管团队,下乡教师的交通及补贴问题,乡镇学校骨干进城委培问题等,我们都一一进行了探讨,落实了托管工作的保障措施。

促进城乡学校共同发展,教育局领导的态度是非常坚定的。教育局随后申请了专项资金购买了一辆十一座的面包车,用于接送下乡支教和进城委培人员,落实了专项资金贴补给城区托管的行政人员与老师。教育局还分别为下乡老师与进城老师安排了住宿的地方,供恶劣天气或工作需要时留宿。

二、 太仓农村学校文化中的资源与问题

学校文化是由学校全体师生不断创造、以学校教育价值观念为核心的一整套

观念、制度和行为方式的集合体。它是一个集体心照不宣的精神默契，是集体人格的沉淀。而教育文化则指一个民族或一个群体在教育活动中形成的教育价值观念、教育思维方式、教育理想信念、教育行为规范和教育精神等。在教育文化的影响下，学校也会形成自己的学校文化。文化是一种自然的存在，在教育过程中，不同地区的经济、环境、生活习惯等，会对学校的教育文化产生影响。

作为同一个县域的城乡学校，放在地图上，也就是同一个针尖的位置，讲着同样的话，喝着同样的水，用着同样的教材，学校的教育文化真有那么大的差异吗？太仓市实验小学对两所被托管的农村学校进行了全面调研，与两校的教师分别座谈，还多次访谈了三年来深入农村开展托管的学校骨干教师以及来校浸润式培训的农村骨干教师，逐步明晰了农村学校教育文化中的资源与问题。

（一）从物质文化来看，农村学校硬件及其使用有别于城区

1. 物质文化首先体现在周边的环境资源

由于 20 世纪 80 年代城乡二元分割的状态一直没有太大变化，因此早期的城区重点学校和农村小学在硬件方面还是很不一样的，很多投入都向重点校倾斜。1993 年《中国教育改革和发展纲要》提出"在地区发展格局上，从各地经济、文化发展不平衡的实际出发，因地制宜，分类指导。鼓励经济、文化发达地区率先达到中等发达国家八十年代末的教育发展水平"。

1996 年江苏省开始推行"改造义务教育阶段薄弱学校行动计划"，太仓也在进行整体学校布局的调整。2001 年，太仓各类小学的办学条件均达到江苏省的基本要求。不仅硬件在跟进，随着 1999 年《中共中央、国务院关于深化教育改革，全面推进素质教育的决定》的出台，太仓也开始了城乡教师流动以支援农村教师队伍建设。但在这一个阶段，农村学校的硬件还是处于逐渐完善的过程中，九曲小学和老闸校区的硬件跟进较慢。

在太仓市实验小学 2009 年 8 月介入九曲小学托管时，九曲校区仅有一幢教学楼、一幢综合教学楼和一个食堂。由于地基下沉，教学楼的墙面和地面均出现了不同程度的开裂，特别是西面两间教室雨天有渗水现象。

农村学校的室外场地通常较为宽大，学生活动场地多，运动量也比较大，学生身体素质整体上优于城区学生。部分农村学校的特色就在于体育，比如武术、篮球、排球、田径等。太仓市实验小学托管的九曲小学有篮球特色,老闸校区的排球项目在太仓市也名列前茅。

学校周边农田很多,学生习见四季农时变化,但因为农村城市化的发展,不少农村居民的田地被外乡人承包,本地务农的家庭减少,因此学生真正接触农活的情况不多。九曲、老闸乡镇有养蚕的传统,学校周围遍植低矮的桑树,在农事体验方面,可以开发很多的校本课程。

直塘古镇的历史可追溯至春秋时期的吴国,北宋范仲淹曾在此兴修水利,是为地名由来。直塘至今还保存着较为完整的古镇风貌,有着丰富的乡土文化的教育资源。

但在村镇上图书资源非常匮乏,没有书店,图书馆的规模小(老闸校区附近没有图书馆),家庭中也少有订阅报纸期刊的举措。

2. 物质文化也体现于学校的技术装备

学校的技术装备,第一在于有没有配齐;第二在于有了这些器材,有没有用起来;第三在于用了这些器材,有没有用好。

(1)农村学校的硬件配置在逐渐完善中

两校区的课桌椅特别是低年级的课桌椅使用时间较长,规格不同,高矮不等。每个教室内都已连接了网络,安装了闭路电视,配备了29英寸电视机,教室内还未配置电脑,办公室的电脑由于配置较低,基本上不能正常开机。老闸校区电脑房只有12台电脑可以使用,网络不通畅。托管第一年的2007年就是"太仓市教育现代化"的建设年,各种器材、设备陆续到位。

(2)农村学校对器材的使用及成效还有待提高

农村学校对专用教室器材非常珍惜,甚至很多学生用的器材被小心翼翼地封存起来,怕弄坏。也因为这种"物大于人"的惜物之态,学生较少有机会进专用教室上课,实验室的器材陈列在仪器柜里,很多都是崭新的;图书馆里的书更新不及时,难以吸引学生的目光;电脑房里原来没有电脑,后来有了电脑,网络又不通,等网络通了,那些电脑又因配置过低不好用了。硬件配置滞后,导致教师的信息化应用水平难以提高。

而在这个时候,城区的学校利用新兴的教育技术,推动学校更快的发展,太仓市实验小学的博客建设、电脑课程等都领先于地区其他小学,张勤坚老师为太仓首位江苏省信息技术特级教师。

(3) 学校的校园文化布置尚未体现学校的发展特色

很多农村学校尚未意识到要打造学校的品牌特色,校园中的布置仅仅满足规范的要求,比如张贴小学生行为规范、贴几句教育标语等等,没有把校园环境中的各种布置与学校的发展愿景、学校里开展的师生活动结合起来。九曲小学老闸校区有位钱老师,她喜爱种植,将校园布置得花木葱茏。她用酢浆草在学校草地上种出了"LZXX"字样,是这个学校最有特色的文化标志。

农村学校对校园环境的整洁程度要求较低,食堂厨房、厕所等地是卫生工作的重难点。

(二) 从制度文化来看,农村学校的制度建设较为粗放

学校制度应该是学校为了共同的愿景,其成员协同商定的一种"游戏规则"。制度的形成需要不断修正,不断创新。学校制度能折射出学校各自不同的文化特征,也最能体现校长和老师们的共同价值观,好的学校制度不仅仅体现在规范与约束,更重要的是能够解放与发展教师。在农村学校,对于制度的建设还相对滞后。

1. 制度资源较为匮乏

在不少农村学校,受重视的是"资产管理制度"、年末的"奖金分配制度"等,而对于类似"科研管理制度""教师发展制度"等,则觉得可有可无,与教师的实际工作不挂钩。

2. 制度意识相对薄弱

制度存在的意义正在于其执行,但农村学校对于学校制度的执行则不是非常规范。太仓市实验小学拥有近2 000名师生,必须实行现代制度管理,没有规矩不成方圆,靠人治,就会散乱、随意,像机器一样,出现卡壳现象。农村学校班额小,一个年级2—3个班级,一个学校师生也就几百个人,人情味浓而规程疏,学校的制度建设相对滞后,岗位权责不清,在制度的执行上往往做好做坏一个样,因此制度建设容易流于形式,有条文而执行不彻底。

比如九曲小学,由于学校占地比较大,勤劳的农民走进校园,开辟一块地出来种庄稼——农民是绝对不舍得让地荒在那里的。校园垦荒当然可以，但应该落实于学生，发挥其教育意义，在这里学校的管理制度显然没有起到作用。

3. 制度更重管理而忽视发展

作为一个特殊的组织，学校面对的是人的发展，不仅发展学生，也发展老师。积极的制度可以发展人，但是，对部分农村学校而言，制度只是进行具体事情的限定，而少有发展性管理，比如对于教师的培训、学生的行为习惯养成等，少从制度方面去考虑如何遵守与完善。

有的制度因为与农村当地的风土人情有所冲突，在管理事情时会伤到人情。比如，请假制度中很多婚丧嫁娶的制度就不为老师所接受。有老师提出，自己的子女要办婚礼，这是一辈子的大事，为此请个假不来学校当然是名正言顺的，为什么还要扣钱？也有老师提出，自己至亲的祖父母去世，为什么就不能请丧假而只能请事假？老师的这些诉求，合乎当地的风土人情，却不一定合乎上级部门的制度规定，容易引起制度认同上的冲突。

4. 制度自上而下产生

制度固然有其作为约束、规范的重要作用，但其如何产生，往往决定了这个制度最终能否走向老师的价值认同。部分农村学校制度意识淡薄，在制度制定方面较为被动，往往上级要求制定什么制度，就按照执行，全然是一种他律的制度：若能照章执行，就觉得已经很了不起了；上有政策下有对策的事情也不鲜见。这样的制度文化把制度看成枷锁，上级制定，我们服从，至于认同与否，并不重要。在太仓市实验小学与农村学校结对期间，就有不少农村老师对结对工作不认同，认为这是横空飞来的紧箍咒，不认为这是一个发展学校的举措。

也有一些重视农村学校制度建设的校长，他们把制度视为一种契约，为了双方的利益来遵守，每个人都从制度中获益，但也会承担责任，对他人负责，比如老师要对学生负责，校长要对老师负责等。这样的制度，往往是经过民主协商形成的。从2008年开始，太仓市实验小学现行的各项制度都经过教师代表大会的广泛讨论，一线教师既是制度的制定者，也是制度的执行者，因此在实际执行中很少产生冲突，即便出现一些矛盾，也常常在教师自我评价和同伴互评中得以缓冲与消解，制度管人，是实验小学的共识，也是作为规模学校管理的必然。

随着太仓市实验小学的发展，草根文化中"坚韧、质朴、灵动、舒展"的草根精神逐渐深入人心，遵守学校的各项发展制度已经成为实验小学老师的行动信条。制度，终于从枷锁走向助推器。

（三）从行为文化来看，农村学校的教师、家长和学生面临多元的发展挑战

教师的行为文化可以从其行为方式、话语系统等得以体现，教师的行为文化也会受制于学校的评价标准。这些行为的背后，当然有其地方文化的限制。

1. 在农村学校，教研活动的开展较为艰难，缺少系统目标指向

在太仓市实验小学，教师的团队合作是一种常态，学校着重建立好年级组和教研组，老师个人在参加各项竞赛的时候，总会得到团队的帮助，大家帮助磨课、研讨，给予团队中每位老师以温暖的支持，办公室中的话语也总是围绕着教育教学展开。

农村学校编制较少，教研组的部分活动很难展开。比如综合学科，有的农村学校综合学科专职教师配置不完整，即使有老师想要研讨，也少有伙伴，大多是独立摸索，久而久之，部分老师缺乏持续提升的力量。

农村学校尚未来得及抓住新课程改革的热点，学校没有智囊库资源，老师们连走出学校听课的机会都很少，老师以自由成长为主。没有专家指导，没有理论学习，图书室很少见到教师阅读与学习的身影，信息技术应用能力明显不足。如果大家都安于现状，教科研的氛围就很难被带动起来。科研意识的淡薄直接导致农村小学教师科研能力的普遍低下。统计数据显示，托管前三年，两所被托管农村学校教师没有公开发表过一篇研究论文，也没有一位市级学科骨干。

2. 城乡学校对于课程评价的要求尺度有差异

教育既然是作为国家意志的体现，自然要有一定的评价标准。教育系统有许多规范的评价标准，比如《中小学督导评估标准》《教育现代化小学评估标准》《省实验小学评估标准》等等，这些都是建设优质学校的依据。

学校一方面要经常宣传这些要求和标准，另一方面必须制定学校贯彻标准的细则，例如课堂评价标准、作业规范要求、备课的基本要求，等等。在教师心中形成一些公正的、合理的标杆是做好工作的根本，是为教学"六认真"，包括"认真备课、认真上课、认真布置与批改作业、认真辅导学生、认真组织考试与考查、认真组

织课外活动"。教导处会不定时地了解教师们的执行情况,对于教育教学工作做得出色的老师予以嘉奖,而在检查中若发现有敷衍塞责的老师,也会及时诚勉,帮助其调整工作状态。

农村学校的校长当然也希望办好学校,也很亲力亲为,但这些评价标准和要求往往被忽视,其中一个重要的原因是"抹不开情面"。在人治的情况下,校长与教师之间的情感关系直接影响到教师执教的投入程度,刚性的检查、评价往往推行不下去,在执行过程中,评价的标准也往往比城区学校的教师偏低一些,于是就出现了"教学六认真"工作的粗放不细致,对学生的常规要求不严格,长期的工作质量打折,造成城乡教育质量的差距。

3. 农村学校少有课程建设的行动

2000 年前后的农村学校和 20 世纪 90 年代、80 年代没有太大的差别,发展较为缓慢平和,农村生源以本地学生为主,一个班级 40 多个学生,学校很少承担大型活动,校内会自行组织查字典比赛、广播操比赛等,也会结合上级的要求开展一些比赛。农村老师的工作重心就是上好课,管好班级,凭着本心做工作,也很关心学生,会指导学生,培优补差,但到点必须放学,不能留堂,不然就会耽误接娃家长的工作,包括爷爷奶奶辈的农活。

2002 年秋季,太仓地区全面实施新课程改革,太仓市实验小学即通过"走进新课程——实践新课程——深化新课程"的系列活动开展系统研究,2006 年学校制定的课程规划作为一个发展蓝图获得学校教代会通过,江苏省教育科学研究院基础教育研究所所长彭钢先生对学校的课程建设规划给予高度肯定,称之为"江苏中小学中最早的、最完整、最成熟的学校课程规划之一"。教师们的课程意识整体觉醒,草根化的校本研究成为教师日常工作的组成部分,课程研究成为学校文化的主流文化,每年学校都有一百多篇论文发表或获奖。

4. 农村学校教师的发展通道较窄

在农村,教师作为知识分子,非常受人尊敬。相对而言,农村学校的教师承担的教育教学研究的任务少,尤其科研任务少,因此教师对于前沿教育教学理论的关注度比较低。多数教师能够安于课堂,与同事和谐相处。

硬件方面,有钱就能改善,老师们的认识则需要细水长流地慢慢改变。但是,在农村,教师专业提升的渠道非常有限。在直塘小学托管初期做调研的时候,设置了这样一个问题:"近三年来是否有机会外出培训、听课?"17％的教师机会多,62％的教师很少有机会,21％的教师一次也没有外出过。三年一次都没有外出培训听课的老师占全校教师总人数的五分之一。

但安排教师继续教育的部门又反映,并不是学校不愿意或者故意忽略这些老师,而是有些老师害怕出门,不乐于学习提高,缺少自我发展的意识。当时的交通确实不太便利,私家车尚未普及,公交车班次不多,农村老师们外出听一次课,要先从学校到公交车站点,再等至少半小时一班的车,到城区公交站点,再辗转到听课地点,听完课,回过头再这么来一次,花费的时间成本是相当高的,对走走路就能上班的老师们而言,这是非常辛苦的一件事。再则,老师们也少有听课后把学习到的内容内化与分享的要求。听课,听过就算了,没有后续提高。校外听课少,专家又难得来农村学校,老师要实现自我提升非常困难。

民办教师是一个特殊的教师群体,他们并不是教育局编制的教师,其工资由乡镇财政直接分拨,大多是历史遗留问题。九曲小学和老闸校区共有 57 名公办教师,5 名民办教师。民办教师承担的工作量和公办教师几乎一致,然而待遇比公办教师低,在后期的职称晋升方面阻力很大,民办老师的心态也会不平衡,难以在教育教学上有更多的钻研。

5. 农村学校的学生生源起点较低

学校的主体是学生,在农村学校里,学生大多分为两类,即原住民子女与外来务工人员子女。太仓作为鱼米之乡,农业长期占主导地位。但很多乡镇上的青年人会在城里买房,迁出户口,让孩子到城里读书。

农村学校的学生淳朴而友善,而且因为外地生源较多,学生接触到的异地文化丰富,更有包容性。农村学生在课堂上,尽管在思维的发散性方面没有显出优势,但更加遵守纪律。

"九曲小学近三分之一是外地生源。"这是 2006 年对生源进行了解时听到的表述。在陶萍校长的二年托管总结中有一组数据:"2008—2009 学年吸纳 101 名外来民工子女,2009—2010 学年再次吸纳 271 名外来民工子女,目前学校外来民工子女已占全校学生数的 56％。由于外来民工子女的流动性大,并且家长的指导能力差(五年级学生的家长中初中以下学历超过 50％),短时间内会给学校教育教学工作带来许多困难,但同时也给我们带来了新的发展机遇。"

在太仓地区,九曲、老闸经济发展相对滞后,九曲服装加工业占比较大,老闸以农业桑蚕为特色,多数到农村工作的外来务工人员从事的是技术性较低的工作,因此学历要求无从谈起。随着父母来到太仓的学生,受教育的情况不太稳定:有的在老家读过一段时间书;有的来到太仓后,在民工子弟学校读书,后转入九曲或老闸小学;有的因为家长在别的地方找到新的工作了,招呼也不打就不来上学了,说是转到别的学校了。学校的校门口有校车,早晨把分散在各处的学生接过来,下午 4 点多准时把这些孩子送回家,老师想补差都没得补。

农村老师在"外地生源"这句话的后面隐含着没有说的半句话是:"好学生都会教的,你来教这些'差'学生试试?"农村老师们认为,城区学校成绩之所以那么好,首先是生源好。一位在太仓市实验小学浸润培养的农村老师分析道:"城区学生的知识比较丰富,而农村孩子知识面比较窄,但朴实单纯,向师性更强。在课堂外,城区几乎每个孩子都要报上好几个兴趣班,以培养兴趣,拓展知识,但农村孩子受条件限制,几乎没有报班的。他们获得知识的主要来源就是老师。"这位老师在城区农村两边学校都有工作经历,这样的评价还是比较中肯的。

6. 农村家长同样对子女有殷切期待

农村学校的家长也对子女抱有殷切期望,而且存在两方面的分化:一方面,非常尊师重教,对教师的指导更加乐于遵守;另一方面,部分家长则因为各种原因,忽视子女的家庭教育,或者想要指导子女的教育而无从做起。因此,家校合作显然也需要分层指导。

(四) 从精神文化来看,农村学校更加安于现状

精神是文化的内核,教师的世界观、人生观、价值理念等,会影响到教师的方方面面,尤其流露于教师的教学行为上。

多数农村老师没有意识到城乡之间的教育差距在拉大,学校日复一日,一贯维持着常规的教育教学,上文所罗列的各种差异尽管客观存在,但是老师们完全不以为然:农村学校从来就是这样的,认认真真备课,安安稳稳教书,彼此不必"评头品足",不必殚精竭虑地写文章,不必挑灯熬夜做项目申报——反正大多也是申报不到的。

九曲全校 62 名教师，没有太仓市的学科带头人。很多教师缺少学习的机会，他们缺少竞争的意识，少有创新的机会，他们安于学校现状，习惯于周而复始的工作状态。评到高级职称的教师也会有一种"我的工作目标已经完成"的心态。人少，也导致教研活动不能正常开展。同样的问题，在综合学科表现得愈加明显。人少，综合学科的课就多为兼课，而兼课的效果可想而知。比如九曲小学曾有几年没有音乐专职教师，校园中几乎没有歌声。老闸校区的一位几近退休的老师在担任信息技术教学，她做事认真，然而电脑时时出故障，她做得"怨哉唔难"（俚语，意为一个事情很麻烦却又不能摆脱，因此很烦恼）。

名校、成功学校和发展好的学校都有明确的培养目标和中长期办学规划，并为全体师生员工所认同。太仓市实验小学在 2003 年完成了学校 SWOT 分析，每个老师都参与了学校未来发展预测。所谓 SWOT 分析，指的是态势分析，S（strengths）是优势，W（weaknesses）是劣势，O（opportunities）是机会，T（threats）是威胁。在分析中，实验小学的老师们忧心忡忡地发现，随着城区规划的调整，学校成为老城区的一所"老校"，空间实在拓展不出来，必须往"高处"发展，而且随着学校隔壁市政府的搬离，经济建设、人才引进的加快，新太仓人的增长势头必定会上涨，生源或许会更加多元。

在这个分析的基础上，太仓市实验小学未雨绸缪，完成了三年办学规划，并在之后三年中一一实现。例如，改造了学校的大操场，将原来尘土满天飞的操场改建成塑胶操场；重建了学校体育馆，把体育馆架在食堂上面，解决了学校多年送餐进教室的窘境；申请到一小块地，终于建起三层专用教室楼……2006—2010 年的学校五年发展规划，在人人参与的基础上，邀请太仓市教育局的领导和江苏省教育科学研究院的专家们反复论证，十易其稿，最终在教代会上通过，得以确立。学校"建设草根文化，办好优质教育，培养有教养的和谐发展的现代人"的办学理念被全体师生及家长、社会各界广泛接受。规划，是学校发展的"航标"，指明学校未来发展的方向。

农村学校相对缺少这样的规划，连教学楼都是几十年前建造的。在很多教职员工看来，既然发展缓慢，年复一年做的是类似的事情，那么是不是有规划就不见得有那么重要。因此,被托管的两所农村学校都缺少对学校的整体规划,缺乏核心的办学理念,目标也没有明确的指向,一线教师不清楚学校的发展目标和学生培养目标。尽管农村老师也敬业爱岗,认真做事,但因为目标不清晰,只管埋头教书,心中少有愿景,影响到自身的发展和学校的提升。

第二节　　"委托管理"的运作机制

太仓市教育局密切关注农村学校的发展,出台了"城乡教师交流"的政策,然而这个政策也有它的局限性。

城乡教师交流,成为教育局对于职称评审的硬条件之一,需要评高一级职称的老师,必须有至少一年的乡村学校工作经验。城区老师为了职称晋升,到了一定年限和成绩的积累之后就会打申请报告下乡支教,因为支教后多数能返回城区原单位,老师们也就没有太多顾虑,只是上班路途稍微远了一点而已。再者,很多城镇上的老师本身就是在农村成长起来的,有的老师父母仍然住在乡下,这些老师一般就直接打报告回自己的老家,对下乡老师而言,一举数得。

但这样的交流不能根本改变农村学校发展。

一则,交流有一定的随机性。从教师配置来说,但凡有城区老师下乡,农村学校就要有老师到城区来交换,如果城区老师下乡的那个农村学校没有老师愿意交换到城区工作一年,那么"一个萝卜一个坑"的教师工作就没有人填坑,城区学校的教师编制就会出现缺口,其他老师补位,工作量加重。

二则,城乡学校交流也不全是正向效益。到农村学校流动一年的老师,基本就是个人行为,一般不会对农村学校的整体办学产生影响。相对地,流动到城区学校的老师,因为一时间接受不了高频度的工作,觉得压力颇大,有的甚至感叹:"连挂根绳子上吊的时间都没有啊!"

三则,城区家长多数不支持这样的流动。城区家长往往对农村过来交流的老师颇有微词,蜻蜓点水般来一年,教学水平到底好不好,究竟能不能对自己的孩子负责,家长们是不够信任的。就算这个交流老师确实尽心尽职,是个好老师,然而一年期满后又要调走。每每有这样的农村交流老师来任教,我走在路上,就会被这几个班级的家长拉着吐槽，表达担忧和不信任。

2007 年太仓市教育局正式做出了"让城区优质学校托管农村相对薄弱学校"的决策。8 月 6 日，太仓市教育局委派分管副局长亲自把我与陶萍副校长送到九曲小学，在九曲小学全体教师面前宣布：从 2007 年秋季开学起，太仓市实验小学将托管太仓市九曲小学，学校内部人、财、物由太仓市实验小学全面管理，托管期限为三年。

当时，"托管"一词对太仓市实验小学和九曲小学的老师而言是非常陌生的。在同一县市范围，由教育行政部门牵头让城区优质学校托管相对薄弱农村学校的行动，完全是太仓市教育局的一项创新举措，在苏州其他县市都没有这样的做法，全国也少有。

一、 委托管理的人员筹划

2007 年 8 月教育局正式对外宣布太仓市实验小学托管九曲小学后，对实验小学的行政班子来说，暑假就提前结束了。把一所相对偏远的农村薄弱学校交给实验小学来管理，这是新生事物。实验小学的行政团队不仅不慌乱，反而感到兴奋，作为第一位"食螃蟹者"，有一种挑战的喜悦。这种兴奋与喜悦来自教育局领导的高度信任与充分放权，这样的创新举措给予太仓市实验小学自主办学、自主创新的空间。整个行政团队乐此不疲地讨论下乡托管的人选和任职。大家只有一个信念：只许成功，不许失败。实验小学团队自我加压，负重前行。

（一）精心组建到农村学校去托管的团队

太仓市实验小学行政团队根据学期结束收工会上教师们填的任教和下乡意向，采用了"尊重民意、双向选择、兼顾学科"的原则，通过行政会集体商量确定人选，上报市教育局人事科备案，产生了到农村去托管的行政团队与教师团队。

2007—2011 年，托管九曲小学的团队有陶萍、方明珠、倪惠芳、倪建斌、赵海鸿、陈宇祝、张勤坚、张晓峰、吴敏敏、陈波、赵微微，三年共去了十一位教师，基本上一年换一批人，只有执行校长陶萍是有计划下乡三年的。（托管团队组成情况详见《附件一：托管团队成员基本信息》）

第一年，学校选派的托管九曲小学的骨干团队成员年富力强，又有一定的教学经验。教学上业绩多,能上示范课指导同伴;同时有城区学校组长以上经历,能够带团队。这个过程中,我们也碰到了一些小问题。个别教师有畏难与退缩的情绪,认为评好了职称没有必要下乡,家里人没有时间照顾。也有个别教师去农村后,不注意说话方式,直呼农村教师与学生"乡下人"。但这些只是小插曲,做工作后老师都能及时调整自己的情绪与行为,没有造成不良影响。

第二年,学校及时出台了选派支教和交流人员的制度,让老师们对照条件,自己申报。制度规定:凡年龄在 40 岁以下,具有良好的职业道德和无私奉献精神,作风正派,有较强教育、教学、科研业务素质和管理能力,身体和心理健康,能够较好胜任教育教学工作的在职教师,都有下乡支教的义务。后来几轮集团化办学过程中,再也没有出现实验小学老师退怯或者冲撞农村学校师生的情况。

托管两所农村学校期间,实验小学的教师流动率高达 23%(根据省政府的意见,流动比例达到 15%即可)。太仓市教育局通过"晋升高一级职称必须有一年以上农村工作经历"这一政策杠杆来推动城区教师流动,无疑走出了成功的第一步。输出好教师,输出管理,输出精神,输出研修方法,这是我们托管的一种基本模式。

(二)合理安排农村骨干进城顶班跟岗学习

太仓市教育局对学校编制的管控一直非常严格,实验小学没有一个"闲置"人员。托管九曲小学和直塘小学派教师下乡的同时,必须要有同等数量的农村骨干教师进城到实验小学工作,否则城区学校的某些教室里会出现无人上课的状况。

城区教师下乡,高级教师和行政人员每月有津贴补助,拟评职称的骨干教师不享受津贴却满足了有农村学校工作经历的要求,而农村教师进城工作,没有补贴,没有直接的眼前利益,只会面临一系列困难,每天要早出晚归,路途辛劳,还要承受城区学校家长与学校领导的高期待、高要求所带来的压力。因此,农村学校要选择同等数量的骨干到城区工作,并没有达到完全理想的状态,但也算是成功的。

愿意进城工作的人员有两类:一类是浸润学习后拟提拔的,等实验小学托管期满撤离后将在农村学校委以重任,拟担任校长、副校长或主任的人员;一类是青年教师,他们大学毕业不久,还没有站稳脚跟,可塑性较大。现实中还存在对到实验小学工作有畏难情绪的老师,几占农村学校交流教师总数的三分之一,他们喜欢没有竞争的舒适的环境，有的碍于领导的面子来到实验小学工作，后来出现种种不适应，更有甚者找个理由退缩离开了。

从档案室查悉，托管期实验小学下乡老师总共 24 人，而农村进城教师跟岗学习的是 16 人，人数不对等。对实验小学来说，教师编制是非常紧张的：不仅有一位老师承担两班数学教学任务，也有一位老师担任两班语文教学任务的，最多时全校有 8 位语文老师任教两班语文，课时数每周达 16 节。综合学科教师一般周课时数在 20 节，如果把社团的课时数算在里面，周课时达 22 节也是常态。而农村进城教师周课时数只有城区教师的一半，还有一半工作量是用来听课学习的。农村教师大多能准时下班回家，而实验小学老师因教学任务重，下班后还在研修或辅导。这种现象在我们托管期很普遍。据观察，即使过去多年，这种现象仍不是少数。

农村学校骨干进城，从培养管理和教学双人才的目标出发，学校既安排校长与行政人员带教管理，也安排他们承担一定的教学任务。浸润培养管理干部的有：陆静（九曲校长助理）、陶丽珏（九曲小学德育主任）、龚晓峰（九曲小学大队辅导员）、金燕（直塘小学副校长）、刘建平（直塘小学副校长）等。他们的办公位置和实验小学行政人员安排在一起。我每周都和他们谈心，带他们巡视校园，听课，进行个别指导。日常工作中碰到问题时，这些农村后备干部更喜欢问在同一个办公室工作的实验小学行政人员。有的农村骨干教师到实验小学任教后，"六认真"常规工作一直达不到实验小学的高要求，我多次请他重新备课与上课，多次磨课，历练他的教学能力。

其他 9 位农村进城浸润学习的老师，被安排在实验小学的年级组中，由年级组长负责指导其开展日常教育教学工作，同时为其配备了学科指导教师。

农村学校到城区顶班跟岗学习时间为期一年。一年是一个完整的周期，农村老师可以清楚地了解城区学校运作的基本模式，体验到城区学校教育教学的工作节奏与处事方式。

二、委托管理的"三把火"

"新官上任三把火"，这是启动一项工程的诀窍。实验小学托管农村学校，最关键的是启动时的"三把火"怎么烧,烧在哪里。整个九曲小学的老师都在观望太仓市实验小学到底会出什么"招术"。

要管理一个学校,先要了解这个学校,因此学校把"调研工作"作为托管启动的"第一把火";学校教育教学的改进,首先依赖行政管理团队的同心合力,因此把农村学校的行政管理团队推动起来,就可以通过各行政条线上的工作把全校上下的工作带动起来,因此对行政人员的培训成为托管的"第二把火";环境的改变,是最容易被所有的师生、家长以及领导看到的外显的变化,托管团队若能带来新气象,那么从环境建设入手,无疑是最有显性效果的,于是"整洁校园"成为托管的"第三把火"。

(一)组队调研,互相熟悉

2007年9月中旬,由我牵头组队到九曲小学进行全面调研,对农村学校教师做到听课全覆盖,访谈对话全覆盖。历经一周,之后形成一万多字的调研报告。

组队调研的人员有实验小学的行政团队成员、有经验丰富的骨干教师,太仓市教育局人事科、基教科、教师发展中心、教育督导室等相关部门科长、主任,共计21人。因为局里领导参与,老师们都比较配合,所以调研工作开展得比较顺利。

但有一位英语老师不愿意被听课,可是督导工作不能因为个人意愿而梗阻,我们要掌握的是学生和教师的课堂教学真实情况,我考虑再三,依然坐到教室里去了解该班级的教育教学实情。原来这位老教师口语水平较低,几乎是纯中文教学,教的是"哑巴英语":听录音读课文,读完后做练习册上的习题,然后核对对错。她自己也知道这种教学方式是有问题的,所以格外忐忑。但这更反映出农村学校专职教师的紧缺。这位老师是初中分流到小学的老教师,她能顶下来几个班的英语教学已属不易,何谈提高?

课堂调研显示,好课率并不高,除个别行政人员的课能够把握重难点外,课堂教学整体模式就是教师讲、学生听,然后完成统一的书上的练习题或配套的练习题。与城区学校比较,学生不太爱表达,上课纪律好,没有捣乱的学生,教师几乎没有用多媒体上课的,按部就班上课。农村学校成绩较差,课堂教学效率低是主要原因。

我和陶萍副校长、教科室主任张勤坚一起访谈调研了所有教师,发现三分之一的老师是支持实验小学托管的,坦诚反映学校原来干群关系情况、闹矛盾原因、教研活动开展困难、校图书馆订阅的杂志少有人翻阅等问题;有三分之一的老师对托管持观望态度,发言比较被动;还有三分之一的老师态度比较抵触,感觉丧失了"主权",把实验小学托管九曲小学理解为"美国占领伊拉克",这部分教师担心,如果把学校变成和实验小学一样,老师要累垮的。在访谈的过程中,九曲小学的每一位老师都认识了我和陶萍校长,也清楚了实验小学托管的目的和意图。调研阶段,九曲小学有两位中层干部生病,我和陶校长特地上门看望并进行了交流,这两位干部感动于心。

(二) 管理先行,培训行政

虽然当时农村学校已经接通了校园网,但是信息化运用仅限于接收太仓市教育局的通知,九曲小学对新课改方面的信息比较闭塞,行政的学习、思考都相对落后,因此管理是被动的、粗放的。

针对这种情况,我们采取以下措施:

第一,我们定下每周到九曲小学召开一次行政会的工作要求,听取每位行政人员交流工作,然后一一进行点评。

第二,调研结束后,10 月份我们把九曲小学所有行政人员请到实验小学校园内参加实验小学的行政会,然后和实验小学对应岗位的行政人员进行一对一交流,相互熟悉。我多次听陶萍校长、教导主任沈俊福的课,期望从关键人物身上找到突破,我也经常带实验小学的行政人员分批去九曲小学指导工作,听对应岗位的行政人员的课,交流行政工作。

第三,安排九曲小学的行政人员参加实验小学校内年级督导,安排他们深入实验小学课堂听评课,俨然把九曲小学的行政当作"自家人"看待。

第四,带领九曲小学的行政团队和实验小学的骨干教师一起,参加江苏省教科研基地的学术研究活动,帮他们解决经费问题,指导他们做文献研究,参与基地学校的听评课活动。

大部分行政人员被实验小学行政团队的工作作风、研究氛围感动。九曲小学行政人员家里办喜事,也常常邀请实验小学的行政人员参加。第一个学期末,九曲小学举办的"浪花杯"教师论坛的主题就是"托管两地一家亲"。托管获得了九曲小学行政团队的支持,工作就变得顺利了。期末,实验小学出台了《关于托管金浪小学(后改为九曲小学)的几点意见》,对支教人员、交流人员选派,支教教师要求,交流人员要求和奖惩考核等做出明确的规定。九曲小学开教代会,通过了九曲小学"六认真"工作制度和新的考勤制度。太仓市教育局孔春明局长对托管工作高度关注,出席九曲小学教代会,并对老师们提出的提高农村教师的待遇问题和镇用临时工的归属问题进行了面对面答复。

(三)改变环境,整治校园

随着实验小学托管九曲小学的举措推行,一批又一批的城区教师和专家、领导纷纷关注起原本并不起眼的九曲小学。从硬件来看,九曲校区只有两幢面朝农田的教学楼,教学楼的后面是一条小河,河后面也是一片农田,操场是同隔壁的九曲中学合用的。老闸校区规模更小,只有一幢陈旧的教学楼,教学楼后面的食堂里有桌子没凳子。仔细看看两个校区,教学楼墙体渗水,贴的字画斑斑驳驳,发黄起霉,厕所里污垢厚重,散发着异味。经费紧张,人手紧张,长久在这里工作的行政人员与老师已经习以为常,创建验收也轮不到,平时从不承办大型活动,对外部环境的布置没有什么要求。而如今被城区学校托管了,学校的关注度提高了,这些问题就格外刺目。于是,我们动手整治校园。第一步就是清理厕所,疏通下水道,用洁厕粉清洁厕所瓷砖,用刷子清理墙面的灰尘。把发黄发霉的画取下来,拿到城里重新装裱。重新布置校园橱窗,公布行政分工和收费情况,把学生的笑脸挂上墙。启动每天检查学生个人卫生的制度,校门口安排学生值日,迎接上班的师生。

这"三把火"看似平常,恰给农村学校带来了新的气象,让农村学校师生的精神面貌焕然一新。

三、委托管理的层层深入

(一)分步走的托管路径设计

学校的托管和饭店的托管确实不一样:企业管理的是财物,复制迁移成熟的管理模式是比较容易的;而学校管理的是活生生的人,有思想、有经历的人,人身上固有的习惯、想法、追求不是一下子能够改变的,简单复制城区学校的办学方式,是无法改变农村学校的。"没有调研就没有发言权。"2003、2004年,我对实验小学到农村学校支教锻炼的教师进行了一对一的深度访谈，了解了城区老师眼中的农村学校。2005、2006 年，太仓市实验小学与新湖小学、新毛小学进行集团化办学，先行先试。实验小学的行政团队已经积累了同农村学校行政人员与老师合作交流的经验，单向地输出人员、输出管理、输出模式、输出精神，不一定会被对方接受，不顾对方需求的帮助有时候适得其反。现代心理学告诉我们，人与人之间是有情感呼应的，一般的正常人都能感应到对方的爱、关怀或歧视。尊重是第一位的，要尊重农村学校的习俗，尊重每一位农村师生的人格，双方平等对话，去除歧视的心理。对城区团队来说，尊重，放下自我，和农村学校老师平等对话是做好托管工作的前提。于是我们设计了"验血——输血——造血"三年托管路径：

第一年为全面诊断期，对九曲与直塘两所农村学校的管理、文化、师资、生源、课堂教学情况进行全面诊断，找准存在问题，规范农村学校的常规管理，制定新的三年发展规划。

第二年为制度建设期，组建托管团队，输出太仓市实验小学的骨干，输出管理模式和研修模式，帮助农村学校健全各项规章制度，特别是形成教师的教研制度、学生的文明礼仪制度。托管是带着行政色彩的强势推进，要防止"排异"——城乡文化的冲突。

第三年为特色形成期，通过互派教师，实现文化融合，为农村学校培养管理干部与学科带头人，形成新的造血机制。重视新课程改革的研究，根据实际凸显各自的文化特色，太仓市实验小学深化草根文化建设，九曲小学凸显篮球文化特色，直塘小学凸显童话文化特色。计划为每一所农村学校至少培养三名有眼光与境界的领导者和三名市级以上学科带头人，形成团队，从而有力量改变农村学校。

（二）一线教师对托管的价值认同

"托管"的起因是政府层面需要推动城乡教育的优质均衡发展，首先触及的是学校管理层的呼应。当时有些地方的集团化办学挂名的不少，学校里的个别老师认为，给了名分，给集团内的老师提供培训机会已经是非常不错了，学校里又没有富余的人员，大家的工作量都有所增加。而我们坚持走"自下而上、人人参与"草根化管理之路，实验小学托管让更多的一线教师"大量卷入"，从教育行政部门关注校际公平走向学校层面自觉关注班际公平，人人享受优质教育，不放弃一个学生。

1. 把管理者的个人意志转化为学校的集体行动

实验小学管理团队出台的所有托管的举措和方案,全部提交实验小学教代会和九曲小学和直塘小学教代会充分协商讨论。其间通过了《太仓市实验小学(2008—2011年)托管农村学校管理预案》,明确领导小组成员和专家顾问组成员,明确目标,借鉴实验小学的草根管理模式、草根化研修方式、草根化教师培养方式,帮助农村学校培养优秀的管理干部、优秀的骨干教师,建立规范的学校制度,办一流的农村小学,促进城乡教育优质均衡发展。

2. 人人上示范课,人人被听课

2007年托管九曲小学时,我们设计了"周二课堂开放日"活动,实验小学每一位老师的课堂是开放的,农村学校每一位老师都要到城区听课评课。(调研显示,托管前九曲小学和直塘小学的老师很少有外出听课学习的经历)。2008年托管九曲和直塘两所学校时,我们又设计了"主题式五环跨校研修"活动,覆盖每一个教研组,让教研组组长负责组织落实,管理重心进一步下移,每一次都要抽签上课,人人准备,人人投入。

有人把教师个体劳动的空间——课堂看作一个"黑箱子",太仓市实验小学把"黑箱子"主动打开,让课堂向四面八方打开(这是杨九俊先生的提法),草根教师见到了"阳光"与"雨露",教学"六认真"工作从他律走向自律,日常课堂质量的提升,换来的是教学效率的全面提高。

3. 构建城乡青年教师发展共同体

草根教师是"知行合一"的先锋,说干就干,行胜于言。2008年到2010年,我们把实验小学、九曲小学和直塘小学35周岁以下的青年教师集中起来,组建了语文学科、数学学科、英语学科和班主任四个青年教师发展共同体,利用周二、周四晚上6:30—8:00,进行草根研修活动。由实验小学的学科带头人和优秀班主任担任导师,四个年轻的中层干部担任共同体主持人,起初请专家论证研修课程菜单,期末请教育局和教师发展中心领导一起在全校教工大会上展示研修成果,学校给予一定的活动经费支持。

4. 搭建平台,让一线教师成为教育教学思想的表达者

苏格拉底曾经说过,不经过思考的人生是不值得一过的。21世纪初,正是江

苏教育"草根科研"蓬勃发展的时候，苏州教育专门发文"倡导人人都是教育研究者"，时任苏州市副市长朱永新发起做"新教育"，也倡导一线老师写教育随笔，过幸福人生。

太仓市实验小学是草根科研的先行先试者，从 2003 年起倡导每位老师写草根日志和草根随笔，做草根教科研，校园网上交流火爆。校园里夜晚办公室灯火通明，每周都有"草根夜话"和信息技术菜单式培训。老师们在忙碌中体会到工作的快乐和创新的价值。这一做法，我们在托管的农村学校推开，这期间，我们汇编了《温暖的家园——优秀托管教师成长录》《共同的心愿、共同的言行、共同的依靠——托管随笔集》《草根集》等，并举行教师论坛与沙龙让每位老师都有机会"讲述与聆听"。人人都是有精神追求的，人人都需要自我实现的平台，把做的说出来，把说的写出来，让草根教师体会到了乐趣与价值。

（三）科研课题引领下的托管工作突破

2005 年，太仓市实验小学有幸成为江苏省教育科学研究院首批基地学校，省内一批知名的专家常常不辞辛劳从省会城市南京赶到江苏最东面的沿海小城太仓，几乎每月都亲临实验小学指导教科研工作，或与行政团队举行沙龙交流，或参加论坛点评，或进骨干教师课堂听课指导。

2008 年 4 月，时任江苏省基教所所长、规划办主任彭钢先生了解到太仓市实验小学托管九曲小学的情况，认识到这件事是教育领域一件有意义的大事，是具有江苏特色、在全国领先的促进城乡学校共同发展之路。他立马邀请中央教育科学研究所专家和江苏省教育科学研究院基础教育研究所专家一同亲临太仓市实验小学，帮助实验小学行政团队对"托管"进行理性分析，确定以"文化融合"提升"托管"品质，以课题为抓手做好托管工作。2008 年 8 月，"文化融合视野中的学校共同体建设个案研究"被批准为全国教育科学"十一五"规划教育部立项课题，为托管工作奠定了一个理论基础和目标框架。与此同时，太仓市教育局再次委托实验小学托管第二所农村小学——直塘小学。新一轮托管工作便在"和而不同、不同而和"理念的观照下开始了跨校文化共同体建设的步伐。

2009 年 1 月 15 日，在江苏省教育科学研究院专家成尚荣、彭钢、王一军、蔡守龙等人的主持下，本课题顺利通过了开题论证。经过反复研究与修改，课题组确立了以下几个子课题进行重点研究:"三校合作性管理机制创新的实践研究""三校课程教学文化融合的实践研究""三校教师发展共同体建设的实践研究""'十、百、千'工程与三校学生成长的实践研究"。课题组从现实存在问题入手,坚持理论构建与实践探索相结合的原则,综合运用文献研究、案例研究、行动研究、个案研究等多种研究方法开展课题研究。

2010年5月,课题中期汇报如期举行,一系列阶段性重要成果再次得到江苏省教育科学院专家团队的高度赞赏:"托管"政策前提下的共同体学校文化建设逐渐形成目标一致的主流价值观,同时充分关注校际多元文化的有机整合;以校际共同体为基本组织开展的学习、研究与培训活动,以协作互助为基础从机制上得到保障,并逐步走向系列化、常规化;城乡学校共同体组织的研究从教师发展和课堂教学两个方面转向"儿童"研究,并以课程建设作为研究的重要突破口。

城乡学校共同体建设成果的另一个重要标志,是课题研究的重心逐步从实验小学转移到两所乡镇学校,课题核心组有更多的九曲、直塘两校骨干教师加入,进一步拓宽了课题后期研究的视野。

2011年6月,课题进入结题汇报总结阶段。纵观近四年的托管历程,文化融合视野中的学校共同体建设是一个再学习、再思考、再调整的过程,也是一个不断前进、不断完善的过程。

第三节 "委托管理"的研究成效

正因为看到了托管工作的价值,所以太仓市实验小学以托管为契机,进行了"文化融合视野中的城乡学校共同体建设个案研究",并成功申报了全国教育科学"十一五"规划教育部立项课题。

一、 依托课题提升委托管理的品质

(一) 研究文化、文化融合、共同体等概念的内涵与特征

1. 文化

在文献研究过程中,从泰勒、克鲁克洪、梁漱溟、蔡元培、胡适、司马云杰等中

西方学者对文化的阐释出发，意图深入了解文化的本质，并逐步把研究目光聚焦在校园文化上，提出学校文化建设是一种校园文化建设。如今，当我们重新审视学校文化这一重要概念，才真正理解文化的力量，文化是一种发展，文化的实质是一种人化。

2. 文化融合

文化多元是一种客观存在，也正是因为"多元"，不同学校才有可能相互学习；每一所学校都面临着外来文化与本土文化之间相互融合的问题，但两者的关系并不是简单的合二而一，而是通过各自的拓展达到视野上的融合。换句话说，外来文化和本土文化的融合只能是两个相交的圆，而不可能重合，文化融合具有不完全性。

3. 共同体

关于共同体的理解，我们是从"共同体只是一群有着共同兴趣和爱好的人的结合"开始的，在跨校共同体建设过程中，我们逐渐形成以下认识：学校共同体仍然是各个不同层面的学习型组织，但这个组织的成员遍布实验小学、九曲小学和直塘小学。同时，我们所构建的学校共同体，是一种基于学校各自相对独立和个性保持基础上的合作伙伴，是一个双方学校在学校发展各个领域的相互帮助、相互支持以及相互协作，同时也存在合理规范的竞争。

城乡学校共同体的建设，在关注双方学校有利发展的基础上，同时关注教师群体的有效发展，并把学生发展放在整体发展的核心地位。

著名学者费孝通在国际人类学和民族学联合会 2000 年中期会议上指出，和而不同将是世界多元文化必走的一条道路。对于托管三方的学校来说，我们也必须做好充分的文化准备，争取既能坚持自身学校文化的特点和独立性，又能够对外来文化进行合理的借鉴与融合，为达成城乡学校之间基于文化层面的平等对话、交流和不断发展做出努力。

（二）探索文化融合视野下管理制度的创新

太仓市实验小学托管九曲小学和直塘小学，首要问题是跨校管理机制的创新架构，其核心思想是体现三校之间的相互介入、相互交流、相互融合。

文化融合视野中的跨校管理共同体建设，我们通过城乡学校互派管理干部创新了管理机制：实验小学先后派出陶萍、周培亚两位副校长担任九曲小学和直塘小学执行校长，全面主持两所农村学校各项工作；每年派出骨干分别担任九曲小学和直塘小学中层干部、年级组长和教研组长；九曲小学和直塘小学也选派中层干部和骨干教师到实验小学交流学习。三年来的实践研究，初步形成一套有效改变农村学校管理现状、规范农村学校管理工作、提升农村学校管理水平的策略与方法。

针对文化融合视野中的跨校管理共同体建设，我们形成了一些三校共同遵守的规范与制度：三校校长联席会议制度、课程督导制度、骨干教师互派制度、干部交流制度等。三校校长联席会议每两周召开一次，重点沟通各校信息，化解校际矛盾，协调三校教育教学各项工作；课程督导制度由实验小学创新实践，通过邀请托管学校行政和骨干参与实验小学年级课程督导，通过下派骨干参与九曲小学和直塘小学的年级课程督导活动，使课程督导成为促进三校教师专业成长的有效手段；骨干互派制度和干部交流制度的建立，使城乡学校骨干交流常态化、制度化、规范化。

城乡托管与共建，构建了一种新型的农村学校管理干部的培养新方式，成就了一批致力于农村基础教育的优秀管理干部，为农村小学教育的可持续发展提供了人力保障，也为区域教育均衡发展提供了一套行之有效的模式。

（三）着力进行了文化融合视野下的课程开发

太仓市实验小学课程文化的核心理念是"课程成就学生"，学校课程建设的一切都是围绕着学生的成长来展开；而学校课程规划与建设的关键是广大教师，因此我们的课程建设过程也是一个"成就教师"的过程。

从时间上看，太仓市实验小学的课程建设规划完成于2006年12月，是江苏省中小学中"最早、最完善"的课程规划之一（彭钢语）；从过程上看，太仓市实验小学的课程建设规划的主题策划、意见征求、选题落实、专家论证、讨论修改、教代会通过、落实实施等各个环节都得到严格和规范的推进，十易其稿背后是学校制度文化的充分体现；从影响上看，实验小学的课程规划成为太仓市中小学课程建设规划的蓝本，并直接影响和推动了九曲、直塘两所托管学校课程规划的制定和研究。

同时，实验小学开发的"草根文化"系列校本特色课程在九曲小学和直塘小学得到了有效应用：九曲小学把"123的学与问"数学拓展课程作为学校校本课程纳入总课表，在三到六年级进行系统学习；"我是小小研究者"综合实践活动课例集成为三校老师开展研究性学习的学习蓝本；《记忆音符：英语儿歌》成为三校数十位英语教师的案头必备参考书。

太仓市实验小学从课程要素出发，从课程目标的确立、课程内容的选择、课程实施方法、课程评价指标体系的制定，给予九曲、直塘小学无私的帮助。九曲小学原有篮球特色活动，直塘小学积累多年的创编童话特色，太仓市实验小学在这两个学校已有的特色萌芽基础上，帮助农村小学把特色活动建设成为特色校本课程。

太仓市实验小学正是在这一次次实践与引领中，逐步形成了具有"草根"特色的学校课程文化，以构建具有基础性、多元性、本土性、前沿性的学校课程为目标，努力让课程建设成为儿童成长肥沃的土壤，为儿童造就幸福童年，并为儿童的一生奠定基础。正是基于上述认识，太仓市实验小学对其他两所乡镇学校的课程开发进行了有效指导，学校课程领导力也在一次次实践与示范中得到进一步增强。

（四）在文化融合视野下进行课堂教学改革

文化融合视野中的课堂教学改革，是太仓市实验小学、九曲小学和直塘小学立足于各自学校教学现状的自我分析和诊断，也是三校间跨校协作、共同探究的过程。

区域间的跨校课堂教学改革，更多体现的是实验小学的示范与引领作用，因此我们主要通过以下几个方面对课堂教学进行了研究：

一是对教学的有效性进行了研究："教学质量就是一节节好课的叠加"，在新一轮课改的关键期，我们立足课堂，面向全体学生，开展了基于课堂教学有效性的系统研究。青年教师的校评优课，我们不再拘泥于四平八稳的设计，而是强化了学生的收获及教师的个性化处理；校内教研课，我们努力以具体课例为抓手，实践着对某一教学主张的探索；一课人人上，我们力图展示多彩的教学理念；一课异地上，为的是不断考量我们的教学技艺。一系列的研讨活动推动每一位老师在学习与内省的基础上，分析自己的课堂教学现状，思考和研究改进策略，重构自己的课堂教学价值观。

二是深入到以儿童的学习为核心的教学研究：围绕"儿童"这一核心概念，我们从儿童出发，研究了基于儿童的课程观、教材观，构想了以儿童为中心的理想课堂，探讨了儿童与游戏的关系；围绕"以生为本、顺学而导"的指导思想，开展了一系列针对不同年龄儿童特征的实践研究，如"一年级学生学习起点"研究、"中年级的转折点"研究、"毕业班学生的基本素养及其培养"研究等，并进一步加强了对低幼衔接和中小衔接的研究，为学生的可持续发展打下坚实的基础。

三是初步对教师的教学风格进行梳理确认：实验小学有包括省特级教师、苏州市名教师（名校长）、苏州市学科带头人、太仓市学科带头人（教学能手）、校级学科带头人这样一个完整的学科骨干培养序列，且呈典型的金字塔模型。对照学校"有序、有效、有风格"的教学理念，各级各类的骨干教师都对自己的教学风格做出了定位分析，带有草根文化气息的教师群体教学风格的确立，进一步提升了实验小学教师的专业能力，也为引领和示范奠定了坚实的基础。

区域间的跨校课堂教学改革，也是基于文化融合视野中实验小学对九曲、直塘两所托管学校课堂教学的有效指导。以下四个步骤见证了托管学校课堂教学有效改进的发展路径：

一是对九曲小学和直塘小学分别开展了课堂教学的观察和诊断。2007、2008年的9月初，实验小学分别在两所学校托管之初派出骨干团队对托管学校开展全覆盖的课堂观察和诊断工作，并在此基础上形成了《九曲小学教育教学现状分析报告》《直塘小学教育教学现状分析报告》（合计5万余字）。全面的分析，为下一阶段的教学指导奠定了基础。

二是通过实验小学的送课下乡，加强对托管学校教师的教学示范。在托管第一年，三校教导处在初期通过联合办公方式，制订"实验小学骨干教师送课下乡"计划，语文、数学、英语、体育、音乐、美术、信息技术、思想品德等学科均有涉及。教育示范全覆盖，让每一位托管老师都有机会接受实验小学骨干教师的示范和引领。

三是托管学校主动点课并共同参与教学研究活动。随着教育教学研究与交流的深入开展，实验小学"计划性赠予"式的教学示范逐渐过渡到托管学校"按需点课"式的主动，学年度教学示范和交流计划的主体，逐渐从实验小学转向了九曲小学和直塘小学。它们根据各自学校学科教学中的薄弱点制订活动计划，并对每一位参与老师都提出了不同的学习要求，学习、反思和实践成为这一阶段托管学校教师个人专业发展的重要方式。

四是托管三方共同形成有主题的跨校研修模式。城乡学校教师不断地互动与交流，进一步紧密地联系了三校教师间的关系，在托管第三年，跨校主题研修这一具有创新意义的活动项目水到渠成。所谓的跨校主题研修，就是城乡不同学校的教师围绕某一个目标共同研究、共同探究，并在不断的研讨中逐渐达成共识。跨校研修需要一个共同的主题，需要三校同年级、同年段教师的共同参与，需要大家的实践研究与深刻反思，是跨校教师共同体建设的一个标志性成果。

（五）重视文化融合视野下的教师发展

文化融合视野下的教师专业发展，进一步强调了教师的专业特征和目标要求：太仓市实验小学教师的专业特征体现在他们是一群具有"坚韧、质朴、灵动、舒展"草根精神特质的，有文化修养的（学科水平或教学水平不断提升的）儿童教育专业工作者。这一专业特征也逐步成为两所农村被托管学校教师共同的目标和追求。文化融合视野中的教师专业发展，主要以各个层面的教师发展共同体为依托，通过基于共同体的不同主题的跨校协作研修，促进城乡学校教师的共同发展。

1. 以教师基本分析为切入

研究初期，通过调查、访谈等方法对三校教师专业发展的认识和需求做了分析与了解：九曲小学 30 周岁以下的青年教师占学校在职教师的 70%，而直塘小学 40 周岁以上的教师占比超过半数，且两所农村小学均无太仓市级学科带头人，它们的教师专业发展极其需要外力的援助来带动与引领。因此实验小学肩负着以强带弱、共同发展的使命，更有着在带动发展过程中寻求自身专业发展的迫切需求。

2. 以建设多样教师共同体为载体

我们建立了"青年教师专业发展共同体"和"教科研协作共同体"。"青年教师专业发展共同体"是以实验小学为学习基地，联合托管双方学校 30 周岁以下的青年教师，按学科分组，每周进行一次活动。由实验小学提供"专家资源"，通过主题式培训与沙龙活动，促进教师专业发展。"教科研协作共同体"则依托网络平台，进一步拓展与延伸学校教科研组的功能,将托管双方同学科教师组成一个真正有效的异地研究协作共同体。

3. 以跨校研修为主要方式

跨校主题研修活动是太仓市实验小学与被托管的九曲小学和直塘小学联合举行的一种教师研修方式,主要由三校同学科、同年级教师共同确定研修主题,并围绕主题组织开展活动。跨校主题研修活动的主体是城乡学校同学科、同年级老师,研修活动主要包括五个环节:确立主题独立备课、集体研修、抽签上课、集体评议、人人上课。

4. 以专家引领为路径

激活教师专业发展的关键在于教学理念和价值观的不断更新,需要专家的引领。我们依托实验小学"江苏省教育科学院实验基地"这一平台,为三校教师创造共享专家资源的机会,同时借助草根专家——实验小学的骨干教师,通过"名师追随与突破"系列活动,以跨校"青蓝工程"为路径,着力提高农村教师的专业技能,提升骨干教师的专业水平。

(六)落实于文化融合视野下的学生成长教育

文化融合视野下的学生成长教育,主要体现在两个方面:从课堂学习方面看,实验小学先进的教育理念、教学方式、教学手段以及优质的教育教学资源为两所托管学校打开一扇希望之窗,教师视野的不断开阔,为农村学校的课堂教学带来了焕然一新的气象;从课外活动方面看,城区学校有着在信息、科技、社团活动等方面的优势,而农村学校丰富多彩的自然乡土资源也成为城区学生向往的一块乐土。

1. 实验小学"十、百、千"工程的影响与输出

太仓市实验小学的"十、百、千"工程是苏州市少先队品牌活动。其宗旨是开发每个学生的潜能,为每一个学生的成才提供机会,为不同天资禀赋的学生提供展示舞台,满足学生对自我个性成长的最大愿望。其中,"十"指"十佳好少年","百"指"百颗技能之星","千"指"千名文明少年"。

2. 共同组织三校联动的"跨校一日体验"活动

在三校学生的"跨校一日体验"活动中,共同体"沟通、交流、分享"这一本质要

义得到了很好的诠释与深化。

三校的孩子们利用课余时间一起参与设计跨校共同体统一的文化标识，让文化成为活动的核心；使用同一个博客群组，记录他们共同成长的历程，相互关注和相互评论，使得不同学校的孩子们跨越区域障碍走到一起；通过篮球、排球、绘画、剪纸等多种形式的跨校活动竞赛，增进友谊。"进城"体验城区学生学习生活和"下乡"感受农村学校乡风乡韵，成为三校孩子最津津乐道的课余话题。

3. 九曲小学篮排球文化节与直塘小学童话节体现了自主发展意识

九曲、直塘两所乡镇小学，在充分吸纳实验小学草根文化的基础上，以"和而不同、不同而和"理念为观照，积极寻求自身学校文化特征，充分体现了学校文化的独立性和个性化。如今，九曲小学的篮排球文化已初具雏形，直塘小学的"童话"特色已成为"一校一品"的代表性项目，以"儿童发展为中心"成为三校发展的共同目标和愿景。

二、 在课题研究中形成委托管理的经验

（一）文化融合：城乡学校共同体建设的基础

文化融合是异质文化之间相互接触、彼此交流、不断创新和融会贯通的过程。融合体现了在互补和互惠关系中寻求平衡的倾向，是文化发展演进过程的必然步骤。文化的融合不是整合形成单一的另外一种文化，而是一个赋予原有文化生命力和发展动力的有层次性的互动过程。

首先，文化融合视野中的城乡学校共同体体现在对各自学校原有文化的尊重。尊重是融合的前提，没有尊重，融合就失去了基础。其次，文化融合视野中的城乡学校共同体还体现在城乡学校间多元文化的融合。托管双方学校文化的有机融合，需要一个共同的发展愿景（目标和理念在方向上的一致），需要一个共同的教师专业发展平台（城乡一体的教师发展平台），需要共同的文化元素（共同体标识等具象的文化元素），还需要共同的课程资源（城乡课程资源的互补与共享）。再次，文化融合视野中的城乡学校共同体还要凸显主流文化对农村小学的影响。太仓市实验小学在人才输出、管理输出的同时，更加关注学校"草根文化"对乡镇学校潜移默化的影响，乡镇学校则在托管过程中注重学习和吸收，并在学习的过

程中逐步转型。

在城乡学校文化融合的过程中，太仓市实验小学始终坚持用"坚韧、质朴、灵动、舒展"的草根精神作为主流文化来影响和改变农村学校教师的价值观和思维方式，提升农村学校的文化品质。

文化融合视野中的托管学校共同体，真正把托管双方放在平等的位置上进行统整考虑，尊重、理解、包容、协作成为托管共同体各项工作的核心关键词，围绕"文化"这一核心构建的托管学校共同体逐步走向和谐与默契。

（二）托管农村学校的有效策略："验血""输血"和"造血"

城乡学校的托管共建并非一帆风顺，其间走过了一条从"经验迁移"式的单向输出逐步过渡到"共同体建设"的协同发展之路。我们把所经历的三个层次形象地称为"验血""输血"和"造血"。

"验血"就是实验小学在托管初期对两所农村小学进行的全方位教育诊断。诊断团队制定了周密的诊断方案，通过观察课堂、问卷调查、个别访谈、小组座谈、测试调研、资料研究等诊断方式，深入托管学校全面了解其教育教学现状。详细的诊断报告成为一切托管工作的重要基础。

"输血"是一种以行政手段强势推进的有效策略。实验小学一方面选派优秀干部担任九曲小学和直塘小学执行校长，并选派强有力的骨干教师团队到九曲小学和直塘小学任教；另一方面，定期送课下乡，在送去先进教学理念和方法的同时，注重影响和示范。同时，充分了解托管学校教师的需求，安排活动目的明确、循序渐进，让农村学校老师们在每一次活动中都能真实感受到对自我发展的有利因素，形成价值认同、文化认同，克服"输血"过程中的"排异"现象。

"造血"就是把实验小学先进的学校文化和农村小学的本土文化相融合，让农村小学拥有自己的造血功能，形成有效的工作机制，促使其快速发展。

（三）协作管理：文化融合视野中学校共同体建设的制度创新

城乡学校共同体建设以体制与制度为载体，在建立三校发展共同愿景的基础上，形成共同的价值与信念，让广大教师在实现集体愿景中追求自我愿景，充分发挥教师自主管理的能动性，同时注重营造教师专业共享氛围，促进教师的专业发展。文化融合视野中的跨校管理共同体建设创新了管理机制，形成了一些三校共同遵守的规范与制度：校长联席会议每两周召开一次，重点沟通校际信息、化解矛盾，协调三校教育教学各项工作；课程督导制度由实验小学创新实践，通过邀请托管学校行政和骨干教师参与实验小学年级课程督导，通过下派骨干参与九曲、直塘小学的年级课程督导活动，使课程督导成为促进三校教师专业成长的有效手段；骨干互派制度和干部交流制度的建立，使城乡学校骨干交流常态化、制度化、规范化。

（四）跨校主题研修：文化融合视野中教师发展共同体活动的基本范式

文化融合视野中的教师专业发展，进一步强调了教师的专业特征和目标要求。托管初期，我们通过调查、访谈等方法对三校教师专业发展的认识和需求做出分析与了解，九曲小学青年教师占大多数，直塘小学则是45岁以上教师占比过半，且两所农村小学均缺乏太仓市级以上骨干教师，两校的教师专业发展极其需要外力的援助来带动与引领。

跨校教师发展共同体创新实践了"跨校主题研修"活动模式。活动中学校各级学科带头人的引领作用是活动品质保证的基础，活动后还有后续的教学反思及教学行为跟进。研修活动为教师的行为改进搭建了平台，为教师的发展提供了可能。更重要的是，实验小学骨干教师的专业引领，激发了教师自觉发展的内驱力，让自我需求促进课堂教学质量的提升，促进学生的发展。

城乡跨校研修活动以课堂和学生为纽带，让乡镇教师有了与城区骨干教师广泛交流和平等对话的机会，城乡老师有了共同的发展愿景，有了共同的话语系统，有了共同的思维方式，有了共同的价值追求。

（五）"跨校一日体验"：为城乡学生开发共同的活动课程

城乡学校拥有各自的文化特色与课程资源，校际之间结成共同体后，要在差异中挖掘可以利用的课堂教学资源和课外活动资源。

以"跨校一日体验"活动课程开发为例。农村学校的课程意识相对较差，在实验小学的示范引领下，他们从借鉴实验小学的课程建设规划起步，逐步构建了基于各自学校自身发展的课程规划，并最终与实验小学协作完成了"跨校一日体验"活动课程的开发。

"跨校一日体验"活动为城乡学生提供了异地学习和生活体验的机会。农村小学的学生利用"城市一日"来认识城市，接触社会，他们既可以感受城区学校的校园文化，参与城区学校丰富多彩的校园活动，还能享受城区优质多元的教育资源；城区的学生通过"乡村一日"活动，可以了解农村，亲近自然，他们既可以感受乡间清新的自然之风，体验独特的乡风乡韵，还能在融入农村学校学习与生活的过程中获得另一种经验。

三校围绕"一日体验活动"的课程宗旨开发精品的特色课程有：太仓市实验小学的校园文化系列特色课程，主要包括校园环境课程、"十、百、千"工程体验课程、学生心理咨询课程等；九曲小学开发了"亲近自然"系列特色课程，包括"了解"（认识农作物）、"体验"（参与农事劳动）、"分享"（分享农家菜）组成的系列互动课程；直塘小学主要开发了"乡风乡韵"系列特色课程，包括"古镇风情"（体验小桥流水的江南小镇风情）、"普济寺的传说""戚浦塘今昔"等。

（六）共享、共生、共荣：文化融合视野中学校共同体建设的生态

基于文化融合视野中的城乡学校共同体，完成了从一般行政意志下以强带弱的校际帮扶向双方学校在共享、共生基础上共同发展的转变，为区域教育的高位均衡发展摸索了一条可资借鉴的实践途径。

几年来，太仓市实验小学与九曲、直塘两所乡镇小学在托管共建活动中共成长，在教育管理、学科教学、学术研究、教师发展、学生发展等方面，都有着长足的进步。尤其是两所托管农村薄弱学校的教育教学质量有了很大的提升，其办学综合水平跃升同类学校前列。

托管以来，太仓市实验小学先后有近三分之一的老师下乡支教，直塘小学和九曲小学也各有超过三分之一的老师在太仓市实验小学浸润学习。农村老师的教学观和行动力逐步改变，更加认可太仓市实验小学"坚韧、质朴、灵动、舒展"的草根精神，他们积极主动寻求帮助，合理利用依托实验小学资源，逐步实现了"要他们学习"向"主动来学习"并且"知道如何学习"的状态转变。实验小学的老师们也把到农村学校去上课、评课、讲座看成是自我专业发展的极好机会和发展的平台，能够毫无保留地把已经成熟的课程资源与两所托管的农村学校教师进行分享、交流。这份经历让久居城区的老师增添了不一样的人生阅历，这种阅历本身就是一种教育资源，会让他们的人生变得更加精彩。如今，城乡教师常常在同一

起点上开展学习与研究,共同研究基于儿童的课程观、教材观,共同构想以儿童为中心的理想课堂。

托管以来,实验小学和九曲小学和直塘小学先后有近千名学生依托"跨校一日体验"活动课程开展跨校交流。这项活动让孩子们开阔了视野,城乡学生之间也有了更多相互接触、相互了解的机会。秉承共享、共生、共荣这一协同发展的理念,文化融合视野中的跨校共同体呈现出勃勃生机,优化着托管双方的校际生态,并持续促进城乡学校的可持续发展。

三、 委托管理的成功与续存问题的反思

(一) 令人惊喜的效果

太仓市教育局的领导、太仓市实验小学、九曲小学与直塘小学三校的行政班子,都没有预计到三年的托管效果如此令人惊喜。第一惊喜的是九曲小学和直塘小学的教育教学质量快速提升,在农村学校行列中是一流的,实验小学教育质量评估依然名列全市第一。第二惊喜的是农村学校师生的精神面貌和校容校貌发生了翻天覆地的变化。实验小学的一大批骨干教师都有了农村学校的工作经历,顺利晋升了高一级职称。第三惊喜的是托管经验被市政府采纳,写入《太仓教育2010—2020 中长期发展与规划》,城乡学校共同体建设成为江苏教育共同体建设的典型样本之一。第四惊喜的是第一次领衔研究全国规划课题并顺利结题,课题研究成果获得全国基础教育成果网络评比一等奖。我撰写的《文化融合:城乡学校共同体建设的核心》发表在《江苏教育》(2011 年第 32 期),并被人大复印资料转载。

(二) 意想不到的问题

2012 年 4 月 24 日,太仓市实验小学四年级 5 班三十多名家长从清晨开始到晚上静坐在实验小学校门口不肯离开,要求校方更换班主任与语文任课教师。

这起闹剧发生时,我正在天津参加一个教育家论坛,三位副校长在校。有家长给 110 打电话,要求出警,向太仓市教育局施加压力,进而给学校压力。有的家长带头聚众静坐,三十多位家长不吵不闹,端着小凳子静坐在校门口,不愿意进学校接待室。

  事件起因是这个班级在托管过程中换了四位班主任。开学时,分管教学的校长向家长承诺以后再也不换了,但出乎意料的是,新换上的班主任老师怀上二胎,于是又换了一位刚毕业的青年老师担任班主任兼语文教师。于是家长不答应了。事情的解决也算平安顺利。在太仓市教育局领导的直接要求下,副校长安排一位教平行班的市级语文学科带头人同时兼任该班语文教师,晚上十点家长才罢休离开。

  第二天,我从天津赶回来,到校已经是傍晚了,与该班的任课教师商讨方案,同时把该班家委会代表一一邀请到学校来谈心。家长纷纷道歉,表示无意干涉学校内部事务,服从学校的一切安排。我代表学校打了一份报告,希望减少流动教师的人数,降低流动频度,保证城区学生享受优质教育的权利。教育局了解实际情况后,予以批准。2012年这一年,实验小学的教师流动是最少的,只有个别有评职称需求的老师下乡。

  教师流动是政府促进城乡教育均衡化的一个举措,但家长更加希望有优秀的教师稳定带班,这也是教师工作的特殊之处。托管期间,城区学校骨干教师流动到农村学校任教,农村家长一片叫好声,托管结束回城后,还常有家长带着孩子到城里看望老师。而农村学校的老师到城区任教,城区家长就比较担忧,对农村骨干教师缺少信任。每一个学期开学,总有一拨一拨家长来找我们学校领导,强烈要求调换掉他们不信任的老师。

  事实上,农村学校老师到城区后任教,面对不同的生源、不同的教学要求,大部分农村老师需要适应和提高,教学成绩与城区老师确实存在较大的差距,这个差距要下大功夫才能拉平。所以,对城区学校来说,校长和教师们的工作压力比较大,出现调入老师退缩回乡,多半也因此而起。

  这个问题很现实。在2012年,第八届"苏州—新加坡东区中小学校长圆桌研讨会"上,我做了《文化融合视野中的学校共同体建设》的分享报告,城乡教师教育教学水平的差距问题引起新加坡与会者的关注,新加坡校长专门针对这个问题与我进行讨论。我的观点包括三个方面:第一,培养更多的好老师,让优质资源增量是做好托管的关键;第二,教育部门、学校领导和家长要允许新教师和农村教师有一个成长的过程;第三,农村学校教师进城工作是二次培养,教师的二次成长难度更大,这个问题处理不好,就是"削峰填谷"。

【附件一】托管团队成员基本信息

一、托管九曲小学团队

1. 太仓市实验小学副校长兼九曲小学执行校长,托管启动那年 37 岁,中共党员,太仓市数学学科带头人,有三年教导主任经历,比较擅长教学管理,和实验小学钱澜校长共事过四年,配合默契,对人真诚,做事干练,下乡年限三年,任五年级数学教师。为了完成托管抱负而去,毫无怨言,四年后才离任。

2. 语文教研组长,38 岁参加托管,中共党员,有太仓市实验小学年级组长经历,小学语文高级教师,到九曲小学任教六年级语文和语文教研组长,义无反顾,在农村起到很好的带头作用,所带班级成绩提升迅速。

3. 数学高级教师,39 岁参加托管,中共党员,有实验小学年级组长经历,小学数学高级教师,到九曲小学老闸校区任教六年级两班数学,上好示范课,带好农村青年教师,精心做好培优补差工作,教学成绩大幅度提升。

4. 大队辅导员,美术、音乐教师,33 岁参加托管,实验小学美术老师,兼顾评职称需要农村经历而下乡一年,到九曲小学后担任大队辅导员,分管综合学科。指导九曲小学的少先队员画色彩绚烂的儿童画,在校园文化建设方面发挥了引领作用。

5. 信息技术老师,32 岁参加托管,实验小学信息技术教师,兼顾评职称需要农村经历而下乡一年,因缺编两天在实验小学工作,三天在九曲小学工作,担任信息技术老师。在指导九曲小学老师提升信息化运用能力方面起到主要作用。

6. 副教导、语文教师,29 岁参加托管,中共党员,实验小学高年级语文教研组长,兼顾评职称需要农村经历而下乡一年。到九曲小学后任副教导,分管语文学科教学和科研工作,指导九曲青年教师参加各类论文竞赛,效果明显。

7. 少先队大队辅导员,语文、音乐教师,35 岁参加托管,实验小学的年级组长,语文教师,兼顾评职称需要农村经历而下乡一年。到九曲小学后担任学校少先队大队辅导员,并承担一个毕业班语文教学工作和一年级四个班音乐教学工作。改进了少先队"五项常规评比"的薄弱点,落实"少先队宣传阵地",组织了丰富多彩的少先队主题活动,反响极好。

8. 校长助理,语文教师,26 岁参加托管,中共党员,实验小学德育主任,青年骨干教师,兼顾评职称需要农村经历而下乡一年。任九曲小学校长助理,分管体卫艺和教学科研工作,在老闸校区任教一年级语文,周课时数 8 节。

9. 科研骨干,信息技术特级教师,40 岁参加托管,江苏省信息技术特级教师,任实验小学教科室主任,为熟悉农村学校内部事务提炼课题研究成果而下乡。在九曲小学任教信息技术学科,指导青年教师做课题研究有成效。

10. 副教导,科学教师,30 岁参加托管,实验小学科学组教研组长,兼顾评职称需要农村经历而下乡一年。在九曲小学老闸校区任九曲小学副教导,分管综合学科教学,协助校区负责人汪校长工作,周课时数 10 节。

11. 美术教师,36 岁参加托管,实验小学美术教研组长,兼顾评职称需要农村经历而下乡一年。

二、托管直塘小学团队

1. 太仓市实验小学副校长兼直塘小学执行校长,38 岁参加托管,中共党员,小学高级教师,和钱澜校长共事七年,配合默契,分管过教学、科研、德育等,有学校综合管理的经验。

2. 校长助理,语文教师,39 岁参加托管,中共党员,实验小学后勤副主任,小学语文高级教师,到直塘小学任校长助理,分管德育和后勤工作,担任语文学科教学工作。

3. 校长助理,数学教师,29 岁参加托管,中共党员,实验小学副教导,小学数学一级教师,兼顾评职称需要农村经历而下乡一年,到直塘小学担任校长助理,分管教学、科研,任教六年级数学。数学教学质量高,大大提高了农村学校的数学成绩,多位学生在毕业考试中获得满分,对农村学校来说,这是"破天荒"的教学业绩。

4. 体育教研组长,36 岁参加托管,实验小学体育教研组长,兼顾评职称需要农村经历而下乡一年,到直塘担任体育组教研组长,进行了阳光体育活动的整体设计与改造,效果明显。

5. 毕业班数学教师,28 岁参加托管,实验小学数学备课组长,骨干教师,兼顾评职称需要农村经历而下乡一年,到直塘小学后任教两个毕业班数学,毕业班学生考试成绩卓越。

6. 毕业班英语教师,32 岁参加托管,实验小学英语备课组长,骨干教师,兼顾评职称需要农村经历而下乡一年,到直塘小学后任教两个毕业班和一个三年级班英语,所教班级成绩卓越。

【附件二】托管大事记

2007 年 7 月 8 日,太仓市教育局下发太教【2007】23 号文件,委托太仓市实验小学全面托管九曲小学。8 月 18 日,实验小学托管团队走马上任,实验小学副校长陶萍担任(金浪)九曲小学执行校长。

2007 年 9 月 18—19 日,太仓市教育局会同太仓市教师发展中心和太仓市实验小学骨干教师,对九曲小学进行调研,并形成 1 万字调研报告,为今后更好地落实托管计划,完成教育局制定的托管规划奠定基础。

2008 年 1 月 9 日,太仓市实验小学各年级教学骨干与九曲小学教师就"期末有效复习"为主题开展主题研修活动。研修活动效果明显,九曲小学期末语数英总成绩跃居全市农村学校第一方阵。

2008 年 3 月 21 日,中国教育学会副会长谈松华先生来到九曲小学进行托管调研,提出托管学校和被托管的师资配备数量应该略有增加,对托管的绩效考核必须有第三方介入等建设性意见。

2008 年 8 月,"文化融合视野中的学校共同体建设个案研究"正式立项为全国教育科学"十一五"规划教育部规划课题。8 月 21 日,太仓市教育局和太仓市实验小学正式签定托管协议,实验小学同时托管九曲和直塘两所农村小学。

2009 年 1 月 15 日,全国教育科学"十一五"规划教育部规划课题"文化融合视野中的学校共同体建设个案研究"在太仓市实验小学开题,国家督学成尚荣先生,江苏省教育科学研究院基础教育研究所彭钢所长、王一军副所长等专家学者对课题进行论证,并系统规划与指导课题研究的下一步行动。

2009 年 2 月 2 日,太仓市常务副市长盛蕾在三校合办的托管校刊上批示:"学校托管走出了一条城乡教育资源统筹、坚持内涵发展的新思路,实验小学做了大量探索性的工作,希望把草根教育发扬光大。"

2009 年 3 月 19 日,作为实验小学与九曲、直塘两所农村小学共同体建设交流活动之一的农村小学到实验小学一日体验活动拉开帷幕。九曲、直塘两所小学分别在三至六年级各班学生中选拔出 80 名学生分批前来到实验小学,进行浸润式学习交流活动。

2009 年 5 月 12 日,"文化融合视野中的学校共同体建设个案研究"课题组举行课题研讨会。实验小学全体行政人员及九曲小学和直塘小学托管团队 20 多人参加此次研讨活动,太仓市教育局尤培亚副局长、教培研中心苗长广主任作为特邀嘉宾全程参与研讨活动。

2009 年 6 月 11 日,实验小学与九曲小学、直塘小学联合举行"青年教师发展共同体"阶段性成果展示活动。经过一学期的研磨,语文老师的听、评课能力,数学老师基于电子白板的教学设计能力,以及英语老师的全英文的说课能力,都有了长足的进步。

2010 年 3 月 22 日,三校共同体协作教研在四年级语文组率先拉开了帷幕。来自九曲、直塘和实小的四年级语文老师聚集在一起,以《生命的壮歌》之《蚁国英雄》为例,围绕主题"不现自我",老师们认真准备,既说出了困惑,也发表了独特见解,畅谈研修实践后的收获。随后,数学组、英语组、美术组、信息组、体育组等都陆续开展了跨校研修活动。

2010 年 5 月 28 日,太仓市实验小学、九曲小学、直塘小学联合开展全国教育科学"十一五"规划教育部立项课题《文化融合视野中的学校共同体建设个案研究》中期汇报暨实小托管九曲、直塘小学阶段性成果汇报活动。省教科院成尚荣、张扬生、蔡守龙、张晓东等专家和太仓市教育局领导、兄弟学校代表等共计 200 多人参加了本次活动。专家对我校以文化融合的视野把行政要求上升到文化的高度予以肯定,尤其"跨校主题研修"和"一日体验活动课程"值得重视,同时也希望教育局把制度构建和政策研究提升到重要位置上。

2011 年 10 月,钱澜校长、张勤坚主任共同撰文《文化融合视野中的学校共同体建设——太仓市实验小学托管九曲、直塘小学的个案研究》发表于《江苏教育研究》2011 年第 10A 期。

2011 年 12 月，全国教育科学"十一五"规划教育部规划课题"文化融合视野中的学校共同体建设个案研究"顺利结题，获得全国基础教育成果网络评比一等奖。

2012 年 9 月 18 日，《人民教育》第 18 期刊登《让每位教师成为最好的自己——江苏省苏州市教师队伍建设工作纪实》一文，详细介绍太仓市实验小学钱澜校长的托管工作对教师的培养。

第四章
"一体化"办学：城乡学校的重构之式

2013 年，全国各地启动了多种样态的集团化办学，而太仓市实验小学已经累积了多年的城乡学校协同发展的经验，集团化办学进入深化期，其个案经验在省内外颇有影响。

2013 年 6 月，受太仓市科教新城党工委邀请，由太仓市教育局授权，太仓市实验小学和科教新城实验小学实行"一体化"管理，我作为太仓市实验小学校长同时兼任两所学校的法人，开启了有别于"委托管理"的另一种城乡学校共同体建设的探索。

科教新城实验小学是一所位于城乡结合部的新兴学校，建校规模和设施超过了城区老校，随着农村城市化进程，这样的新校在各城市的边缘及各个经济开发区纷纷涌现，具有一定典型性。

科教新城实验小学并不是太仓市实验小学的分校，所以在"一体化"管理的过程中，必须建立起新校自己的特色来，学校文化的重构，势在必行。

太仓市实验小学与科教新城实验小学在"两校一长"的特别体制下，进行了"多中心治理"，逐步摸索出"管理决策一体化、教师发展一体化、质量监控一体化、课程建设一体化、资源配置一体化"等共同体建设模式。

在"一体化"管理的机遇下，科教新城实验小学的学校文化建设，不仅有直接迁移实验小学学校文化的部分，也有两校边融合边重构的部分，还有科教新城实验小学基于开发区区域特色直接重构的部分，逐步确立了"科幻特色"及"小牛人课程"等学校文化符号。

而太仓市实验小学也在"一体化"管理期间，通过校内年级督导制度、信息分享制度和项目研究制度三项课程制度的创新，推进校内和集团内多元教学共同体建设,有效破解了优质资源被稀释的可能,保证了教育教学质量名列前茅。

2016 年 8 月,"一体化"工作顺利完成,前去支援的实验小学管理团队和教师团队,继续扎根科教新城实验小学,以草根的坚韧、质朴、灵动和舒展,书写科教新城实验小学新的发展篇章。

第一节 "一体化"的背景与挑战

"一体化"本来是经济学词语,指加入同盟的国家有区别地减少或消除贸易壁垒的商业政策,比如欧盟、亚太经合组织等,"一体化"已经是当代经济中的一种特有机制。迁移到教育系统,一体化主要在于打破校与校的隔阂,实现校与校的一体化管理。2013 年,《城乡教育一体化的成都模式：六个一体化》系统论述和展示了以"发展规划、办学条件、教育经费、教师队伍、教育质量、评估标准"六个一体化为核心内容的"成都模式",也在这一年,太仓市实验小学与科教新城实验小学从文化融合与重构的视角开始了太仓地区教育一体化的探索。

一、 城乡"一体化"办学的发展与教育改革

（一）科教新城的崛起：建一所高品质的小学

2010 年,江苏省太仓市政府启动了新的发展战略,打造江苏连接上海首要门户,在太仓南郊划拨土地 12 平方千米,规划人口 12 万,成立了太仓市科教新城。原有的一所幼儿园、一所小学、一所中学,已不能满足城市提档升级的需要。太仓市科教新城领导在规划经济社会发展的同时,规划了配套的学校,期待集聚新的人气与高层次人才。科教新城花了两年时间投入 2.3 亿元在原南郊地盘上建成占地 63 亩,规模 8 轨,可以容纳 2 160 名学生的新校,成为太仓区域内硬件最好的小学。政府对这所新学校的定位就是彰显科技特色的国际化与现代化一流学校。

（二）"一体化"管理的提出：在科教新城的"实验小学"

科教新城实验小学共有 48 个普通教室,32 个专用教室。科教新城管委会非常重视这所新学校的建设,学校外墙的"哈佛红"和"宽走廊"即为当时的管委会书记在考察各地学校之后给出的建议。现在,学校浓郁厚重的"哈佛红"建筑群,依然是

科教新城版图上的一抹亮色,各处宽大的走廊也化身为校园文化天然的流动展厅。

在学校尚未建成时,科教新城管委会就邀请我参加学校筹建的多方工作会议,管委会书记、主任、分管文教的主任、分管城建的主任、教育局局长一一落座,从学校定位、校园文化构想、专用教室布置、普通教室要求等各方面,进行了充分讨论。

从太仓市实验小学的发展角度而言,科教新城实验小学舒朗的校园、先进的设备,可以弥补实验小学硬件设施方面的局限。教育局和科教新城管委会的信任,更给实验小学以更大的动力。学校甚至争取到了两年骨干下乡的倾斜,即太仓市实验小学有下乡流动任务的老师,在科教新城工作的前两年,就可以抵算下乡经历,两校之间距离也近,开车 15 分钟就到,因此学校里的骨干教师报名流动的不少。

如果以一个学校的号召力来说,"科教新城小学"与"科教新城实验小学"两块牌子,显然后一种表达更容易被老百姓接受。"科教新城实验小学里有很多实验小学过来的老师"这样的消息一出来,当天学校周边的房价就上涨,这也是科教新城所乐见其成的。

2013 年 6 月 18 日,任命下达,两校一长的"一体化"架构正式拉开序幕。在老百姓的心里,"科教新城实验小学"就是"实验小学",你看,连校长都是同一个人。

(三)教育改革的背景要求:谋求两校的共同发展

1. 科教新城实验小学的特色打造

仅仅挂一个"实验小学"的牌子肯定是不行的。太仓城乡学校大部分已进入江苏省教育局要求的高位均衡发展阶段,在这样的背景下,每所学校都在追求特色发展,整体变革成为关键举措。科教新城实验小学平地起高楼,学校里的人员安排以及学校文化的建构,成为办学初期最迫切需要解决的问题,其任务之艰巨可想而知。

太仓市科教新城第一任党工委书记施燕萍女士有多年的教育管理背景,又有美国社会学管理浸润培训的经历,她一下子想到了"依托名校一体化办学"的策略。她的这个想法在筹建这所新学校时早已萌生了,在新校布局内装确定教室功能时,施书记多次邀请我参与新校建设的研讨会。太仓市教育局也非常支持科教新城党工委的设想,协同商定了太仓市实验小学和新校的"一体化"管理的决策。

2013年6月,太仓市教育局正式任命我同时兼任科教新城这所新校校长(当时学校还没有定校名),一起任命的还有两位副校长,实验小学的副校长吴敏敏任新校副校长,调任南郊小学副校长茅佩珍任新校副校长。

2013年暑期,"名校+新校"一体化办学正式启动。太仓市教育局领导和科教新城党委领导眼里的"一体化",就是学校管理的"一体化"所带来的教育教学质量的"一体化"。对老百姓来说,这所新校就是太仓市实验小学办的分校。而对太仓市实验小学来说,这是第三次面临集团化办学的新挑战。

这次挑战是有别于前两次的,前两次的集团化办学模式是"强校带动薄弱校型"的,目的是改造薄弱学校,破解城乡二元分割,而这一次,目的是不一样的,要求更高了,老校和新校的"一体化"办学,内涵是学校一体化管理、资源一体化配置、教师队伍一体化发展、学生一体化培养、课程一体化建设、教育质量一体化提升,解决的是农村城市化进程中老百姓子女享受优质教育的机会。

2013年7月和8月,对太仓市实验小学全体行政人员来说,又是一个不平凡的假期。第一步,全体行政人员参观新校,驱车12分钟,步行一小时,老校与新校相距5千米,通过丈量两校实际距离完成集体接纳新校,缩短心理距离。第二步,带上科教新城特聘的室内装潢设计师集体考察沪上名校上海世界小学、世界外国语中学、世界外国语小学,感受精致的国际大都市名校的文化建设。第三步,特邀江苏省教育科学研究院专家、太仓市教育局分管局长和科长、科教新城分管教育的主任和全体行政人员集聚实验小学,商讨新校三年发展规划。

团队卷入,每一位行政人员都卯足了劲,不管是准备到新校工作的,还是留在老校工作的,大家群策群力,做这所新校规划,这是实验小学行政团队第六次做学校规划了。在新校启动前的规划会上,商定了这所新校的名字太仓市科教新城实验小学,简称科实小,也商定了新校的办学愿景:"依托草根文化资源,办一流现代化小学"。实验小学与科教新城实验小学是两所独立的学校,一位校长,两套班子,两支行政队伍,两支教师队伍,各自按学区招生。

我与科教新城管委会施书记多次沟通,提出了"科技点燃智慧,创新成就梦想"的学校文化口号,为科教新城实验小学的"科创"特色奠下第一块基石。怎样为每一位老师分配合适的任务,我殚精竭虑,反复斟酌。实验小学年轻的吴敏敏副校长担任科教新城实验小学执行校长,总务主任孙路晨老师有丰富的老校改造经验,每天在科教新城实验小学把控工程质量,积极与多方沟通。

2. 太仓市实验小学的瓶颈突破

当时的"一体化"中,有一些非常微妙的人事关系没有为人所注意:尽管我担任两所学校的校长甚至法人代表,但仍然只是实验小学一所学校的编制,吴敏敏副校长尽管是科教新城实验小学的执行校长,但也只是实验小学副校长的编制,而孙路晨主任担任实验小学和科教新城实验小学两校的总务主任,编制却在科教新城实验小学……这些人事归属,从一个方面反映出科教新城实验小学和实验小学千丝万缕的关系,二者密不可分。

2013年的那个暑假,太仓市实验小学全体行政人员没有休假,真的把科教新城实验小学当做一所分校,一起用心规划新校发展。

这样的激情燃烧,有些人觉得不可理解,然而实验小学的人并不这样看。实验小学作为城区老校,仅有25亩的空间,发展非常受限。别的不说,想承办高端活动却没有场室,想添置新的器材却没有地方放;信息老师在创想未来的学校该有怎样的信息化,学科老师在设想校本课程的自由实施,一位年级组长说:"一个学校总是需要一个大大的音乐钟……"这些关于教育的理想和愿望,仿佛在科教新城这所崭新的学校里都可以实现,它满足了实验小学缺失又渴望的那一部分。

太仓市实验小学无疑是一所团结奋进的学校,在草根精神的引领下,学校教师有着强烈的责任心和使命感,对于教育局和科教新城委以的重任,用十二分的力量去认真完成,把实验小学作为一所"老校"的包袱全都甩开,在新校描绘着我们心中的教育蓝图。在政府的大力支持和期盼下,"一体化"管理的科教新城实验小学,这所"90岁+1岁"的新学校,依托草根文化资源,蓬勃地成长起来。

二、 城乡学校"一体化"办学的机遇与挑战

(一)机遇

1. 政策大利好

从教育政策来说,2013年12月,苏州市教育局下发苏教基〔2013〕39号文件

《关于组织申报义务教育改革项目学校的通知》，鼓励各县市优质学校多样化探索集团化办学模式，促进区域义务教育的均衡发展。太仓市实验小学因为结对期、托管期积累的经验，成为苏州地区集团化办学的领头羊、组长单位，可以有更大的作为。

从地方政府的支持力度来说，科教新城的领导是一群想作为、懂教育的青年干部，太仓市实验小学一体化管理科教新城实验小学，本就是科教新城管委会的邀约，政府大力扶植，对办出高水平的现代小学有比较高的期望值，无论是资金投入还是社会舆论都为学校发展提供了最好的支持。

从办校模式来说，太仓科教新城实验小学是一所新学校，没有历史沉疴的各种负担，一体化管理给予这所学校崭新开端——这是一所站在"巨人"肩膀上的新学校，实验小学 90 年厚重的历史文化给予它坚实的后盾，在经济迅速发展的现代社会中，这所新学校更能舒展开手脚，谱写教育的新篇章。

2. 生源有后劲

根据太仓市教育局《2013 年太仓市义务教育阶段学校入学工作意见》，太仓市科教新城实验小学招收的生源是"204 国道以东，良辅路以南，盐铁塘以东，新浏河以南"学区内的学生。随着科教新城一批新开发的高档楼盘启用，科教产业园对于高科技人才的招纳，大批高素质新居民逐年迁入学区内工作与生活，生源的数量与质量都能够为学校不断扩模和发展提供保证，估计每年会增加 200 名左右的学生入学，学校教学的前景一片光明。

3. 师资有潜力

在义务教育优质均衡政策影响下，市级骨干教师的有序流动将吸引大批优秀教师来校工作，师资队伍的来源和结构得以保证。学校于 2013 年 6 月正式对外招生，当时的专任教师 32 人（在编 30 人），太仓市实验小学教师、其他兄弟学校流入教师和新教师分别占专任教师总数的三分之一。其中，男教师 7 人，女教师 25 人，教师平均年龄 34.4 岁，本科及以上学历占 84.4%。高级教师 2 人，一级教师 14 人，二级教师 8 人，见习期教师 8 人。学校有太仓市级学科带头人 4 人，涉及语文、音乐、美术、综合实践学科，市级以上骨干教师占全体教师的 46.9%。教师团队是一支年轻的、充满活力的、富有开拓精神的队伍，教师具有较好的学习能力，青年教师学习后劲足，提升学历的空间大。

（二）挑战

但任何事情都有其两面性，机遇必定伴随着挑战，作为新学校，科教新城实验小学面临着极大的挑战。

1. 城乡结合部的多元生源

从太仓的老城区往南跨过新浏河，过去被称为"南郊"的那片田园就是科教新城的区划。尽管科教新城的发展前景非常好，而且到现在，它也确实发展得非常好，但在办学初期，学校地处城乡结合部，当地学生家庭中原本务农的也不少。教师去家访时，进的虽是新建的科教新城的高楼，但学生家中仍保留着原先农村生活的各种习惯，墙上挂的是竹匾、锄头，学生的家长就是在田埂上长大的，小区的会所承担了高楼里的婚丧嫁娶，邻里原本就是一个村的，彼此守望相助。

科教新城的生源尽管一年比一年有增量，但颇为多元，有原南郊小学的学生，也有随着新城建立起来而迁入的学生，再有一部分引进人才的子女，其父母往往是高学历，硕士博士的有不少。人群的多元本是正常现象，大家同在一间教室上课本就是教育公平的体现，然而家庭教育起点迥异，也给教师的教学带来新的挑战。

学生的背后是其家庭，农村家长大多尊师重教，然而对某些行为小节却不甚注意，比如开家长会时随意接电话、抽烟。更重要的是，在家长不辅导学生或者不会辅导学生时，需要通过策划更加细致的德育系列活动吸引家长参与，提高家长热情，共同教育学生。

2. 办学目标的"零起步"与"高起点"

科教新城实验小学从零开始，在"一体化"管理下，很多办学的基本要求都与实验小学一样，甚至因为科教新城的发展定位，硬件设施已经远优于城区老校，其发展的眼光也放得很远。学校布局该如何设计？教室布置、班级规划该如何制定？添置哪些器材？开设哪些社团？甚至一花一草一墙壁都要慎重思考规划。

带着政府的期待、社会各界对学校的高度关注，"一体化"势必就要在较短的时间内办出高度，体现成果，这对学校和老师来说都是极大的压力。然而一切从"零"开始的薄弱基础，是"一体化"管理时必须直面的现实。百年树人，教育不可能一蹴而就。在新学校三年规划中，我们如何合理设定学校的办学目标？目标过低,不利于学校发展；而目标过高,又担心老师们够不到,把握"零起步"与"高起点"之间的辩证关系是挑战之一。

3. 草根文化的融合与特色文化的重构

"一体化"办学下的新学校是依托实验小学的草根文化成长起来的,而在鲜明的具有强大包容性的草根文化的影响下,又该如何重构科教新城实验小学自身的学校文化？依托实验小学草根文化资源的同时,新校该如何保持自身个性特色发展？如何协调和平衡两种文化？科教新城实验小学能否建立起自身的课程文化和教学文化？活动开展要体现学校文化,抓活动的品质,新校的学校活动该如何建构？需要从繁多的活动中体现自己的特色,进行聚焦,又该怎么选择？教师的融合挑战也在眼前,三分之一的实验小学教师,三分之一的新教师,还有三分之一是太仓各个学校抽调过来的老师。老校办新校,规模扩张引进大批新成员,面对教师与教师之间新的人际关系调适,新成员对学校文化的认同问题,如何培养老师？老校优良文化与新校创新文化之间"和而不同",需要协调统整。

新校,一切都是崭新的,这些崭新的挑战也摆在实验小学团队面前。

三、"一体化"办学的问题分析

与"托管"时期不同的是,科教新城实验小学整体对于"一体化"管理几乎没有什么文化冲突的情况出现,一方面是因为当地的科教新城管委会欢迎并信任实验小学团队,处处予以方便,再一方面则是科教新城实验小学的学校文化都是新建构出来的,尽管天然带着实验小学草根文化的烙印,然而,结合当地的科技产业园特色与南郊的传统文化特色,与实验小学已经全然不同。

但是,新校的人、财、物隶属科教新城,而实验小学是市教育局直属学校,两校实施"一体化"管理,配置不同归属的资源、有限的时间、大量的信息和共享的空间,对于实验小学新行政团队来说,是一道难题。"名校＋新校"一体化管理需要破解三大核心问题。

(一) 一体化管理背景下教育资源的合理配置

我们需要分析两校的生源和师资配置问题。新校的生源问题如何解决？老校的生源发生了什么变化？

1. 生源配置

太仓市教育局与科教新城合理划出施教区，科教新城实验小学得以有序招生。

2013 年办学第一年秋季划片招生的原则是科教新城党工委、太仓市教育局、实验小学的意见共同达成的。第一，只收新落户的户口和房产两证齐全的区域内学生。新校生源划片招生，科教新城里面建造了很多新楼盘，这些新楼购买人群主要有新太仓人定居的、太仓其他乡镇进城的、城里改善居住环境买二套房的，条件相对优越，普遍比较重视教育，还有一部分是南郊本土居民的孩子，这个群体总体生源情况是正态分布。第二，原来南郊小学的学区生不得转学，避免"抢生源"问题出现。第三，招商引资的人才的子女入学，有科教新城党工委敲章证明方可接收。这些新太仓人都是有学历、有闯劲的，他们的子女学习力比较强。第四，招收实验小学学区只有房产没有户口的一证生源，恰好可以缓解老校的压力。这些原则确定后，生源数量就得到了控制，共 299 位学生，分成 9 个班级，班额都不超过 40 人。以后的三年都是按照这样的原则，每年的生源递增量在 200 人左右。第四年开始，整个学生数破千，截至 2019 年秋季，学生数已达 1 500 人，36 个班级。总体而言，新校的生源远远好于同区的南郊小学（政府定点吸纳外来务工子弟的学校之一），和实验小学老城区生源不相上下。

而同一时期，太仓市实验小学的生源也有所变化。与很多城市发展一样，实验小学周边因为是学区，房价持续走高，但这并不能阻挡农村居民进城买房的热情。老城区街道和小区相对逼仄，老旧小区也比较多，房屋面积较小，因此，原本居住在实验小学周边有经济能力的家庭也会在外围一些新建小区购房，在这样的房产更替中，实验小学的生源结构也多元化了，在好生源保持的基础上，太仓农村进城人员的子女多了，小学和初中学历的家长也开始有了。实验小学近年毕业生在 260 人左右，招生数却达 300 多，办学规模逐渐扩大，校园也越来越拥挤，教室越来越紧张。

2. 师资调配的均衡问题

实验小学和科教新城实验小学，都面临着紧缺优质师资的问题。纵观南京、苏州、杭州等市教育集团，校长都具有充分的学校管理自主权，特别是有一定的人事权限，能够择优选聘教师，可以根据各分部实际情况统筹合理安排干部、教师。可我们的教师是太仓市教育局统配的，尽管教育局对我们一直以来非常厚爱，但仍存在一定的短板教师。既要在短期内看到办学成果，又要面对不属于第一梯队的师资队伍，办出高水平的、一流的学校有一定困难。

新校的老师哪里来？老校的老师如何配备？太仓市教育局对太仓市实验小学第三次探索集团化办学在政策与师资方面给予了极大支持。在新校办学起始两年任教的实验小学老师，将其视作有两年农村工作经历。第一批师资共 32 人，其中三分之一是实验小学的骨干教师，三分之一是各乡镇兄弟学校的骨干教师，三分之一是当年毕业的师范学生。实验小学的骨干教师如何遴选，关键岗位如何设置，这是最讲究的。我积累多年的管理经验，一心扑在工作上，被同事们戏称为"工作永动机"；吴敏敏副校长，是实验小学行政团队最年轻的干部，能做能说能写，到新校任教一年级语文学科；茅佩珍副校长，原来是实验小学的德育主任，太仓市综合实践学科带头人，被提拔到南郊小学任副校长，如今调任新校工作，她是南郊媳妇，熟悉南郊风土人情。实验小学总务主任孙路晨有过两所学校校舍改造的经验，又有财务管理和信息化装备能力，调任科教新城实验小学任总务主任负责新校建设，同时仍兼实验小学总务主任，授权可以调度实验小学和新校的后勤资源。教导主任曹丽萍老师，是市级语文学科带头人，在沪太外国语小学任副教导，主动申请来新校挑重担，期待自己有新的发展。市级音乐学科带头人赵丽琴被提拔为新校德育处副主任，美术市级学科带头人陈波老师被提拔为新校分管综合学科的副教导，数学骨干教师吴吉君担任人事秘书兼分管数学的副教导，青年骨干教师许萍任教新校六年级两班语文。兄弟学校调进的老师，都是有期待在城里工作，方便生活和子女受教育的。新毕业的 10 位师范生，对教师职业怀有美好憧憬，教育局的试分配制度，让每一个青年人都十分投入工作。

而老校由于 11 位骨干的调出，加上规模渐大，又引进了一批教师。这批新融入老师，一半是新毕业生，还有的是农村进城老师，少许是从城区其他学校引进的教师，给老校管理工作带来极大的挑战。新教师没有经验但有活力，咬咬牙，一两年就变成了一流的新秀老师。而兄弟学校来的骨干，面对实验小学的高要求与家长的高期待，有的迎难而上，有的想办法"逃离"。值得一提的是，实验小学校级班子成员和部门负责人都是身兼两校的行政管理事务，工作量大大增加。

这样的师资配置，对新校来说，是极其强大的团队，而对老校来说，充满着挑战和不确定性。尤其是第一学期，教师整体精神面貌较好。但之后教师群体变大了，外来融入的教师增多了，时间长了，对新环境的新鲜感、对新学校的敬畏感逐渐消失之后会怎样呢？

实验小学在输出 12 位骨干之后，其他学校的教师和新教师补充进来。调查研究显示，随着大批融入教师调入实验小学，农村学校教师已经批量进入城区学校，占比超过教师总数的 50%，新融入教师对实验小学草根文化的认同感有所降低。

学校先进文化谁来引领？靠校长，靠行政？科教新城实验小学要培植本土的教育精神，实验小学的草根精神也需要在这样的融合与重构中不断迭代升级。

我们也差点忘记了，太仓市实验小学自身并不是一个体量很大的学校，全校教师满打满算才 100 人，在"一体化"管理时，猛然间抽走 12 个骨干教师甚至可以说是精英教师到科教新城实验小学做顶梁柱，这所 90 年的老校也有点头晕，面临着"严重失血"的重大问题。

（二）一体化管理背景下财与物的合理配置

实验小学占地 25 亩，学生数近两千，有 36 间普通教室，22 间专用教室。科教新城实验小学占地 63 亩，三年来随着开设班级数的增多，学生数分别为 300、500、700，有 48 间普通教室，32 间专用教室，还有一个能容纳百余辆车的地下停车库，新校的空间优势绝对碾压实验小学。两校相距 5 千米，两校的大型活动都放在新校举行，一个学期科教新城实验小学接待了 42 批次的来访者。两校的教工之家活动都放在科教新城实验小学举办，因为体育专用室多，体育馆大，地下车库停车方便。科教新城实验小学启动阶段，科教新城党工委按省一类标准配备设施设备，又按照直属学校的标准给予教师培训经费、科研经费和公用经费，这些优待实验小学也可以共享一部分。所有经费只能用于改善办学条件和师资培训的项目经费，不能作为福利发给实验小学一体化管理团队，所购物品也不能随便挪用到实验小学。实验小学是直属学校，科研经费、师资培训费、公用经费是非常充裕的，缺的是土地、教室和空间。于是，两校把大量的经费投入到信息化装备与创新实验室的运用上，这样的装备，为两校进行网络直播、远程办公、共享好课提供了方便，也为科教新城实验小学未来的科技与创客特色打下了硬件基础。

（三）一体化管理背景下时间、信息及空间的合理配置

日常行政会怎么开？上级会议谁去参加？"一把手"负责制如何协调两校事务？为了解决这些问题，一体化期间，工作计划使用统一的网络平台。做好协同与分工，把握两校的日常有序高效运作。虽然工作计划递交在同一个平台上，但我仍然要学习两次、开会两次、检查两次。

怎样让跨校研修的价值最大化？在一体化管理过程中，因两校教研组同样一体化管理，基本上每周都有跨校研修活动，双周四下午的"同课异构"，单周二上午到实验小学听课，教师的时间、精力都成倍付出，两校的常规教学都受到一定影响。

如何在短时间内创生校本特色，走和而不同的发展道路？尽管是"一体化"管理，但毕竟两所学校校本基础完全不同，各自独立，依托草根文化资源仅仅是一个办学策略，立足科教新城这片凝聚着科教与文化创意的产业区，学校如何发展自己的办学特色，彰显基于地域优势、学校优势的品牌项目，需要在充分调研校情的基础上，群策群力，高屋建瓴地规划好。但无论是哪种特色项目，它必定是从儿童立场出发，每个学生都能参与的，能让每个学生都受益的。

我与行政人员对优质资源可能被稀释的问题如何破解进行了有效的思考，学校研究了单体校发展与集团校协同发展的制度异同。学校开始考虑重构学校的制度体系，相继出台了《太仓市实验小学新融入教师的管理制度》和《太仓市实验小学教师课务安排的几点意见》，提出每个班级的任课教师两年内不随便更换的原则。

与此同时，我们提出城乡学校共同体建设不仅要"文化融合"，也要进行"文化重构"。共同体的建设学校需要重构校园文化，作为集团化办学的母体校（牵头校），自身的制度体系也需要重构。太仓市实验小学通过校内年级督导制度、信息分享制度和项目研究制度三项课程制度的创新，推进校内和集团内多元教学共同体建设，有效破解了优质资源被稀释的可能，保证了教育教学质量名列前茅。

名校与新校的一体化管理，是对优质学校文化包容性与再生性的一次考量，

更是一次挑战。面对这样的机遇和挑战，在后均衡时代的一体化管理阶段，我们坚持文化融合与重构，让老校继续保持领先，焕发新的生命活力，新校生成新的优质教育资源，再创一流现代化小学。

第二节　从组织融合到文化重构

太仓市实验小学一体化管理科教新城实验小学的管理团队有其特殊性，即科教新城实验小学的行政大都是实验小学的教师或曾经是实验小学的教师，在各一线教研组中，也都有实验小学的骨干老师在引领，因此，在工作中意识形态方面的融合更加顺畅，能够更加清晰地理解与实施从草根文化出发的学校教育文化的建构。

一、"两校一长"的组织架构

从两所学校的行政管理团队来看，在一体化管理中，两校虽然分设两套班子，但我通过每周一次的校长办公会及每月一次的行政专题研讨会，沟通协调两校的教育教学管理工作。日常两校交流的信息传递均通过一体化的数字化管理平台来实施。校长室还通过行政的月考核、学期考核及年度考核对行政团队的日常工作进行有效管理。

学校强调从"文化融合""文化重构"的视角推动名校与新校的一体化办学，是对优质学校文化包容性与再生性的考验，更是对优质学校文化力量的挑战。文化融合是基于教育均衡大背景下，校际教师大流动所导致的学校文化多元并存格局下，从尊重、包容出发，是一种倡导优质文化为学校主流文化基础上的主动融合。

（一）两校教研文化的融合

以"跨校研修共同体"建设为抓手。通过建立跨校教科研组，定期进行跨校研修，让研究成为教师的行走方式。新校刚刚起步，规模不大，平行班少，我们把各年级任课教师编排到太仓市实验小学的教研组中，每个学科教研组安排一位市级以上学科带头人。每个教研组都由市级以上带头人担任组长，让其全面负责教研组文化的建设与活动的开展。教研文化是一所学校的主流文化，教研氛围好，教研水平高,教师的专业化程度就高,学生就会受益。

两校教师协商设计了"主题式五环跨校研修"和"交互式浸润体验"制度,隔周交替实施。"主题式五环跨校研修"重视的是团队研修的力量,解决个体思考所不能解决的问题,因此,教研主题的确立与系统建构是关键,并让每一位老师经历"独立备课、集体磨课、抽签上课、评课反思与行动改进"这样一个完整的专业成长微过程,在这个过程中反复锤炼,是普通教师走向优秀教师的快速通道。"交互式浸润体验"就是让每一位老师深入另一校区,体验不同教学环境下不一样的教学感受,这种体验更有利于教师坚守儿童立场,在备课、上课时更加重视儿童学习起点,教在儿童"学"的起点上。两种制度的落实,保证了学校之间、班级之间的教学公平。

1. 两校教师文化的融合

以组建共同的"家"为抓手。合理建构年级组办公室,定期开展文体联谊活动,让高雅成为教师的生活情趣。一方面,我们让年级组在大办公室集中办公,总人数控制在8~10人,并关注到不同年龄段、融入教师比例来合理组建,年级办负责人一般由有威信、有热情的资深教师担任;另一方面,学校充分放权,发挥办公室负责人的聪明才智,形成集团内教师的学习圈、交往圈与娱乐圈,增强教师职业幸福感。通过组织群众性教师文娱活动,拓展与净化教师交往圈,把具有时代气息和生活情趣的文化活动纳入进来。譬如开展运动健身、保健、艺术、旅行、文艺、阅读、茶道、美食等活动。管理者的职责是尽可能地为老师们提供政策范围内的便利。太仓市实验小学的草根文化,就是这样逐步生发、拓展和蔓延,成为影响基层教师的核心精神力量。

2. 两校课程文化的融合

以各种跨校课程的建设与实施为抓手。首先,两校必须形成一种新的课程开发机制。我们打破校际界限,把各学科的课程领导者聚集起来,建立课程研发中心,充分挖掘名校原有的资源及各种社会资源、社区资源、家长资源等,并把这些资源转化为学校新的教育资源。譬如老校积淀多,已经开发的有阳光体育课程、草根阅读课程、"聆听窗外声音"课程、数学游戏课程、"十、百、千"活动课程、娄东文化综合实践课程、跨文化游学课程;新校地处科教新城,我们建立科技教学资源库,研发科幻特色系列课程,包括科幻电影、科幻儿童画、科幻故事、科幻小魔术,培养学生的想象力与创新能力。其次,我们通过"跨校一日体验活动"课程的开发,提出"让每个学生都有机会在另外一所学校一日体验"的口号,让孩子们都能在不同的学习环境下体验到别样的课程、别样的校园生活。

二、"多中心治理"的协同与创新

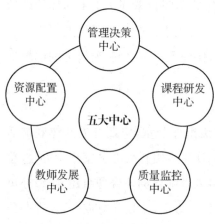

图7 两校一体化管理五大中心

由于校情、师资、生源不尽相同,因此两校在尊重彼此平等的基础上,充分发挥各自的积极性和创造性,资源共享互建,价值诉求一致,从而使共同体内的两校形成平等、合作、互动的发展格局。

名校与新校在传承各自优良传统的前提下,逐步实现人事调配、教学管理、考核奖惩等方面的高度融合或基本统一。通过设立两校一体的管理决策中心、教师发展中心、质量监控中心、课程研发中心、资源配置中心等五个中心,全面推进五大要素的集团内融合,逐步实现文化建设一体化、管理团队一体化、教师发展一体化、日常研修一体化、学术引领一体化、资源统筹一体化。

(一) 共享愿景的管理决策中心

学校的竞争力某种程度上体现在一所学校的领导力和执行力上。面对新成员、新任务、新要求,名校在原有工作职责和任务不打折的前提下,还要承担新的帮带任务。因此,校长必须依靠团队的集体智慧,不能仅仅是两校工作的简单叠加,也不能单纯地让新校复制名校教育管理模式的方式去发展。为此,我们成立了一体化管理决策中心。

管理决策中心的职能是:统一思想,确立共同愿景;分解任务目标,落实人员责任制;规范工作流程,统整协调重大项目的推进;完善与创新现代学校制度建设,积极推进依法治校,规范办学行为。管理中心由校长负责,配两名副主任处理校区的日常事务,成员由固定成员和不固定成员两部分组成:固定成员是两校副校级以上领导和名特教师代表,不固定成员有主管学校的领导、特聘专家顾问、社区代表和家委会主席等。固定成员每月召开一次工作例会,不固定成员每学期期初和期末参加管理中心组织的专题研讨会。

管理决策中心成立后,主要做了以下三件事:

一是梳理名校文化脉络与素质教育经验。深入分析行政团队、教师队伍、生源变化及家长需求,寻找老校发展新机遇,并在此基础上与新校同步修订发展规划,逐步确立了两校共同的办学愿景和行动纲领。共同的办学愿景是:携手迈向教育现代化,逐步做到教育条件、教育思想、教师队伍、教育技术、教育手段的现代化。共同的行动纲领是:教师共发展,质量共提高,课程共开发。

二是重组基层教研组和年级组。建立跨校的教研组,定期开展各种形式的跨校研修活动,逐步使研究成为两校教师共同的行走方式。我们把新校教师分学科编排到老校教研组中,两校教师共同协商设计了"主题式五环跨校研修"和"交互式浸润体验"等研修模式,老校良好的研究文化逐步浸润和影响着新校老师的成长。我们还利用差异资源原理,在新校实施年级组大办公室集中办公,进行年级组文化团建,如共读好书,共享美食,共同锻炼,引导年级组内的话语系统和生活方式,增强年级组凝聚力。

三是确立"和而不同"的发展理念。我们逐步厘清了两校协同发展路径:第一阶段是帮扶引领;第二阶段是合作协商;第三阶段是强强联手,共同走高。太仓市实验小学坚守"草根情怀教育",构建苏南小学素质教育实践新样本,太仓市科教新城实验小学"以草根文化为底色,寻找科幻主题开发生长点,建设富有活力的科技创新文化",两者相互借鉴、相互促进、相互影响,共同提高。

(二) 共研共生的教师发展中心

科教新城实验小学这所新建学校的教师包括三个组成部分:太仓市实验小学的骨干输入、招收的新毕业生和一批农村学校引进教师。新教师的工作经验几乎是零起点,而农村教师还不熟悉名校的工作流程与基本要求,如何让他们更快地融入名校团队,成为优质教育资源?加上太仓市实验小学在区域教育均衡政策影响下,其师资结构和专业发展层次已与新校基本相当,因此也有主动发展需求。

我们把名校名师资源聚集起来，成立跨校教师发展中心，试图通过名校的名师资源来带动教师队伍的整体发展，让名师在承担中进一步成长，让新教师和农村进城教师在名师的帮助下减少心理压力，轻装上阵，尽快适应新形势和新要求。

跨校教师发展中心整合了教科室、教导处指导培养教师的基本职能，淡化其行政功能和职务分级，更强调的是其在专业发展上的帮扶、指导与引领。主要职能包括：借助名校文化力量，唤醒教师文化自觉，更新教师教育理念；借助名师教育经验开展田野式研究的培训与指导；帮助每位新入职新融入教师做好职业生涯规划，为不同层次教师提供针对性的专业学习机会；引进新技术培训，促进教师开展教学方式变革的探索；等等。我们特聘学校特级教师、教科室主任担任中心主任，核心成员是名教师和市级以上学科带头人，同时在两校各有一名教科室副主任担任管理助理，帮助主任落实要求与任务，进行资料收集与绩效评估。

教师发展中心的任务也分为三个阶段。第一阶段，做好两校教师基本情况的分析，完成两校教师研究与发展规划，挖掘名优教师教育教学资源，落实"一对一""一对多"的师徒结对制度。第二阶段，继续优化名师"追随与突破"活动，借助专家资源，进一步提升与确认名师教育教学风格，科教新城吴敏敏校长拜师特级教师孙双金，在专业上更加精进，太仓市实验小学和科教新城实验小学都在打造名师的力度上有所提高；倡导名师课堂即时开放制度，开展"名师育新绿"活动，落实新融入教师"六认真"跟进行动；提供专业学习的菜单，推荐教师进阶阅读。第三阶段，组织专家和名师一起评估与促进新融入教师的发展，有计划宣传名师的成功经验，提升名师的影响力，帮助名师晋级高层次星级教师。

（三）全程全员的质量监控中心

"一体化"管理的成功与否，考量的关键指标是教育质量，这也是教育行政部门和家长、社会各界共同关心的问题。

影响教育质量的主要因素有哪些呢？生源、师资、课程资源、教学与评价策略的不同，到底对两校的教育质量有多少影响？为此，我们成立两校教育质量监控中心，让资深的教学管理行家成为质量监控的主力军。质量监控中心主任必须拥有全面、全程、全员的质量监控能力，并在基层老师中拥有高认可度，核心成员还包括两校正副教导主任和部分优秀教研组长。质量监控中心的基本职能是：组织老师学习领会新课程标准的基本要求,分析学生发展的各种可能性,系统构建学生发展目标体系,统一两校调研标准,统一学生发展要求;建立每个年级每个学科有效监控的途径与方法,组织每月一次的跨校年级督导,积极探索发展性评估的方法与手段,促进相对短板教师及时调整教学行为;实现优质资源共享,组织跨校教研,提升教师把握学科核心素养的能力。

质量监控中心成立后,我们对太仓市实验小学近十年来在教育教学质量上始终能够名列区域前列的秘诀进行了深入分析,太仓市实验小学质量管理的法宝是通过年级组课程督导制度,抓住学生的核心素养与综合素养这个质量管理的"牛鼻子"不放。

年级组课程督导制度在新时期的不断完善和在新校的有效迁移,保证了老校质量的高位稳定和新校质量的迅速走高。培养质量监控中心的成员具有教育现代化的视域、正确的评判能力和在"田野"中现场指导的能力是质量监控中心建设成败的关键。督导前、督导中和督导后每个环节都要有明确的任务。质量监控中心主任要学会挖掘基层的资源,参与年级组课程督导,把质量意识根植到最基层。

(四) 互动共建的课程研发中心

课程的多样性与选择性,能满足学生多元发展和个性化发展的需要。课程文化体现了一所学校的文化内涵与特色发展。2005 年始,太仓市实验小学就成为江苏省教育科学研究院基地学校,"草根文化"学校课程规划是江苏省最早完成、体系最完整的课程规划之一,学校形成了比较成熟的课程开发的制度与经验。随着时代的发展与社会的进步,需要不断充实、优化课程的内容和结构。集团化办学项目特聘专家华东师范大学杨小微教授认为,集团化办学,必须有研发"教育产品"的意识与能力,从而让集团内学校共享。所谓"教育产品",对学校来说,就是研发特色课程。

打破校际界限,把各学科的课程领导者聚集起来,建立了课程研发中心。与此同时,我们把区域内一批校外专家引进学校,使其成为课程研发中心的成员。课程研发中心主要职能是:研究儿童的课程需求和国内外成熟的小学课程,分析两校课程开发的可能性;利用名校原有的资源实现课程资源分享优化,唤醒新融入教师的课程意识;挖掘和整合资源,创生适合时代需要和能够满足学生个性化需求的多元课程资源库;借助立项的课题研究,提升教师课程建设能力,架起课程建设的立交桥,保证学校层面的主题课程的序列化、规范化;聘请院校的课程专家,共同审议教师、学生创生的特色课程,保证课程的规范性和有效性。课程研发中心以"工作坊"的方式开展工作,特聘课程专家、国家督学成尚荣先生担任"草根工作坊"坊主,平时日常工作由一名特后培养人选查人韵副校长具体负责。

课程研发中心充分挖掘名校原有的资源及各种社会资源、社区资源、家长资源等,并把这些资源转化为学校新的教育资源。建好多种特色课程资源库,供两校课程老师们随时提取组合,形成课堂教育资源。

(五) 优势互补的资源配置中心

地处老城区的实验小学占地面积狭小,成为制约学校迈向教育现代化的主要障碍。科教新城实验小学则处于省级科技文化新城,占地面积是老校的三倍,学校拥有一流的硬件条件,且周边有地方大学、科技创业园等众多高科技资源,是创新人才的集聚地,并且具有后勤社会化服务保障的优势。我们成立两校资源配置中心,来统筹和共享新老学校优势资源,弥补老校在新一轮发展中硬件资源不足的劣势,形成优势互补。

资源配置中心主任身兼科教新城实验小学分管后勤的副校长和两校总务主任职务,是一位有财务管理能力、信息技术运用能力和懂学校基建、采购流程的资深后勤管理行家,其核心成员主要由两校后勤管理人员担任。这不仅可以整合原来后勤处的功能,而且可以提升管理职能与品质。资源配置中心的主要职能是充分发挥后勤社会化管理优势,培训指导两校后勤人员,提升后勤人员为师生服务的意识;合理调配可以共享的硬件资源,制定资产使用与管理制度,让每一片场地和每一件物品发挥最大效益;定期组织两校的安全检查,排除各种安全隐患;主动为管理决策中心、教师发展中心、课程研发中心和质量监控中心提供保障服务。

五大中心整合了两校校长室、德育处、教导处、教科室、后勤处等处室的功能,减少了行政外控式的条线分割式管理,通过制度的更新与完善,提升了专业服务的能力。五大中心在实际运行过程中,充分吸纳优秀骨干教师,发挥基层教师的聪明才智,管理重心得到有效下移,让太仓市实验小学的"草根文化"真正发挥了作用。两校一体的数字化管理平台,方便了两校的异地协同办公,即时共享的计划、总结和日常事件沟通，减少了信息多层传递所造成的失真和延时，大大提高了工作的效率。五大中心的协同工作，不仅有效破解了集团化办学中教师流动带来的优质资源稀释问题，而且发挥了"1＋1＞2"的双赢效果，两校在区域专业部门的质量评估中屡获好评。

老校，依然充满活力，教育教学质量名列前茅；新校，快速步入优质学校行列，办学质量和社会美誉度快速提升。

三、"两校一体"的文化重构

学校的发展需要规划，科教新城实验小学全校上下共同商讨《依托草根文化资源，办好一流现代化小学——太仓市科教新城实验小学三年发展规划》，由教代会通过。在这份文件中，我们看到了"两校一体"的文化重构中的一些战略定位。

办学愿景：特色鲜明的素质教育实验基地、对外开放的一流现代化小学。

三年办学目标：依托草根文化资源，探索素质教育的新模式，建设特色鲜明的现代化小学，培养具有故土情怀、国际视野、完善人格、全面智能的现代人。

教育宗旨：科技点燃智慧，教育成就梦想。

教育理念：童年生活是科学发现的一段旅程，科教新城实验小学使你更健康，更聪明，更能干。

学风：像科学家那样学。

教风：像科学家那样钻，像艺术家那样教。

校风：严谨、探究、合作、创新。

校训：变变变，快乐无限。

我们漫步校园时，可以看到这样一些楼名：哈佛楼、牛津楼、剑桥楼、耶鲁楼、斯坦福楼……排名世界前十的名校，赫然成为办公楼、教学楼、图书馆的名字。

道路名则更加强调学校对于体育的重视：足球路、排球路、篮球路、水球路、乒乓路……路边的足球场、排球场、篮球场，成为学生活动的好去处。

校园里的植物也有讲究，所有语文课本上有的花名，和教学有关的花花草草，校园里全部种上了。因为要养蚕，学校里种了棵大桑树；因为要摇桂花，学校里种了一排桂花树；因为要学习《五月槐香》，所以槐树也是不缺的……学校里渐渐辟出了种植园、养殖园，所有的空间打造，都希望这里能成为学生的成长乐园。

在科教新城实验小学，我们也可以找到很多实验小学的文化符号：实验小学有草根娃雕塑，科教新城实验小学也有，但这个草根娃已经站在世界地图之前，要走向世界了；实验小学有苹果树广场，科教新城实验小学也有，种的是真的苹果树……科教新城实验小学，在原来实验小学文化符号的基础上，重新创生了自己的"小牛人"，甚至开发了很多"小牛人"的文创作品：杯子、钥匙圈、玩偶、印章，等等。

（一）放飞想象的科创精神

学校是师生精神的家园，学校文化的核心是学校精神。老校与新校都以促进人的全面发展为宗旨的素质教育作为价值追求，达成办一流现代化小学的共同愿景。集团之间要形成一种合作与竞争的文化，互相帮助、互相激励。我们用太仓市实验小学的草根精神作为两校的文化底色，用科教新城实验小学的科技创新精神作为两校文化建设新的生长点，融入国际先进的办学理念，追求"全纳而卓越"的公平教育。基于素质教育的价值追求，基于学校的办学愿景，每位教师重新制定职业生涯规划，确立以人为本的理念，摒弃伪教育、反教育和缺乏人性的教育，研究儿童成长的身心特点，遵循教育规律，主动探索立德树人的新方法，做有教育信仰与追求的专业工作者，做开启儿童智慧的心灵导师。

（二）合作探究的组织行为

改变教师的行为与话语系统要从学习开始，从构建学习型组织开始。我们通过"自我超越、改变心智模式、共同愿景、团队学习、系统思考"五项修炼，积极构建学习型学校。让学习型文化成为学校行为建设、组织建设和制度建设的基本要求和必备要素，因为它是促进学校自主发展、内涵发展、创新发展、可持续发展的重要条件和内在保障。这里的"学习"是有计划、有组织的规定性学习，具有鲜明的集团组织和行为的特质。太仓市实验小学积累的"草根化"研究与"草根化"培训经验，是促进学习型组织建设的成功经验，曾经获得江苏省首届教育科研成果一等奖。但是义务教育后均衡的时期，太仓市实验小学需要把"自己"陌生化，借和新校"一体化"办学的契机，构建两校协同培训的机制，开始新一轮的学习，让融入教师和原有教师一起开展伙伴式、探究式学习，形成浓厚的学习氛围，让每位教师成为终生学习者，成为学生学习的领导者。

（三）重组转化的课程开发

只有课程的多样性，才能保证文化的丰富性。课程文化体现了一所学校的文化内涵，我们不断充实、优化课程的内容。我们打破校际界限，把各学科的课程领导者聚集起来，建立课程研发中心。我们充分挖掘名校原有的资源、各种社会资源、社区资源、家长资源等，并把这些资源转化为学校新的教育资源。建好多种特色课程资源库，供两校课程老师们随时提取组合，形成课堂教育资源。譬如老校积淀多，我们开发了比较成熟的草根情怀主题课程，譬如阳光体育课程、草根阅读课程、"聆听窗外声音"课程、数学游戏课程、"十、百、千"活动课程、娄东文化综合实践课程、跨文化游学课程等。新校处在省级文化科教新城，大学科技园里资源多，我们建立了科技教学资源库，研发了科幻特色系列课程，包括科幻电影、科幻儿童画、科幻故事、小魔术等，培养学生想象力与创新能力。我们通过"跨校一日体验"活动，让每个学生都有机会在另外一所学校学习一日，体验不一样的特色课程，不一样的学校生活。

（四）民主开放的办学机制

经常倾听教师的意见，建立学校制度修订的协商制度；主动请专业部门来校，诊断学校的问题；经常和家长商讨教育大计，建设新型的家校互动的伙伴关系；主动走进社区，在社区建立学生实践基地和劳动基地；主动寻找高层次智力支持，促进教育新技术的运用，促进教育教学经验转化为科研成果；主动争取政府部门的支持，减少改革的风险。

太仓市实验小学与科教新城实验小学的老师们，在科教新城这片新兴的教育田野上，精心耕作着教育理想，而在这背后，还有一个关键的智囊团——华东师范大学的教授团队。在科教新城管委会的支持下，2014年，华东师范大学基础教育改革与发展研究所与太仓市实验小学、太仓市科教新城实验小学"一体化"管理"教师发展研究与培训"，简称"U－S"合作。合作有着明确的目标：第一，项目培训贯彻"教研训一体"、太仓市实验小学与科教新城实验小学"一体化"发展的原则，为两校教师打造一个协同发展的平台；第二，项目培训主题一方面要聚焦太仓市实验小学草根课堂、草根课程、草根管理、草根文化等核心开展项目设计，另一方面要瞄准科教新城实验小学的科技文化特色，围绕"十二五"重点课题开展针对性系统指导；第三，项目培训突出重点与核心主题，采取"走出去"和"请进来"两条腿模式开展各项培训和辅导工作。

第三节 "两校一体"文化的实践与反思

太仓市实验小学和科教新城实验小学两校一体，拥有共同的管理团队，在资源配置、教师培养、学生活动、课程研发等方面，都有一定的自主空间，以一所积淀丰厚的"老校"来带动朝气蓬勃的新校，既有老校成熟经验的迁移，更有新校特色课程的建构，一体化办学重心放在提高课程质量、改进课堂教学方式上，最终指向学生在享有优质教育资源基础上的全面发展。我们重构了教师的研修方式及学生的跨校课程学习方式，正因为有跨校学习的需求，我们也深挖了科教新城的本地资源，创生了科教新城实验小学特色课程。

一、 国家课程的教师跨校主题研修

（一）诤友式常态协同教研

所谓"诤友式"教研文化，即在团队教学研究活动中，教师间交往真诚、善意，交流真实、直言：言者，敢于指出同伴的不足、错误；听者，乐于接受意见、建议。陈毅元帅曾说："难得是诤友，当面敢批评。"然而要做"诤友"也不太容易。太仓市实验小学的"草根文化"源于学校 90 年的办学积淀，蓬勃于"草根化"校本研究。它是一种刨根问底的探究文化，是一种自强不息的创新文化，是一种看重每位教师的大众文化。在这样的学校文化引领下，"诤友式"教研文化随之而来。

科教新城实验小学在办学初期体量小，所有教研组都融入太仓市实验小学的教研组中，开展日常教研活动，在"诤友式"的常态协同教研中，让每个人都发出自己的声音。

打造"诤友式"协同教研，教研组长的协调能力非常重要。一是在团队合作中有意识地"拉拢"与"靠近"。如初次认识后，教研组长将科教新城实验小学的教师

主动拉入实验小学的教研组 QQ 群，每次活动前做好预告与通知。二是在活动过程中做到"一视同仁"，防止边缘化。如太仓市实验小学的教研通常采用轮流主持、组长指导把关的方式，科教新城实验小学的教师也要加入轮流主持的行列，按照规定的程序进行。

这样，不对太仓市科教新城实验小学的教师予以"特殊照顾"，使其得到群体中"同等重要"的心理暗示，行动也会变得越来越积极，从而形成"自我"，获得主体的身份，逐渐成为"诤友"的一部分。一体化的教研活动，扩大了教研组范围，教研组长们的管理智慧也在锻炼中提高。

（二）主题式五环跨校研修

主题式五环跨校研修是以校本教研为主体、以"一体化"办学中校际教研组所构建的开放式教研生态。它共分为五个环节：独立备课、集体磨课、抽签上课、评课议课、人人上课。

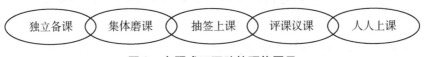

独立备课 　集体磨课 　抽签上课 　评课议课 　人人上课

图 8　主题式五环跨校研修图示

第一环独立备课：根据主题，各自进行理论学习，做好文献研究，搜集、处理和主题相关的学习资料，形成各自独特的认识。

第二环集体磨课：在教师个体独立备课的基础上，通过"备课组"活动将个性的、零散的问题收集整理，发挥"同伴互助"的作用，研磨问题、思维碰撞、交流共融，从而形成第二份整合了"各家长处"的教案。

第三环抽签上课：在"集体磨课"的基础上，每一位参加研讨活动的教师都要参加现场抽签，被"抽中"的老师承担执教研讨课的任务，未被抽中的老师承担观课任务。

第四环评课议课：未被"抽中"执教研讨课的教师，根据《课堂观察量表》分别承担学生发言面、教师提问次数、有效问题数量等观课任务，用文字、符号观察课堂，记录课堂表象。议课时，承担观课任务的教师人人发言，总结提炼各自观课记录，用数据说话。同一教研组的老师对各环节进行深入研究，并对课堂教学行为提出改进意见，最终形成经课堂实践后的第三份集体备课教案。

第五环人人上课：每个教师带着经过集体备课、课堂实践、评课议课后的最终形成的第三份教案离开教研现场。活动后，根据每位教师所带班级的不同，对教案再次进行个性化的修改，并到各自所在的班级里进行再次实践。在"异构——交流——实践——研讨——反思——创新——提升"的螺旋式进程中，构建一种既有共性又有个性的教学研究方式。

五个环节中，抽签上课是最具有推动力的，因为人人都有可能上课，所以大家在自己的第一稿备课中，肯定会格外认真，在第二环集体磨课时，也会积极内化，而最能发挥五环价值的，其实隐含在第四环：评课议课。在第四环中，老师们在对这个课充分理解的基础上进行课堂观察，再予以评价反馈，每位老师都有一个专业视角。而所有这五环的最终落脚点，当然在第五环"人人上课"中，将凝聚集体智慧的优秀教学设计、教学方法，再次反哺到两校各自的课堂中去。

"主题式"五环跨校研修的目标，从来不是只为磨好一堂课，而是在反复磨这一堂课的过程中，让教师既可以从感性的角度观察课堂，又可以从理性的角度反思教学，尤其是通过科学的、数据量化的课堂观察，可以更好地对影响课堂的各要素进行定量评价，使"教"与"研"真正融合，提高教研活动的"实力"。

在观课过程中，华东师范大学的教授们给了两校很大的支持：黄忠敬教授以草根工作坊的形式，为两校教师做课堂观察的专题培训；杨小微教授、徐冬青教授、鞠玉翠教授等直接进入各学科的一线课堂指导课堂观察，提高了教师观课的品质。

（三）交互式课堂浸润体验

如果说主题式五环跨校研修主要是为了解决教学中的难点、疑点、热点问题，那么"交互式"课堂浸润体验更加落实到日常的教学研讨。

每学期初，教导处以"一心一意在课堂"为方向，整体安排两校课堂交流。这种日常教学研讨以"主题月"的形式推进，即每个月均有一个研究主题，例如"教在儿童学的起点上""为儿童的好学设计合理的问题""生生互动，让课堂彰显活力""激发质疑能力，让课堂充满挑战"等，围绕这些主题备课、上课、说课、评课。两校骨干教师相互"送教上门"，让教研组教师在直观、形象的听评课中对课堂教学有更深入的研究与思考。

在相互送教的过程中，每位教师从"听课者"转变为"上课者"，从"旁观者"转变为"参与者"。集团内教师每人都要执教一节体验课，课的类型、课的内容由上课教师自己确定。仅以 2014—2015 学年第一学期为例，太仓市实验小学派出骨干教师 22 人到太仓市科技新城实验小学送教上门，科技新城实验小学同样也派出 22 位老师到实验小学上课，体验不同的生源不同的课堂。

二、 地方和校本课程的学生跨校一日体验

对于国家课程，我们以教师的教学能力提升作为跨校教研的抓手；在学生学习方面，两校在地方和校本课程的开发中，有更大的空间和作为。

一体化办学追求"和而不同"的校本课程建设，太仓市实验小学和科教新城实验小学都力求为每一位学生提供全面、丰富的学习经历。在国家课程校本化实施上，共同体学校抓住科教新城的区域优势和乡土资源，加速校本特色课程建设。

（一）合作共生：跨校一日体验课程

依据空间聚集理论，在特定的区域里聚集大量的教育要素进行流动组合，有利于形成物质流、资金流、人才流、技术流和信息流，可以获得相应的集合优势。太仓市实验小学和科教新城实验小学地域相邻，能够发挥地理空间支撑的作用，合作开发跨校课程，丰富各自学校课程建设的内涵。"跨校一日体验"活动课程，便是跨校课程中的精品。

"跨校一日体验"活动课程是一体化学校多方联动的互访体验课程，学生用一天的时间到其他学校进行浸润式学习与体验，感受校际差异带来的教育张力。它以对应年段学生的合作交流为主要形式，采用课堂浸润、游戏分享、开展比赛、游学活动等方式，通过陌生的环境、陌生的课堂、陌生的主题、陌生的伙伴等一系列的陌生化体验，在两校学生间搭建起互动交流的直通平台，培养孩子们包容接纳、乐于交往、善于合作的能力。为了保证课程实施的规范性，两校都制定了详尽的课程方案，对课程设计背景、宗旨、性质、目标、内容、实施、评价、保障等各方面进行了详尽的阐述。

跨校一日体验活动课程的开发与实施，并非脱离学生原有校园生活和学校已有课程体系的"另起炉灶"，而是以两校日常校园活动为基础，选取适合交流的项

目合作互动,让两校学生在彼此的校园生活中得到新的体验。基于两校地域特征的多元化、特色化课程设置为跨校课程带来了无穷的魅力,它已经成为两校学生最期待、最喜欢的课程之一。

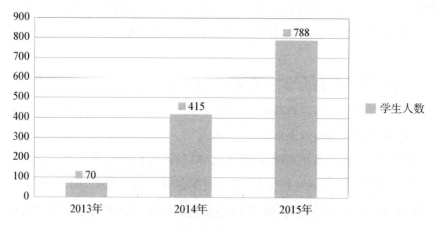

图9　2013—2015年两校参加跨校体验课程学生人数统计图

(二) 项目创生:科教新城实验小学的科技特色课程

为了更好地完成"跨校一日体验课程",科教新城实验小学倒逼着自己拿出更多的课程选择,特色课程就在这样的需求下打磨得越来越精彩。

科教新城实验小学地处科教新城,是一所彰显科技特色的学校,周边有规划馆,大科园、传媒中心等现代高科技场馆。因此,科教新城的体验课程以科技概览为主题,具体有规划馆体验、传媒中心参观、卫星知识讲座、天境湖草坪游戏等,主要创生了两个特色课程:一是以儿童想象力为核心的科幻主题课程,二是小牛人创客教育。

1. 以儿童想象力为核心的科幻主题课程

学校构建了具有校本特色的"科幻主题"特色课程体系,从国家课程中,在语文、美术、科学、音乐、数学、英语、信息等学科教学中,植入科幻主题教育,培养学生以想象力为核心的"4C"能力——沟通力(Communication)、合作力(Collaboration)、创新力(Creativity)、批判思维与问题解决能力(Critical Thinking and Problem Solving),激发学生丰富的想象力、灵动的思维力、无穷的创造力,促进学生个性化发展。

两个层面："普及"＋"拓展"两种层面的校本研究方式，根据学生接受教育的普及面，以儿童想象力为核心的科幻主题课程包括两个层面的课程：

层面一是普及参与型：面向全体学生，以激发学生对科幻的兴趣为主，引导参与，进行大众科技知识的传播。这类课程全校学生均必须参加，确保学时，从而形成广泛而坚实的科技活动基础。（涉及课程：电影欣赏课程、阅读创作课程、综合主题课程）

层面二是拓展探究型：面向部分学生，学习目标较之"普及参与型"的课程要求有较大提高，是对基础课程的发展与提高，以此形成科幻活动的骨干力量。（涉及课程：绘画手工课程、魔术表演课程、奇幻短剧课程）

3D主题单元：用课程整合的理念开发"学科中"（in-disciplinary）、"学科间"（inter-disciplinary）、"学科外"（trans-disciplinary）3D主题单元。

"学科中"（in-disciplinary）即"学科＋"。对语文、数学、英语、科学、音乐、美术、信息、综合实践、品德与生活（社会）等国家课程中含有"科幻"元素的教材进行二度开发，以教材为载体，校本化开发"科幻主题"课程，生发学生天真的思维、大胆的想象力，在此基础上形成彰显科学精神的经典课例。

"学科间"（inter-disciplinary）即"综合＋"。围绕某一科幻主题进行多学科融合，主要学科有语文、科学、艺术、信息等，打通学科壁垒，进行跨学科学习，将学生的学习置于更广阔的空间，促使学生同时习得人文、科学、艺术等多种学科素养。如科学人文阅读课《海底两万里》，它融合语文、美术、科学三个学科，分三个板块实施——语文板块，从课外书《海底两万里》入手，深度阅读，习得人文素养；美术板块，用超级黏土捏想象中的海洋生物，习得艺术素养；科学板块，研究作者儒勒·凡尔纳观察海底世界的科学方法，习得科学素养。

"学科外"（trans-disciplinary）即"社团＋"。利用科幻星期三以创客教育为主的社团活动，围绕某一科幻主题进行自主、开放的综合性实践活动，更好地服务于教学、实践、创作。如围绕机器人研究主题，组织学生观看科幻电影《机器人总动员》《机器管家》《剪刀手爱德华》，阅读科幻故事《停车场遇险记》《爸爸机器人》《机器人创世纪》，组织学生参观校园里的机器人，进而畅想心中的机器人，进行写、画、捏、3D打印等多种创造性活动。

四条资源开发路径。科幻主题校本课程有四条资源开发路径：1.国家课程的二度开发；2.校外资源的开发；3.校内资源的开发；4.科幻主题教育万花筒。

五项领域：从海洋、机器人、太空、军事、人类发明五个主题入手，以学期为单位，每个学期重点研究其中一个主题，确保主题的集中性与研究课时。

2. 小牛人创客教育

科教新城实验小学创客教育创建于 2016 年，是太仓首个教育创客联盟——Fab Lab FBI 创客空间的孵化项目。

一是找准区域优势合作契合点。学校依托太仓市科教新城科教与文化创意氛围的地区优势，先后与太仓大学科技园（"2015 年国家级科技企业孵化器"）台北长三角未来创意互动研究中心、中科院计算所太仓分所、太仓光电技术研究所等科研单位协同开展学生创客教育。2017 年秋季学期，学校争取到政府专项拨款科普经费，为全面普及学生创客教育提供了有力保障。

二是创设浓厚的校园科创氛围。漫步校园，浓厚的校园科创氛围扑面而来：校门口的擎天柱、大黄蜂，楼道转角处的蜘蛛侠，300 平方米的科技展示大厅，建筑面积 1 060 平方米的学生创客中心……这些有形存在的物质文化建设，陶冶了师生的情操，启迪了学生的心智。

三是开发有趣的课程资源。面向三到六年级建构系统而全面的创客教育课程体系：三年级 VR 体验，四年级激光雕刻，五年级 3D 打印，六年级机器人课程。学校已经编写好三到六年级 8 个学期 8 本校本教材。

四是形成"普及＋提高"的学习路径。从三年级开始面向全体学生的创客教育被定位为一种通识课程，即人人都需要了解知晓的、最基本的创客知识与技能。针对学有余力、学有专长的学生，学校每周三下午通过"快乐星期三"学生社团开设"特需课程"，以此满足不同学力的学生发展需求。

五是发挥示范辐射带动作用。学校将校园资源向社会开放，两周一次组织校园开放日活动。众多其他学校的学生通过网络报名，在周末走进小牛人创客教育空间共享创客教育，有效地促进了优质教育资源的互惠与共享。

创客教育，让学生放飞梦想，思维飞扬；创客教育，让校园成为想象的王国，创造的天地。

三、"一体化"办学的成效与反思

（一）成效与经验

我和我的团队伙伴们带领着科教新城实验小学 32 个怀揣着教育情怀的老师，共同支撑起这所学校的发展，齐心为新校的发展添砖加瓦。几年来，我们借助实验小学的办学管理模式，确立了科教新城实验小学"科技点燃智慧，教育成就梦想"的核心办学理念，致力于将学校打造成"想象的王国，创造的天地"。

1. 学校管理，坚持五个"一体化"

紧密依托一体化办学的五大中心，使崭新的科教新城实验小学驶入了迅速发展的快车道。

（1）管理标准一体化。学校在办学之初，共享太仓市实验小学各项常规管理制度，以创新日常管理为突破，通过年级组课程督导、信息分享、项目研究三项创新制度，确保新校的发展紧跟名校脚步。

（2）决策机制一体化。依托高效运行的管理决策中心，校级领导参加两校校长联席会，全体行政参加两校行政专题研讨会，行政和骨干教师不定期开展"草根夜话"主题沙龙等，快速提升了每个行政人员的管理能力，确保各项工作与太仓市实验小学无缝对接。

（3）师资建设一体化。一体化管理的教师发展与培训中心为教师专业成长提供智力支持。周一下午的两校全员培训，共享实验小学优质的专家资源，校本培训的"研训互动"，有效促进了学校教师全员成长。

（4）质量监控一体化。以教导处为主，"质量监控中心"负责对教学质量的过程性监控。两校定期开展"一心一意在课堂"主题月跨校研修、"交互式课堂浸润体验"、大教研组活动、年级督导等活动，保证两校教育教学质量共同提升。

（5）资源配置一体化。在南珠物业进驻后勤社会化管理的基础上，由总务处保障硬件配备与场馆建设物质基础，确保与实验小学拥有同样的资源配置。

2. 借助一体化管理，新校的变化众人瞩目

（1）学校环境的变化：从"漂亮"走向"会说话"

2013 年 9 月建校时，太仓市科教新城实验小学有漂亮的楼房、教室、操场，几

年来,随着江苏省"十二五"重点资助课题的深入研究以及科技特色的大力推进,如今的校园科幻气氛浓厚,"每一面墙壁都会说话"。

(2)教师教学的变化:从"传统"走向"现代"

依托网络平台,两校共享太仓实小备课平台、优秀教案设计、课件设计、精选练习等教学资源,在人人参与的互动研讨中,转变了老师传统的教学理念,让课堂变得"实、活、乐"。

(3)学生学习的变化:从"被动"走向"灵动"

借助校际差异带来的教育张力,两校合作开发了学生"跨校一日体验"课程。三年来,两校学生共同体验对方学校的校园文化节,一同开展草根文化大讲堂,分别进入友好班级开展浸润式学习已经成为两校学生最期待、最喜欢的学生课程之一。经过各项活动的锻炼,孩子们能力越来越强,越来越活泼灵动。

3. 学校取得的成绩——从"零"到"瞩目"

三年来,在太仓市教育局的领导下,科教新城实验小学与太仓市实验小学实施的一体化管理已经成为苏州办学的典型样本,2016年苏州市人民政府评选的"太仓实验小学—科教新城实验小学"一体化办学成果获得教育教学成果特等奖。三年中,科教新城实验小学在各级别活动中集体获奖、受表彰60次,在"千人评科教新城实验小学"活动中,社会各界对学校"办学总体评价"满意率高达97%以上。教师发表论文41篇,获奖论文98篇。

与集团化办学相关的研究成果《集团化办学中跨校研修的校本教研策略》《"主题式"五环跨校研修的校本教研策略》《以文化融合的视角探索"名校+新校"集团化办学模式》《草根育新绿》《文化融合与重构》《组织架构创新,推进集团化发展》《"名校+新校"集团化管理的问题与对策》《流动教师的融合与发展》相继发表在《上海教育科研》《江苏教育研究》《学校管理》等教育杂志上。

(二)原因与反思

1. "一体化"成功的原因分析

(1)两校一长,一体办学

在一体化办学过程中,实行两校一长制,一位校长同时是两所学校的法人。在我眼里,实验小学与科教新城实验小学"手心手背都是肉",在配置人财物、时间、空间等资源时，我们时刻谨记不可有任何偏向，要做到公平、公正。为了在短时间内托起一所新建的学校，我们毫无保留地把老校的资源输送到新校中。经过前面两轮的集团化办学实践探索，太仓市实验小学行政团队已经从"政府倡导的被动集团"走向到"自觉抱团作为"的阶段。2013年6月新校还没有启动时，太仓市实验小学把两校属地的领导、江苏省教育科学研究院的专家邀请来一起谋划新的发展规划。"一体化"管理组织架构创新作为重大事项递交太仓市实验小学教代会讨论，草根教师团队成为一体化管理的主体，人人参与，人人开放课堂，人人带课到新校教研。两所学校全方位构建了多元的共同体，信息多向交流，便于优质资源功效放大与增量。

（2）外围支持，搭建平台

科教新城党工委与科教新城政府主动"伸出橄榄枝"，诚邀太仓市实验小学团队在科教新城办学，在办学经费上给予最大可能的投入。一流的硬件、一流的装备、一流的教育科研经费，为学校的发展提供了有力的物质保障。太仓市教育局在师资的流动上给了一个特殊的政策，调入科教新城实验小学工作的教师视作拥有农村学校下乡经历。

太仓市实验小学迎来新的发展机遇，加入了苏州市义务教育改革项目学校，并成为集团化办学的组长单位。这里云集了苏州地区集团化办学的典型样本校，有中学，有小学，能够承担集团化办学的学校都是办学基础好的学校。义务教育改革项目校校长组成了一个研究型共同体，彭钢先生和杨小微先生成为共同体特聘专家。在这样一个跨区、跨学段的共同体中学习、展示、交流，太仓市实验小学协同科教新城实验小学一起跃上了一个新的发展平台。

（3）专家助力，智囊推动

太仓市实验小学抓住机遇，在2005年成为江苏省教育科学研究院实验基地之后，趁"一体化"办学的东风，再次叩开专家团队的大门，从2013年起，与华东师范大学基础教育改革与发展研究所开始了"U－S"合作。华东师范大学基础教育改革与发展研究所云集了中国基础教育研究的"国家队"成员，这是一个巨大的资源库，让我们城乡学校共同体的研究和发展有了取之不尽的资源。

2. "一体化"问题与反思

(1) "一体化"办学需要更加专业而精准指向的第三方评估并予以政策倾斜

一体化办学过程中，太仓市教育局层面没有专门研究与评估这种新体制办学的效能。每次两所学校都要接受一样的专项调研和督导，一个管理团队，一样的做法，一样的材料要接受两次重复评估，重复劳动。

对于集团化办学的牵头学校的校长和参与人员的工作量与工作效能，有必要做出科学合理的评估，在师资配备与教师流动上给予相配套的制度：如果不增加资金，就要增加人员；如果不增加人员，就应该增加绩效待遇。如果集团化办学的效果完全靠校长与教师的教育情怀去推动，可复制、可迁移的可能性就比较小，集团化办学可能会流于形式，可能出现"有名无实"的现象。

(2) 骨干的外调和提拔需要保持动态平衡

2016 年 8 月，"一体化"管理三年结束，科教新城实验小学踏上了独立发展之路，但太仓市实验小学调出的 13 位骨干教师依然留在新校工作。与此同时，因为在一体化工作中的出色表现，老校刚成长起来的四位副校长（有的提拔了一年，有的提拔了两年）一下子调出实验小学，到区域内兄弟学校担任"一把手"校长。这些骨干是实验小学与科教新城实验小学一体化管理期研究项目与课题的核心成员。当时实验小学立项的省市级重大课题和项目有 5 个，这些科研骨干一下子调走，研究力量一下子被削弱了。新提拔上来的成员工作积极性很高，但是熟悉与进入高水平研究状态是需要一定时间的。为了按时完成课题与项目研究重任，为了保持老校教育教学质量依然在全市乃至全省第一方阵，以及在常规工作上做好标杆校的表率作用，行政团队与老师们晚上、周末和节假日加班成为太仓市实验小学的新常态。这似乎有点不人道，却是真实存在。

太仓市实验小学培养师资的策略是在承担中成长，在岗位上锤炼，行政管理与业务提升双培养。在重压中培养师资，要么成功，要么失败。于是就出现了两种极端的培养结果。大批的管理干部和课程与教学的领导者一下子成熟，而且是批量成熟。集团化办学的 15 年间输出了 25 位骨干，他们担任了区域内学校的校级领导，新增市级以上学科带头人 35 位。同时，也有一些外校调入的老师不适应，因工作量过大或家长过于关注，出现"想逃离"的心理。

(3) 本地的新教师培养机制导致城区校出现年龄断层,老校愈老,新校愈新

依据太仓市教育局的教师培养政策,新参加工作的老师需要在城区锻炼2年,然后下乡5年。在这个政策下,科教新城实验小学建校好不容易培养起来的那三分之一新教师,2年后全部下乡,学校教师大换血,如遭重创。太仓市实验小学则出现学校里没有工作3—7年的骨干教师,平均年龄逐年递增,2013年一体化初期,学校教师的平均年龄是35.7岁,2019年已经达到38.7岁。若这个局面不改变,教师队伍老龄化现象不可避免。

集团化办学推进过程中,教育局必须研究出台配套的教师流动机制。如果没有好的教师流动机制,集团化办学的成果是不能得到巩固的。再好的学校一次性流动的教师也不能超过15%这个警戒线。领衔学校主课题的核心成员要相对稳定,行政团队校级班子和中层部门主任任期五年内不宜流动,否则不利于学校高位发展。校内的干部流动与公务员队伍的多岗位锻炼有所不同。教师的"作品"是学生,不能把学生当成试验品,教育系统的变革只许成功,不许失败,只适合做"微创"。

老校和新校实行"一体化"管理,不是优质资源在两校的均分,也不是对优质文化的简单模仿,更不是向外来平庸习惯的包容与妥协从而走向一种低层次的平衡,而是凝聚两校教师的力量,整合各种资源,激发想象力与创造力,对原有学校优质文化进行不断的反思与重建,共同走向文化自强。

借助一体化管理,学校办学实现有序平稳发展。现在的科教新城实验小学已经被广泛认可,成为一所硬件设施一流,教师敬业爱岗,学生蓬勃向上,充满创造力与无限可能的学校,成为深得百姓赞誉的"家门口的好学校"。

【附件一】一体化大事记

2013年6月,太仓市科教新城实验小学正式开门办学,学校由太仓市科教新城管理委员会投资建设,太仓市教育局委托太仓市实验小学全面管理,钱澜被教育局同时任命为太仓市实验小学和太仓市科教新城实验小学校长兼党支部书记,吴敏敏和茅佩珍被任命为科教新城实验小学副校长,组建首届学校领导班子。学校占地面积62.3亩,普通教室48个,专用教室22个,3 300平方米的师生餐厅,

7 600 平方米的地下停车场,以两校"一体化"的方式进行管理创新。

2013 年 10 月,科教新城实验小学召开首届教师代表大会,太仓市实验小学全体行政共同参加,通过了《依托草根文化资源,办一流现代化小学》的三年发展规划。

2014 年 3 月,太仓市实验小学教育集团成为苏州市义务教育集团化办学项目副组长单位,第二年成为组长单位。

2013 2014 学年,学校邀请省内外多个专家莅临指导教育教学,就提高小学品质结集多项指导成果:江苏省教科院基教所王一军所长《主题单元课程开发》、江苏省科学规划办彭钢主任《学校文化建设的实践与思考》、《江苏教育》编辑王昱老师教科研论文撰写指导、课程专家郝京华教授《让孩子变得更聪明》、音乐特级教师黄美华、科学特级教师曾宝俊的讲座、苏州市语文教研员许红琴老师《改变教学行为促进自主学习》、太仓市委党校校长张伟林《凝心聚力,开启改革新征程》等多个报告。

2014 年 3 月,太仓市实验小学教育集团成为苏州市义务教育集团化办学改革项目的副组长单位,第二年成为组长单位。

2014 年 10 月,两校与上海华东师范大学基础教育改革与发展研究所合作开展"教师发展研究与培训",以杨小微教授为首的专家团队每月一次莅临两校指导集团化办学项目。

2014 年 11 月 28 日—12 月 1 日,钱澜校长应邀出席中国教育学会第二十七届年会交流"一体化管理经验"。钱澜校长介绍了太仓市实验小学与科教新城实验小学借助优质文化力量,唤醒文化自觉、增强文化融合、走向文化自强的路径,引起了与会者的高度关注。

2015 年 3 月 3 日,江苏省教育厅朱卫国副厅长、马斌处长莅临科教新城实验小学视察工作。朱厅长在听取汇报后认为"名校"+"新校"的一体化管理模式,扩大了优质教育资源,促进了义务教育均衡发展。

2015 年 8 月 18 日,钱澜校长在苏州市教育局组织的"从协同走向融合 苏州市义务教育学校集团化办学高端论坛"活动中,作《组织架构创新推动集团化管理》主题发言,得到教育局领导和谈松华等专家学者的一致好评。

2016 年 1 月 8 日—10 日，京沪教育快线第 12 次论坛在北京召开。钱澜校长率队赴会，并作《草根教育——为师生发展提供更多可能》大会发言。

2016 年 8 月，太仓市实验小学"一体化"管理科教新城实验小学工作顺利完成，作为被一体化管理的学校，太仓市科教新城实验小学依托集团化办学的优势，在三年内迅速发展壮大，校园环境、师资建设、内涵发展迈上新台阶，科教新城实验小学踏上了独立发展之路。

第五章
教育联盟：集团化办学的共创之势

2017年8月18日，在苏州市义务教育改革项目之一"集团化办学"总结暨太仓市教育联盟成立大会上，太仓市实验小学与太仓科教新城实验小学、太仓科教新城南郊小学、太仓市高新区第四小学、太仓市港城小学、太仓市沙溪镇第一小学六所学校结成教育联盟。这六所学校中既有百年老校，也有新建学校，既有城区学校，也有城郊结合部学校，还有乡镇中心校。

以教育联盟来推动区域教育更好地发展，体现了太仓市教育局对区域内义务教育优质均衡发展的决心和行动，是对教育公平的谨慎实践。各有特色的城乡学校抱团发展，不仅可以应对当下太仓教育面临的各种新问题，也为各校的发展带来新机遇。

六校以共同的教育愿景凝人心，以协商的"联盟章程"规行动，以丰富的资源活课程探索城乡学校共同体新的组织架构和运行机制，实现"一会五中心"的多主体治理。

在教育联盟的工作推进过程中，草根"淘金"计划发掘各校的校本课程资源，建设"和而不同"的课程体系；草根"新绿"计划培养各校青年骨干教师，寻找培养教师的关键策略和路径；草根"播种"计划则以项目式学习的方式，引领城乡学生进行深度学习，提升学习品质。

这几所联盟校的校长大多有着太仓市实验小学多年工作和管理的经历，其自身就带有"草根文化"的特质，草根文化中给点阳光就灿烂，给点雨露就生长的旺盛生命力，也经由这些从实验小学走出的联盟校校长蔓延于他们各自的新校，各校呈现蓬勃生长的独特姿态。在教育联盟中，六校联合起来，聚焦课程与教学改革，共享资源，共创未来，共同迈向教育现代化学校连片发展的新愿景。

第一节　外力与内需共同催生教育联盟

"十三五"时期是我国实现建设小康社会的关键时期，也是江苏省和太仓市贯彻落实习近平总书记关于江苏省"率先全面建成小康社会，率先基本实现现代化"要求的关键时期。其间，太仓市政府对教育的投入不断增长，占公共财政支出的17.91％。学校办学条件整体优化，"十二五"期间投入了25亿元新建与改造各级各类学校。

太仓市在首批通过全国基本均衡先进县市的验收后，又一次被江苏省政府表彰，评为优质均衡先进县市。太仓教育完善了"以县为主、城乡一体"的基础教育管理体制，加快实现城乡教育一体化。太仓教育继续发扬敢于争先创优的精神，提出了教育朝着"公平、质量、多元、特色、关爱"五大维度发展的理念，创建全国优质均衡示范县市（区）的工作一直在路上。

一、促进区域教育优质均衡需要集团化办学的整体推进

太仓教育快速发展，但依然存在发展不充分、不平衡的问题，亟待解决：一是区域性教育资源短缺矛盾依然存在。随着城镇化进程的加快，大量本地乡镇户籍的学生涌向城区，外来流动人口在本市置业买房，而一些新建住宅小区仍然存在没有同步建设相配套的教育设施的现象，使得城区及部分人口集聚度高的片区的教育资源严重短缺，招生形势非常严峻，"择校热"比较突出。二是教师编制紧缺问题十分严重。太仓市近年来新建、改扩建了一批学校，公办教师支教力度加大、"二孩"政策对青年女教师和学生数量的双重影响等因素，对教师的刚性需求增加。但教师编制没有按需增加，存在结构性矛盾，表现为学段分布不合理、部分学科教师紧缺等。三是学校内涵建设水平没有同步提高。太仓市学校硬件水平得到大幅提高的同时，包括办学理念、管理水平、课程教学在内的学校内涵建设水平相对滞后。正确的教育观念还没有深入人心、落到实处，学生课业负担过重现象尚未根本改变，校际教学发展水平不平衡，校长和教师的专业素质还不能完全适应教育改革和转型发展的要求，现代信息技术的运用能力有待提高。（摘自《太仓

市教育十三五发展规划》）

2017 年 3 月 3 日，全国两会"部长通道"上，陈宝生部长回应问题"如何实现教育资源均等化，让大家都在家门口享受优质资源？"时提出三项措施，其中之一就是优质学校的集团化办学。2017 年 9 月，中共中央办公厅、国务院办公厅印发《关于深化教育体制机制改革的意见》，明确提出改进管理模式，试行学区化管理，探索集团化办学。集团化办学逐步从区域教育行政部门推进优质教育均衡发展的地方经验，上升为在全国范围内推广实施的重要举措。

2017 年 10 月，太仓市教育局出台了太教〔2017〕22 号文件《关于建设学校教育联盟，推进区域教育优质均衡发展的实施意见》，设想通过深化集团化办学，健全优质学校与相对薄弱学校之间稳定的共建机制，促进优质教育资源共享，推动区域教育质量持续提升。以"中小学横向型教育联盟"和"幼、小、初、高纵向型教育联盟"两种形式构架"三纵九横"的联盟体系，把太仓所有的中小学全部囊括其中，使太仓成为苏州地区第一个把集团化办学整体推进的县级市。

2019 年 11 月 28 日，苏州市政府在苏州高新区召开基础教育集团化办学推进会，分管市长和苏州市教育局局长做了集团化工作推进的动员与布置，县市区的局长和校长代表做了交流发言。苏州市政府整体推进区域集团化办学，要求分三年推进，集团化办学的覆盖率达到 80%。从这个视角看，太仓教育的办学显然是走在整个苏州市的前列，具有先导性与典范性。

二、 破解后续发展新矛盾需要借力集团化办学

太仓市实验小学在"十五""十一五""十二五"期间，借集团化办学的契机不断做强做优学校"草根文化"品牌，创下了教育质量十六连冠的奇迹，成为苏州地区"高质量轻负担"典型样本。与此同时，学校还培养了大批学校领导者和课程教学带头人。

随着优质均衡、教师流动政策的不断推进，学校每年都有 15% 的骨干输出，教师总量不足百名的小规模省级实验小学，先后输出 35 名骨干，其中 25 人担任校级领导。因此，"十三五"期间，学校在顺应时代发展要求，进一步深化教育改革，推进教育现代化新历程建设过程中，也面临着一些个性化的问题与矛盾。主要体现

在以下五个方面。

（一）行政班子更替，大批新人进入行政队伍

2016年，学校班子换届，除校长外，班子其他岗位都换成了新成员。一体化时期，两校校级成员四位副校长调离实验小学到兄弟学校担任校长，两位主任调离，到农村担任校长助理。教育局花大力气在全市范围寻找新的干部充实到实验小学，同时在学校一线教师中提拔了一批新的中层干部。这批行政团队都是业务新秀，工作业绩还没有得到一线老师的完全信服。对于教育管理，他们完全是新手，没有接受过专业的行政管理的培训，对政策法规的解读、管理关键要素的把握、管理流程的规范，还处于入门阶段。原地提拔的干部，面对过于熟悉的同事，没有底气与勇气放开手脚提出更高的要求，工作标准比较模糊。满足日常事务正常运行已经让新行政人员累得精疲力尽。

（二）城乡教师政策性流动，农村教师批量充实学校教师集体

2002年起，太仓市实验小学就按照教育局的要求启动了教师流动。"十三五"期间，实验小学"原住民"教师只剩下50%，另外50%的老师都是乡镇调入的教师和两年内新分配入职的教师。

50%的实验小学"原住民"老师中的优秀老师大多步入45岁以上行列，有理想但体力下降。融入教师中的乡镇老师教科研意识薄弱，二次专业发展举步艰难。新毕业入职的老师好学上进，也非常容易改变，在包容开放的文化滋养下，"引进一个成功一个"，但苦于这些新教师两年后必须接受第二次分配，全部分配到农村学校，需在农村服务满五年才可以返城。

新教师不长"根"，农村骨干二次成长充满挑战，实验小学卓越的功勋老师老龄化倾向明显。35周岁左右的教师，要么提拔行政输出，要么为职称晋升下乡，教师队伍出现中间断层。输血后的教师队伍，亟需形成新的造血机制。

（三）城市化步伐加快，生源数量激增，结构渐趋多元

太仓市实验小学占地面积20亩略余，从2003年到2013年十年间，生源始终在每班45人以下，6个平行班。从2013年起，农村富起来的农民在城区购买房子的逐渐增多。2013—2016年两校一体化办学，部分有房子没有户口的生源由科教新城实验小学吸纳。从2017年起，一体化管理结束，两校分离，各自独立运行，实验小学学区内生源突增，这和国家推进城镇化政策有关，也有房产商的推波助澜，更源于老百姓对优质教育的强烈需求。周边的其他城区学校也面临生源爆棚的困境，所以多出的生源每一所学校自己"消化"，没有调剂吸纳生源的其他学校。

实验小学每年以多两个班级 90 个学生的学额递增办学规模，原有的专用教室改造成普通教室，无条件招收学区生。学校面临老百姓既要"有学上"又要"上好学"的双重需求。学校一年级新生起点研究的数据显示，家长的学历呈现多层次分布，从小学到博士都有。实施全面的素质教育，提升教育质量，面临着前所未有的挑战。

（四）课题项目多，研究任务重，学校持续走高需要更多实力派

一体化期，太仓实验小学与科教新城实验小学"老校＋新校"资源整合互补，办学的整体实力全面提升，学校在"十三五"期间成功申报了江苏省第二批基础教育前瞻性教学改革实验项目"促进学生深度学习的自由课堂的实践研究"、江苏省教育科学"十三五"规划 2017 年度重点课题"促进深度学习的课程整合设计与实施研究"、全国教育科学"十三五"规划 2017 年度教育部重点课题"研学旅行课程的整合设计与协同实施研究"，同时被推选为苏州市家庭教育课程化实施教材组组长单位、苏州市义务教育集团化办学项目组长单位。

（五）上级主管部门将学校视为随用随取的优质教育资源库

太仓市实验小学是地方教育改革的窗口学校，不仅贡献了大批骨干教师，也创造了许多值得推广的教育改革经验。草根化研修方式、"追随与突破"的名师培养策略、校内年级督导、项目化研究、草根化学术沙龙与论坛等方面的特色做法，被太仓兄弟学校争相借鉴。

太仓教育以及教师发展中心碰到创建任务或改革项目、课题研究、送课送教等，随时会"征用"实验小学的学科带头人，"县管校聘"已成为现实。既然队员已经"出征"，不如以集团化的名义名正言顺地帮扶。

学校的发展是一种整体变革。一所好学校，离不开一支专业素质高、思想素质过硬的教师队伍；一所好学校，离不开团结的行政团队和科学的管理制度；一所好学校，离不开顶层设计、规范有序的学校课程体系；一所好学校，离不开理念正确、主张鲜明的学科教学；一所好学校，离不开学生喜爱的活动阵地……总而言之，学校的发展受到多种因素的影响和制约。当前太仓市各所学校，尤其是农村学校，或多或少受到各种因素的制约，其整体发展相对滞后于城区学校。在这样的发展背景下，学校之间抱团发展是可行的思路：一来可以取长补短，资源共享；二来可以借助团队中优势学校的引领，提升发展品质。

综上所述，从国家到区域层面，教育公平成为社会共同的价值追求，切实缩小城乡教育差异，提高教育质量的途径是加快城乡学校之间的融合交流。集团化办学正是实现教育均衡发展的重要举措，将在相当一段时期内发挥其重要作用，而教育联盟正顺应了当前太仓市集团化办学的改革导向。

三、 联盟成员学校为学校综合改革提供异质资源

经多年发展，目前太仓市的城乡各级各类学校发展可以说是各有优势，各具特色。有的特色项目影响力大，如南郊小学木兰拳、新塘小学绳毽、双凤小学学生篮球队；有的特色课程鲜明，如科教新城实验小学"STEAM"课程基地、新湖小学"龙狮舞"课程基地、沙溪一小"书法"特色课程；有的科研能力突出，如港城小学、直塘小学拥有多个省市级科研课题；有的具备良好的课程资源，如九曲小学的桑蚕资源、陆渡小学的国防资源等。

太仓市实验小学教育联盟的每一所学校，也都有自己的优势和特色：

盟校一——太仓市科教新城实验小学，创办于 2013 年 6 月。由太仓市科教新城管理委员会投资建设，太仓市教育局委托太仓市实验小学全面管理。学校占地面积 42 200 平方米，共有 48 个普通教室，32 个专用教室，可容纳学生 2 160 名。2016 年共有在校学生 693 人，教学班 18 个，专任教师 43 人。依托一体化管理优势，经过全体师生的团结协作，开拓创新，学校在办学三年时间内实现有序平稳发展，教育教学质量不断提升，依法治校管理能力逐年提高，在社会各届享有良好声誉。学校科技创新特色正在凸显。

盟校二——太仓市科教新城南郊小学，一所拥有百年历史的老校，创办于1904 年。2014 年 9 月，学校因原校区危房拆迁，原址重建缘故，暂时搬迁借用科教新城实验小学教学楼一幢，新校区拟三年以后启用，有 21 个教学班，899 名学生，在编教师 52 名，核定制代课教师 2 人。其中苏州市学科带头人 2 人，太仓市学

科(学术)带头人6人,太仓市教坛新秀6人,太仓市教学能手8人,太仓市学科能手1人,太仓市学科新秀2人。学校被评为"江苏省硬笔书法实验基地""苏州市体育传统项目学校",硬笔书法与青少年木兰拳是特色。

盟校三——太仓市高新区第四小学,创办于2012年9月。坐落于太仓市高新区,校园总面积39 351平方米,校舍建筑总面积17 745平方米,按6轨36个班的规模配置,有36个普通教室,20个专用教室。创办前三年,与沪太外国语小学一体化办学。2015年9月,学校开始独立办学。承接了沪太外国语小学先进的办学理念、管理模式。有18个教学班,814名学生,40名教职工。学校拥有一支高素质的师资队伍,其中苏州市名教师1名,苏州市学科(学术)带头人3人,太仓市学科带头人9人,太仓市教坛新秀7人,太仓市学科能手1人,太仓市学科新秀1人。精彩微童年的科研工作是该校的特色强项。

盟校四——太仓市沙溪镇第一小学,始建于1904年,占地面积9 185平方米,建筑面积3 992平方米,运动场馆面积4 115平方米。生均占地面积8.5平方米,生均校舍建筑面积3.7平方米,生均活动场地面积3.8平方米。学校4轨24个教学班,在校学生1 087人,平均班额45人。其中外地学生419人,占总人数的38.5%。教职工64名(其中,一线教师59名,代课教师5名),太仓市级学科带头人1名,教坛新秀17名,教学能手13名。书法教学是该校的办学特色。该校校舍陈旧,正在异地重建。

盟校五——太仓市浮桥镇港城小学,创办于1903年,前身是浮桥中心小学。现位于太仓港城国家级开发区,校园占地面积55 854平方米,校舍建筑总面积29 707.2平方米,按8轨48个班的规模配置,拥有48个普通教室,22个专用教室,现代化农场一个,占地3 330平方米。学校现拥有32个教学班,在校学生1 408人,教师84人,其中在编教师76人,编外教师8人。大专以上学历76人,占教师总数的90.5%。其中本科学历68人,占教师总数的81.0%;研究生学历3人。太仓市级骨干教师30名,占教师总数35.7%;有苏州市学科带头人1名,太仓市学科带头人4名。足球与机器人是该校的办学特色。

五所学校基本情况各不相同,但共性也不少。在"十二五"期间,太仓教育整体推进"一校一品"的策略,因此每一所学校都有比较鲜明的办学特色。教师队伍均衡流动，每一所学校都分配到了一些年轻有为的业务骨干。其中三所学校校舍是新建的，并按省级一类标准配备了一流的现代化装备，另外两所学校正在异地重建校舍，由此可见政府对农村学校硬件设施改造的决心和行动。

优势方面的共性是：五所学校的校长都是"十三五"期间新提拔的年轻干部，大多有实验小学工作经历，身上凝结着实验小学精益求精的工作品质与追求卓越的草根精神。

不足方面的共性是：每一所学校的课程都有特色，但不成系统；教学都有亮点，但没有独特的主张；教师新秀多，名师少；除科教新城实验小学外，其余学校对综合实践活动课程实施不够重视；学校办学有特色，但没有形成真正的品牌。一方面，这些年青的新校长想自主办学，自由驰骋；另一方面，他们非常想借力实验小学的资源，助推新学校的综合改革。

教育联盟这样一种松散型的自组织，让大家找到了发展的平台与空间，抱团发展，共创未来有了可能。

为了实现共同的教育理想，六校非常默契地走到一起，开启了教育联盟的新征程。在政府优质均衡政策长期推动下，无论是硬件资源还是师资队伍，六校的情况都实现了均等化目标。学校间的差异更多地体现在学校文化上的差异，这是在办学历史中积淀下来的一群人的价值追求与行为方式、话语体系的总和的不同表现，也是一所学校区别于另一所学校的内在标志。优质文化照应在课程与教学上，才能更好体现其育人价值。所以，六所学校自觉地把工作重点直接聚焦到课程与教学的创新研究上，提出了后集团时代教育联盟新突破的共同追求。

各学校之间不再是一种革命性的变革，体现的也不仅仅是一种支援学校和受援学校"控制与被控制"的关系，更多的是站在一种平等的、合作的、协同创新的立场上，建立多元共生的格局，解决单体校所不能解决的问题。

作为牵头学校，太仓市实验小学理性地坚守学校品牌，在学校的理念、课程、教学、管理、师资、文化等方面保持其综合实力，不被均衡浪潮稀释资源，进一步提高学校自身品牌建树能力。而其他五所学校，需要从特色亮点转向整体的综合实力的提升，打造有影响力的学校品牌。

第二节　教育联盟的组织架构和运行机制

"教育联盟"是集团化办学的一种实践样式,尤其是后集团化办学时代的区域教育联盟建设,在政策保障和理论依托方面有了全新的发展,尤其需要关注教育公平、教育现代化、后现代的教育管理、教育联盟等关键词,它们是教育联盟组织架构与实际运行前必须思考的问题。

彻底厘清上述问题,有助于我们从根本上解决为什么联盟、怎么联盟和联盟可以有哪些作为等问题。

一、联盟建设要关注教育公平与质量

(一) 教育公平是社会公平的重要基础,是衡量社会文明的重要尺度,也是我们教育发展的重大战略抉择

习近平总书记在 2013 年 9 月 25 日在联合国"教育第一"全球倡议行动计划一周年纪念活动中发表视频贺词:"努力让每一个孩子享受教育的机会,努力让十三亿人民享有更好更公平的教育,获得发展自身、奉献社会、造福人民的能力。"

从教育公平的内涵来看,教育公平包括机会公平、过程公平和结果公平。从教育公平的外延看,教育公平包括对相同的人平等对待,不同的人差别对待,对特殊人群倾斜对待。[①] 后集团化办学阶段的"公平"前面是有"优质"做定语的,从重视数量的公平走向有质量的公平,人民对公平"诉求"的层次提高了。

叶澜教授对教育公平有如下论述:差异的存在是公平的前提,教育公平的理想表达方式是保证每一个人享受教育的平等权利(包括机会、过程和结果)。[②]

从差异的角度看,就是要在承认和尊重差异的基础上,改变不合理的差异,发展有特色的差异,以实现平等。推动教育公平的主体是政府,重视起点与机会的公平,中小学学校全力推进教育公平,在教育过程和教育结果上落实教育公平。

---

① 黄忠敬等. 基础教育发展的中国之路[M].上海:华东师范大学出版社,2016:99.
② 叶澜. 关于教育优质公平发展的三重思考[J].中小学教育,2019(12):34.

教育公平是集团化办学推进的逻辑起点与工作的落脚点。

（二）教育现代化是一个动态的、不断发展的历史过程，不同时期有不同的内涵和标准

邓小平同志在 20 世纪 80 年代提出教育要"面向现代化、面向世界、面向未来"。习近平总书记在党的十九大报告中指出：建设教育强国是中华民族伟大复兴的基础工程，必须把教育事业放在优先位置，深化教育改革，加快教育现代化，办好人民满意的教育。"加快教育现代化"成为新时代教育发展的国家战略。教育现代化主要体现在教育思想的现代化、教育发展水平的现代化、教学体系的现代化、办学条件的现代化、师资队伍的现代化和教育管理的现代化六个方面。改革开放以来的教育现代化经历告诉我们：比工具和技术现代化更重要的是"人的现代化"和"文化的现代化"，或可加上"制度的现代化"，其优化和提升正是"内涵式发展"意义上的现代化。①

落实立德树人的根本任务，培养德智体美劳全面发展的社会主义建设者与接班人，是教育现代化的方向与目标。推动城乡义务教育一体化发展，使绝大多数城乡新增劳动力接受高中阶段教育，更多接受高等教育，办好网络教育、继续教育，加快建设学习型社会等，是以人民为中心推进教育现代化的新要求、新举措。因而，太仓市实验小学这所已经坚持了十多年集团化办学的改革先锋学校，在教育联盟期提出"教育现代化样本校连片发展"的新愿景，是符合发展规律与顺应时代需求的。

（三）教育管理体现在学校发展的每一个阶段，集团化办学需要关注后现代教育管理新趋势

后现代主义是 20 世纪 60 年代发端于西方发达国家的一股文化思潮，其以消解一切权力和去中心化为指导思想。其基本概念应用于教育管理理论中，则形成了后现代主义教育管理理论。该理论认为人是组织的核心，没有一成不变的组织，也不存在唯一正确的教育管理理论。

---

① 杨小微. 走向城乡一体化：农村教育现代化的价值定位与路径选择[J]. 当代教师教育，2019，12(2)：7—14.

后现代主义强调"异质平等"。正如利奥塔所说的,"后现代就不是穷途末路的现代主义,而是现代主义的新生状态,而这一状态是一再出现的"。① 后现代主义的教育管理需要关注未来的不确定性,关注个性化,关注教育回归常态与生活,办简约朴素的素质教育。要做能动地促进教育发展的推动者,不仅应研究学生、老师、课程、教学等影响质量的关键要素,也应研究时间、空间、信息等影响生活质量要素的合理安排,不能搞"一刀切"式的、大规模的、统一的行动,要组成一些灵活多样的任务型与研究型的共同体,让学生、教师成为每一特长与某一专长领域的领导者。

学校管理者要解决的是赋能、赋权、赋责的问题。作为行政部门,在宏观层面做好顶层设计后,需要充分放权,把工作重点放到资源保障与服务师生上。

二、 联盟建设需要政策支持和章程约束

(一) 教育联盟的性质与特征

1956 年提出结成工农知识分子联盟,这是最早的教育联盟。1993 年出现了远距离教育院校联盟。2003 年《教育部关于实施全国教师教育网络联盟计划的指导意见》出台。从集团化办学在全国推广后,"教育联盟"被各地广泛使用。

教育联盟的特征有:第一,有共同目标与行动;第二,不受地域的过度限制;第三,没有过度的中心化,联盟内各成员校之间是平等与合作的关系。

教育联盟的类型是多元的:从学校的人员划分,有管理者联盟、班主任联盟、学科教师联盟;从项目划分,有质量改进联盟、文化建设联盟、特色课程联盟、教学联盟等等;也可以是学校层面的综合型联盟,全方位合作。联盟内学校有同质的,也有异质的,百花齐放。只要能够合作创新,协同行动,完成任务,达成目标,就有组成联盟的价值。

太仓市教育局给予基层学校广阔的创新空间,充分授权给联盟牵头学校,先保证联盟活动的数量,再慢慢提升质量。这一区域创举,激活了所有学校的办学活力:牵头学校有的共同命题、联合调研,共抓教学质量提升;有的联合培训,举办

---

① 让-弗朗索瓦·利奥塔.后现代性与公正游戏——利奥塔访谈、书信录[M].谈瀛洲,译.上海:上海人民出版社,2018.

校际论坛沙龙，共抓教师队伍培养；有的联合文艺汇演，搞活学校文化，进行德育创新。而联盟中的其他学校，找到归属感和存在感，非常乐于参与联盟活动，有的甚至周六、周日还在一起进行联合工会活动。很多学校的老师被带到教育联盟之中，一线教师教书育人的积极性一下子提高了，教育在社会上的满意度也快速提升。实验小学教育联盟凭借"草根化"办学的内生力量和已有的集团化办学经验，充分调动联盟内各成员学校的积极性，探索多元治理的有效路径，快速找到了高效的联盟运作机制与方法。

整个太仓区域内共有 31 所小学和 11 所初中，有较好的均衡发展的基础。太仓市教育局区域整体推进教育联盟，是经过点上长期实践探索，并通过院校专家集体论证的，是在前期点上实践成效基础上面向区域的整体推进。

（二）教育联盟的活动与章程

联盟的活动章程是教育联盟有效运行的基本制度。太仓市实验小学教育联盟的活动章程聚焦课程与教学两个方面，具体落实学校课程建设计划、青年骨干培养计划和学生的学习方式变革计划，并分别将其比喻为草根的"淘金计划""新绿计划"和"播种计划"。三者相互联系，互相促进。

联盟的活动章程重点推进的三项计划，主要针对六所学校办学过程中要重点解决的问题："淘金计划"从课程亮点出发优化课程的结构，形成各所学校各具特色的课程体系；"新绿计划"以个案培养为例，推广草根化师资培养的培养模式，为各所学校注入源头活水；"播种计划"帮助各所学校用项目化主题学习的方式探索学习方式变革，用星星之火可以燎原的方法逐步"播种"创新学习的方式的种子。

教育联盟的推进策略是：从各所学校的实际需求出发，不添乱，不加压；以点带面，逐步向面上铺开。因此，在推进过程中，有效规避了集团化办学过程中的文化冲突以及不想作为的矛盾与问题。这一阶段，集团化办学新的矛盾与问题主要体现在时间、空间和信息的有效管理上。

太仓市实验小学课程与教学教育联盟章程

一、联盟性质

太仓市实验小学课程与教学教育联盟，是在太仓市教育局的组织和指导下形成的学校发展共同体。

二、联盟主旨

太仓市实验小学教育联盟的办学主旨是紧扣太仓教育"质量、公平、多元、特色、关爱"五个维度,实现"共生、共创、共赢"。

三、联盟组织

太仓市实验小学教育联盟共由六所小学组成:太仓市实验小学、科教新城实验小学、科教新城南郊小学、新区第四小学、港城小学和沙溪镇第一小学。

四、联盟目标

太仓市实验小学教育联盟的研究主题聚焦课程建设与教育教学两大方面,并期望通过课程与教学的深度研究,全面提升联盟学校教育教学的整体质量,全员发展联盟学校的每一位教师,全力培养联盟学校的每一位学生。

五、主要任务

联盟主要通过草根"淘金计划"、"新绿计划"和"播种计划"来分步落实联盟目标。所谓草根"淘金计划",就是共同挖掘各学校成熟的特色课程,梳理提升,通过网络、联刊等形式分享给联盟内所有学生,并在此基础上,结合各校的课题研究与特色文化,逐渐开发更多成熟的儿童课程,三年内至少共创完成36种特色课程的建设。草根"新绿计划"则是在每所成员校中遴选优秀青年教师3~5名,作为联盟重点培养的对象,由联盟内草根专家与外聘专家带教指导,让每一所学校在三年内均有2名以上市级以上学科带头人或后备干部产生,逐步壮大实验小学教育联盟骨干教师队伍;草根"播种计划"探索学生学习方式的改变,在各联盟校3~6年级遴选8~10名优秀学生试行生活化主题式项目学习,并通过典型引路,形成相对成熟的学习方式,之后逐步推广。

六、结盟时间

六校联盟自2017年8月成立起,到2020年8月止。

七、联盟活动

联盟成立理事会,由太仓市实验小学校长钱澜担任理事长,各成员校校长担任联盟理事。每月第一周周五召开理事会月例会,协商研讨联盟的工作计划与实施情况。每学期期初、期末召开一次理事扩大会,商讨明确联盟发展方向、任务、目标与效益评估。

八、经费使用

太仓市教育局为联盟学校提供部分活动专项经费，全部用于校际研讨、交流及聘请专家指导等方面。同时，在每学期期末进行一次联盟工作评价，对在联盟校际开展送教、讲座、带教及研究成果总结发表等个人或项目小组活动给予适当奖励。

九、联盟保障

太仓市实验小学教育联盟指导专家有江苏省规划办主任彭钢研究员，华东师范大学基础教育改革与发展研究所所长杨小微教授，太仓市教育局蹲点领导何永林局长，太仓市教师发展中心指导专家孔伯良主任。

三、 联盟组的组织创新："一会五中心"的多主体治理

在集团化办学初期，针对农村薄弱学校的发展现状，主要通过行政岗位的"一对一"帮扶，做好引领和示范工作。后集团化时期的教育联盟，学校数量多，由紧密型转为松散型，学校间各有长短，因此，从"责任分担、优势互补、分权领导、补齐短板"的原则出发，建设联盟理事会和五大管理中心（见下图）。

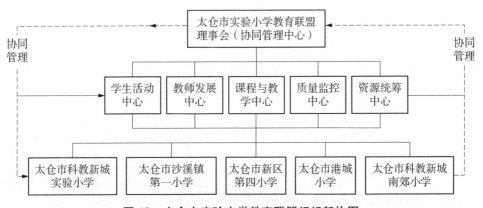

图10 太仓市实验小学教育联盟组织架构图

教育联盟以"一会五中心"的组织管理模式开展日常管理和运作。"一会五中心"指的是联盟理事会（协同管理中心）及下辖的"学生活动中心""教师发展中心""课程与教学中心""质量监控中心""资源统筹中心"。具体的职能如下：

联盟理事会：负责制定和调整联盟章程，研究制定联盟发展规划和年度工作计划，审议决策联盟重大事项，以及协调统筹各成员校之间相关事务等各项工作。

联盟理事会每月一次召开校长例会，协商研讨联盟的工作计划与实施情况。每学期期初、期末召开理事扩大会，邀请蹲点的局领导与专家参与，明确联盟发展方向、任务、目标与效益评估。

学生活动中心：统筹年度联盟校际跨校一日体验活动课程的规划与落实，定期组织联盟内学生活动及竞赛项目的开展，为学生的自主学习、自主创造、自主发展搭建活动和展示平台。

教师发展中心：具体组织、实施旨在促进联盟教师持续发展的教研训工作，如名师追随与突破、联盟沙龙和论坛、主题式跨校研修等，共享联盟学术资源。

课程与教学中心：集中联盟内名师资源，参与论证联盟内各所学校的课程规划；组织开发跨校体验课程，对各校校本特色课程予以指导，确保各校形成"和而不同"的课程建设体系。

质量监控中心：聚焦课堂，深化课堂教学改革，通过专题研讨（出卷、复习、课型分析）、学业质量分析、跨校督导、课堂观察等举措，全程监控各校教学质量。

资源统筹中心：统筹分享联盟学校专家资源、名师资源、课程资源及乡土（校本）资源，形成区域联盟内共享的资源库。

跨校五大管理中心定位于重视实践且偏学术的组织。由各所学校校长自主申请担任各中心主任，太仓市实验小学的校级成员与名师担任副主任，协助各跨校管理中心主任开展工作。每个中心里面都有牵头学校的成员参加，体现了其主动承担义务的责任担当，同时也体现了其对外开放、乐于分享的姿态。

2017年太仓市实验小学教育联盟组织成员安排表
联盟理事会理事长：钱　澜（太仓市实验小学校长） 理　事：顾　燕、吴敏敏、吴宏英、查人韵、沈肖冰（五校校长） 秘书长：龚梅红（太仓市实验小学校长助理） 秘书：孟初薇、金怡（太仓市实验小学）

续　表

2017 年太仓市实验小学教育联盟组织成员安排表
学生活动中心主任：吴敏敏（太仓市科教新城实验小学校长） 学生活动中心副主任：杜秋红（太仓市实验小学副校长） 成员：六校分管德育校长、德育主任、少先队辅导员
教师发展中心主任：吴宏英（太仓市科教新城南郊小学校长） 教师发展中心副主任：张勤坚（太仓市实验小学信息技术特级老师） 组员：六校苏州市级以上学科带头人或拥有中高职称的老师
课程与教学中心主任：查人韵（太仓市港城小学校长） 副组长：陈宇祝（太仓市实验小学教科室主任） 组员：六校教科室主任或教导主任 质量监控中心主任：顾　燕（太仓市高新区第四小学校长） 副组长：吴振亚（太仓市实验小学副校长） 组员：六校分管教学副校长
资源统筹中心主任：沈肖冰（太仓市沙溪镇第一小学校长） 副主任：杨春柳（太仓市实验小学分管科研副校长） 组员：六校办公室主任、人事秘书或总务主任

四、 联盟的实践创新： 党建品牌的价值引领

在联盟活动章程引领下，多主体联动。在教育联盟运作一个学期后，我们给联盟注入新源动力——推动各联盟校的党建品牌建设。

我对城乡学校的党建工作做过多次调研，发现农村学校的党建工作由乡镇党委管理，大多数不规范，存在政治功能弱化、党员教育管理松散、思想政治工作薄弱、党员组织生活没有制度保障等问题。2016 年，中组部、中共教育部党组印发《关于加强中小学党的建设工作的意见》。2017 年起，太仓区域内中小学党建工作进行了改革，全市中小学党建工作由太仓市教育局党工会负责统一管理，统一党建工作的标准和要求。太仓市实验小学是太仓市政府评出的五星级示范标兵支部，70％的党员都有市级以上先进称号，"党旗辉映草根情怀"党建品牌建设成果丰硕，是县域党建工作的典范。党建品牌推进遵循"融合育德"的策略，采用跨校上党课、团课、队课的方式推动起来。六所学校自愿结对，给对方学校的党员、团员、队员上微党课。太仓市实验小学"1＋2＋3"党建机制在教育联盟中一下子被接纳并推广。

　　每学期,联盟学校既有自主创新的党建主题活动,也有联盟集中展示党建成果的特色活动。各校的党建品牌以立德树人为目标,和学校中心工作高度融合,中共太仓市科教新城实验小学党支部的党建品牌是"人工智能赋能智慧党建",中共太仓市高新区第四小学党支部的党建品牌是"七色党建,协同育德",中共太仓市港城小学党支部的党建品牌是"党晖润泽杜鹃红",中共太仓市沙溪镇第一小学党支部的党建品牌是"红星耀童心",中共太仓市科教新城南郊小学党支部的党建品牌是"幸福教育"。经过两年多的实践探索,联盟内学校的党建工作从逐步规范到拥有自己的品牌,两步并成一步完成,学校之间形成"比学超"的良性竞争态势。这就是大联盟的优势。更值欣喜的是,党员老师们的工作积极性和创造力被极大地调动起来,优秀学生的榜样示范作用得到充分体现,农村孩子学习的自信心大幅提高。

　　党建的价值引领,从精神、心灵、价值观层面为联盟工作注入了源动力。联盟从文化融合的视野出发,遵循共同体建设的规律,把领导者使命、共同愿景、共享资源库、互动机制和高效能作为城乡学校共同体建设的五个核心要素,以此来推动联盟进一步取得突破性发展(见图 11)。

图 11　城乡学校共同体要素图

领导者使命是精神追求，是文化融合与重构的源动力；共同愿景是办一流教育现代化学校，让更多百姓子女享受优质教育，这是六所学校未来发展的蓝图；共享资源库包括专家资源、名师资源和共创的课程与教学资源；互动机制有校际师生互动机制——城乡学生互动机制、城乡教师互动机制，有共同体学校与研究机构、大学专家的互动机制，逐步形成相互介入、相互融合的自然境界；高效能是有共创共生的新文化，有共享共建的优质课程，有同样满意的教育教学质量，让城乡学生拥有同样的获得感。

（一）领导者使命

中国中小学集团化办学发端于名校，通过名校"教育品牌"的输出，名校长和优秀教师的精神引领和大力推进，拉长短板，改造薄弱学校，实现教育优质均衡发展。但全国大部分地区没有给名校长和优秀教师相应的物质奖励和待遇，这群名校长与优秀教师出于对素质教育的使命感与责任感无私付出。

这里提的领导者，并不是政治意义上的领导者，而是教育意义上的领导者，是能够预见未来、建设学校的精神家园、引导师生做正确的事情、培养好师生的领路人。局长是推动区域教育发展的领导者，校长是学校发展的领导者，优秀教师是学科建设的领导者。不同的领导者有不同的使命。领导者特别是校长群体的使命感是推动集团化办学的中坚力量。校长们更应该有办好教育的强烈的使命感与责任感，有大爱的胸怀，有令人信服的专业能力。牵头学校校长的眼界、境界，对社会、对教育、对教师、对学生的认识，决定整个教育联盟的发展方向和高度，推动学校文化乃至联盟文化的产生与成熟。

譬如，我提出了"草根化"的办学理念，20多年如一日，扎根学校、扎根教育、扎根儿童，潜心研究。"坚韧、质朴、灵动、舒展"的草根精神成为全校乃至整个教育联盟校师生的精神内核。我前后在六所不同学校的领导与管理岗位工作，其中大部分时间在探索集团化办学之路，从松散型集团到紧密型托管农村学校，到一体化管理"名校＋新校"，到后集团化时代的教育联盟。我致力于集团化办学的实践探索与研究，在基础教育集团化办学方面发表了70多篇文章，至今仍在不断探索中。我所追求的教育使命是：帮助更多的人，让更多小朋友享受优质教育。

其他联盟校的五位校长，每一位都是有教育情怀、有教育理想的好校长。港城小学查人韵校长的使命是："不办好农村学校不回城。"科教新城实验小学吴敏敏校长的使命是："要办和实验小学一样的老百姓信服的学校。"高新区顾燕校长的使命是："要让每一个老师都优秀。"南郊小学吴宏英校长的使命是："办幸福的教育，让师生更幸福。"沙溪镇第一小学沈肖冰校长的使命是："让农村孩子和城里孩子一样有书卷气。"她们的使命感不是停留在心里想一想，而是通过自己的教育行为体现得淋漓尽致。有多少假日和晚上，她们在加紧学习，研究工作，思考工作。正是有这样一群拥有使命感的校长，联盟每一所学校才能够实现跨越式发展。

（二）共同愿景

共同愿景是指组织中所有成员的共同愿望、理想或目标，这种愿望、理想或目标表现为具体生动的景象。它是建立在共同价值观基础上，是对组织发展的共同愿望，并且这个愿望不是被命令的，而是全体成员发自内心想要争取、追求的共同愿景，能够使不同个性的人聚在一起，朝着共同的目标前进。拥有共同愿景，能够使全体成员紧紧地连在一起，淡化人与人之间的个人利益冲突，从而形成一种巨大的凝聚力。

太仓市实验小学教育联盟已形成"教育现代化一流学校连片发展"的共同愿景。它驱动联盟内每所学校在区域统筹教育均衡中主动地寻求发展，鼓励联盟学校个性化发展，真正做到"强强联手，抱团超越"，实现美好愿景。

如何形成教育联盟的共同愿景？

首先，分享学校规划，了解校情校况。联盟成立之初恰逢"十三五"开局之年，我借各校制定"十三五"发展规划的契机，召开联盟理事会，交流各所学校的发展规划与办学定位，了解各所学校优势与不足。通过多方深度会谈，各学校得以相互了解，彼此熟悉办学定位，并从中借鉴学习。随后，联盟再次开展交流商讨，共同描述教育联盟的未来图景，各所学校提出在联盟中的发展需求。在此基础上，联盟理事会梳理提升，形成《太仓市实验小学课程与教学教育联盟章程》，并提出"教育现代化一流学校连片发展"的共同愿景。

其次，建立学习团队，健全组织机制。联盟理事会由各学校校长组成，是联盟的核心。在联盟建立之前，先构建校长学习团队，一面进行集团化办学的相关理论学习，一面加强各学校办学经验交流，逐步形成稳固、信任的小团队。与此同时，依照太仓市教育局文件要求，通过联盟理事会商定组织机制，确定各中心人员分工，保障教育联盟的合法性、严肃性、科学性，为进一步开展工作提供机制保障。

第三，确定核心价值，形成教育使命。教育联盟初期，理事会多次商谈各学校的办学思想和培养目标。借助 SWOT 分析方法，剖析各所学校的优势与不足，鼓励各位校长分享各自的办学愿景，改进和修正当前学校规划。在此基础上，求同存异，邀请专家指导，确立了教育联盟的"发展宗旨"，即价值观引领与学术指导下的各校平等而自由地发展；确定了联盟"共同的价值观"，即对外是公平、开放与可持续发展，对内是儿童生命成长的规律。

（三）共享资源库

教育联盟要挖掘潜力，共同发展，利益最大化，内部必须形成共享资源库。学校资源既涉及硬件设施，也包括软件资源，尤其体现在教师资源、文化资源和课程资源等方面。太仓市实验小学教育联盟的主题是"课程与教学"，目标在于提高教学质量，推进教学改革，壮大优质师资队伍，提升课程品质。主要体现在以下共享资源上。

1. 共享专家资源

太仓市实验小学是江苏省教育科学研究院科研基地学校、苏州市校长培训基地学校、华东师范大学基础教育改革与发展研究所基地学校，近二十年来，坚持科研兴校，与众多高校院所、教育管理部门、教学名师保持了良好的业务交流。依托实验小学良好的专家资源，教育联盟大力发挥专家资源库的指导作用，创新形式，组织多种有效的活动。第一类是专家团队辅导，借助强大的团队力量，提高辅导的科学性和全面性。如邀请华东师范大学团队到港城小学现场指导学校规划。他们采用团队形式，了解校情，听取汇报，从各个方面提出建议。第二类是系列跟进式辅导。如邀请专家对实验小学学生学习力进行测评，制订计划，定期组织，形成科学的数据。第三类是项目式辅导，邀请某方面专家以项目顾问的形式担任专职导师，指导学校完成研究任务。如南京师范大学郝京华教授对科教新城实验小学的 STEAM 课程开发进行指导,华东师范大学程亮教授、刘学良博士后等对实验小学儿童哲学课程开发进行指导。专家深度介入,系统指导,确保项目顺利完成。第四类是主题式辅导,确定研究主题后,六校共同参与,各校教师共享专家指导。如邀请大学教授、学术刊物编辑来校进行论文指导。六校教师都提交论文,人人有机会获得专家面对面的辅导。

与此同时,教育联盟积极开拓"走出去"的机会。六校教师都有机会参与实验小学对外交流活动。一是参加江苏省教育科学研究院科研基地学校协作活动,华东师范大学基础教育与发展研究所和北京市教育科学研究院组织的"京沪教育快线""伙伴合作与改进"学术论坛等高水平科研活动。二是组织对标学习,参观考察国内先进学校,开扩教师视野,更新教师理念。教育联盟先后组织校长、骨干教师参观杭州景城学校、上海明强小学等。三是走进科研院校,参与高水平培训,如组织教师参加江苏省前瞻性教学改革试验项目培训,走进华东师范大学聆听教授的专题讲座,参加培训等。

2. 共享名师资源

教师是学校的第一资源,骨干教师更是发挥着示范引领作用,成为一个学科甚至一个教师团队的核心。教育联盟充分发挥集团内名师的作用,通过多种途径共享名师资源,提升教学示范的品质。

一是共享校外名师资源。联盟内邀请特级教师、苏州市级名师来校示范,会通知各所学校安排教师听课学习。如实验小学组织的"名师追随与突破"活动,每次安排特级教师上课,都邀请各校教师参加。科教新城实验小学每年一次的"思维课堂"教学研讨,邀请多位特级教师执教,为大家提供了学习的机会。

二是共享联盟内骨干资源。联盟内的各级学科带头人,具有教学基本功过硬,了解一线教师实际情况的优势,因此,立足于日常教学的指导和引领效果就更加突出。在共享名师资源的举措中,联盟为青年教师与带头人进行"师徒结对"等帮扶,带头人根据教师发展的实际需求,磨课、听课、评课、执教示范课、作讲座,发挥联盟骨干在学科上的指导作用,提升联盟内各学科教学品质。

3. 共享课程与教学资源

课程是学校改革的重要抓手,联盟注重各校课程资源的共创共享。一方面,发挥盟主学校课程特色，做好课程规划的引领作用。太仓市实验小学的草根情怀教育课程又名"三味"课程，由真味、情味和玩味三部分组成。

真味课程是国家要求开设的基础的、科学的、规范的课程，包括语、数、外、音、体、美、科学、信息技术等；玩味课程是自主的、儿童的、合作的课程，譬如仪式庆典课程、文化节课程与阳光课程；情味课程体现了开放的、选择的和创造的特点，譬如草根娃游学课程、乐淘社团课程和草根大讲堂课程。把建设学校课程体系的思想分享给各所学校，有利于推动学校整体跃升。

另一方面，充分挖掘各校特色资源，孕育优秀课程。通过内部梳理、集体研讨、成果展示等途径，太仓市实验小学教育联盟先后展示了沙溪镇第一小学书法课程、太仓市实验小学入学课程、南郊小学非遗传统文化课程、港城小学玩学创课程、科教新城实验小学创客课程、高新区第四小学精彩童年微课程系列，通过 QQ、微信转发，在六所学校内部学习、分享，促进了特色课程的进一步成熟和迁移。

（四）互动机制

教育联盟从组织架构看，必然是一个开放的系统，开放可能带给组织更多的活力，也可能带给组织更多负担。实验小学联盟同时融入了草根的文化基因，"给点阳光就灿烂，给点雨露就生长"，师生有一种主动接受"阳光"与"雨露"的习惯与精神。

把握以上两个特点，我们有意识地让互动有序，有效，有创生，构建合理的互动机制成为我们研究的一个核心要素。一方面，我们继续推行托管期创生的两大互动机制，教师的主题式五环跨校研修和学生跨校一日体验活动；另一方面，在联盟建设过程中形成了更加广泛的互动机制。

1. 联席会议

在联盟期，教育局层面对联盟建设有文件，有计划，有保证，有考核，有经费，给予了一系列政策保障与组织保障。但是真正要让政策与文件活起来，人与人之间的互动是必要的。联席会议，一般一个季度开一次。参加人员包括太仓市教育局领导、科室领导、业务部门的领导、集团化办学的专家、联盟校校长或分管校长等等，定期商讨联盟工作，防止因集团化办学而无谓增加管理层级，重复布置同类工作,加重师生负担。

多方联席会议有利于行政工作为基层学校专业化发展服务,有利于提高专业工作的针对性与实效性。开好联席会议,主体是联盟校的校长,联盟校的校长们要提前思考,提前谋划,拟好会议主题和要解决的问题,提前通知参会领导与专家。会议要控制时间,保证效果,每一位参会者都有发表个人意见的机会。会后要落实各项决议。

2. 人员互派

六校联盟的人员互派是联盟向好发展的"基石"。根据江苏省政府推进义务教育均衡发展的文件精神,校长和教师都要实现定期交流制度。依托流动政策,六校联盟的人员互派有序进行,并得到了利益最大化的发展。实验小学一批优秀的年轻干部、三年内优秀的新毕业生和十年左右教龄为评职称下乡的新生代骨干教师被有计划分配到其他五所联盟学校之中。因此,每一所学校都注入一股优质文化的力量。像港城小学和沙溪镇第一小学集聚了实验小学一批好教师,他们有担任校长的,有担任中层领导的,有担任教研组长的,有担任课题负责人的。然后农村学校的一批老师调入实验小学弥补流动后师资不足。这种互派师资是一种深入的互动,而不是蜻蜓点水式的,对每一所学校的发展起到举足轻重的作用。

3. 项目联推

太仓市实验小学有三项成熟的校本制度,即年级组督导制度、信息分享制度和项目推进制度,已经实施十多年了,形成了成熟的经验。选准年青有作为的好苗子担任项目负责人,自愿申报学校的项目,制定计划书,邀请领导、专家进行多方论证,然后有计划地实施。既可以培养有担当的骨干教师,又可以完成课改的任务。联盟阶段,我们在联盟之间建立了各种专业社群,来推行一些课程与教学改革的重难点如深度学习项目、全科阅读项目、儿童哲学项目、STEAM项目、研学课程开发项目、校内年级督导项目、智慧校园建设项目、国际理解教育等。各所学校选派人员自愿加入项目组。一是项目本身具有前瞻性和挑战性,二是每一个项目都有强大的专家团队助推,三是并非单枪匹马作战,身边有温暖的伙伴,所以每一个项目都有吸引力,都能组成有效的团队进行推动。

4. 组团学习

组团学习和一般个体学习是有质的差异。草根化办学强调团队合作,抱团创新。六校联盟老师组成团队一起外出学习,意义非同寻常。我们都是针对项目推进来组团学习的。这项制度是 2005 年太仓市实验小学成为江苏省教育科学研究院基地学校开始的。每一次江苏省教育科学研究院举行科研活动,太仓市实验小学都要组成 20 人的团队集体外出学习。

在外出之前,要围绕主体进行一段时间的文献学习,了解全国最先进的经验。学习的时候,人员是有任务分工的。在学习过程中,强调主体的积极参与,每个人寻找机会表达自己的观点。学习结束回校后,要继续组织沙龙或者上翻版课跟进。到联盟期,我们继续优化这项制度,一要考察学习平台的优劣,二要落实前置性学习任务,三要加强学习者之间的跨校异质交流,四要与各学校的研究项目相结合,必须有后续研究任务跟进。

组团学习是老师层面的一种互动方式,团队学习便于学到精髓,便于项目的推进。成功的案例有数学魔术的组队学习,同一群跨校小伙伴连续三次赴北京、上海学习,"数学魔术" 18 个成熟的课例很快就在联盟内得以推进。

互动机制的形成,要特别注意主体的参与度、多元性与广泛性,以及互动机制的长效性与公平性。

(五) 高效能

教育联盟把城区学校、城郊结合部的学校和农村学校联合起来,实现"共生、共享、共创、共赢"局面,必须研究联盟工作的高效能问题。

高效能来自企业管理的要求,而学校是"慢教育",为什么也提"高效能"? 原因这样的:首先,教育局层面干部的专业发展程度越来越高,政府部门要求干部要有担当有作为,必然期待教育联盟能够解决教育发展中的各种问题,如择校热、优质资源短缺等,高效能体现在能解决实际问题。其次,联盟管理也期待高效能,太仓区域所有中小学校都是处在"后集团时代",都在创建现代化优质学校,都有具体的任务与目标,联盟需要解决单体校所不能解决的问题,产生"1 + 1 > 2"的效果。第三,从减负增效的角度讲,教育联盟不能过于加重联盟内学生的学业负担,需要探索轻负担、高质量的有效经验,让家长信服,让社会认可。

高效能体现在联盟内多主体运作的高效能、教研训一体化发展的高效能和学生联盟活动时间与效率的合理调控等方面。如何保证高效能运作、高效能活动？

凡事预则立，做好联盟长线规划与短期的计划，有的放矢地解决各所学校力求破解的难题。做好每一次联盟活动的方案，兼顾各方利益，预设工作流程，简化行政管理的层级，防止信息因中间环节过多而导致的变形走样。当各种任务、活动发生冲突时，坚持以学生的利益为先，首先满足课堂教学的正常运作。例如，因过度培训或过度教研，有些班级任课教师长期不能正常进课堂上课，这时候老师就有权提出申请，可以不参加活动，课后再通过其他方式补学习，补培训。要预设可能达到的效果，提出明确的创造性的任务。

联盟间要定期推出"教育公共产品"（指可以共享的免费的优质资源）。当然，关键要提高联盟内干部沟通能力和创新能力。联盟内师资多元，学生多元，且每一所学校都有独特的文化与不同的话语系统，一不小心就会出现人际关系紧张的状况。所以设计联盟活动时，要给每一所学校留有余地，让盟校有一定的选择权、自主权。征求式沟通是最为合适的。联盟的这种组织结构是流动的、变化的、开放的，靠简单复制经验是不可能解决问题的，更多的工作都是原创性的，只有在学习积淀与反复思考的基础上才能完成。所以，联盟也是锻炼干部的熔炉。

总之，教育联盟要有突破性发展，必须在这五大要素上下功夫。领导者使命、共同愿景、共享资源库、互动机制和高效能之间密切联系，相互作用，缺一不可。

第三节 教育联盟的项目推进及策略

太仓市实验小学教育联盟用组织架构创新突破顶层设计的难点，用"三大计划"——淘金计划、新绿计划、播种计划——创新落实课程与教学的研究，用党建联动融合"三大计划"的研究实施。各校在共享资源的基础上，着力特色与共享的课程研发，关注青年教师成长的队伍建设，聚焦学习力提升的深度课堂，推动各校内生发展，共建学校品牌，从整体上推动和促进联盟的课程与教学改革。

一、淘金计划：着力特色与共享的课程研发

结盟初期，在专家的指导下，盟主学校召集六所学校对各自学校的课程建设情况进行深入的分析。太仓市实验小学的课程建设得益于江苏省教育科学研究院科研基地学校的优势，一直走在江苏省前列。2009 年，我在全省教科研协进会上介绍了基于"草根文化"的学校课程规划的研制经验，2013 年和 2015 年两次代表苏州在江苏课程建设年会上介绍经验。草根情怀课程整体建构，特色鲜明，从实施的价值取向出发，分为"真味课程""玩味课程"与"情味课程"。国家课程创造性实施，主题"大嵌入"与特色课程资源的"小嵌入"灵活有机选择；特色校本课程与国家课程有机融合，课程的多元化与选择性为每位儿童的发展提供更多的可能性。而联盟其他五所学校的课程建设也在区域整体推进的策略中同步前进，各校都有课程建设的亮点，但没有形成体系与个性；部分骨干教师成为学校课程建设的主力军，但大部分老师课程意识并没有真正觉醒。六所学校在课程建设方面存在的共性问题是校本课程门类过多，学科与学科之间不整合，校本课程与国家课程不够融通，课程目标不清晰，有的课程与小学生关键能力的培养不匹配，对实施课程的时间与空间的合理性没有进行深入的研究。

基于对课程建设情况的分析，我提出了联盟六校都要"重构课程规划，'淘'出各校的特色课程，研究课程结构之美"的草根"淘金计划"倡议，并得到专家和各所联盟学校的认可。

（一）淘金计划的内涵解读

学校教育的目标、价值主要是通过课程来体现和实施的。太仓市实验小学教育联盟通过新的组织架构"一会五中心"，更加系统地关注现代学校制度的整体建构。其中，课程研发中心通过组织开发跨校课程，对基于校情的校本特色课程予以指导，确保各校形成"和而不同"的课程建设体系。一方面，合力打造共同课程，充分利用城乡文化资源与生活资源共同开发了"跨地域文化游学课程""跨校一日体验活动课程"；另一方面，分享推广特色课程。

草根"淘金计划"，就是共同挖掘各学校成熟的特色课程，梳理提升，通过网络、联刊等形式分享给联盟内所有学生，并在此基础上结合各校的课题研究与特色文化，逐渐开发更多成熟的儿童课程。具体来说，实验小学联盟实施"淘金计

划"：第一，让联盟内的儿童能够享受更加优质、多元的课程，更有效地满足儿童适切、多元发展的需求；第二，通过特色课程的建设使各校的办学特色进一步彰显，从而促进学校办学内涵、品质的提升；第三，促进各校课程领导力、课程开发能力与课程实施能力的提升，使各校具有更强的自我生长能力。

实验小学联盟"淘金"的过程，包括各联盟学校的自主课程申报及盟主学校引领下的协商统筹建构，让各校的课程成为一套"组合拳"，满足儿童的全面成长。如实验小学的"草根情怀教育"课程，培养扎根本土、胸怀世界、自由生长、有责任担当的现代人；沙溪镇第一小学的书法课程传承优良传统，提升儿童人文素养；高新区第四小学的精彩童年微课程系列突出的是对学生情感和社会交往能力的培养；南郊小学的雅韵昆曲课程等，彰显对学生艺术素养的培养；科教新城实验小学的小牛人创客课程与港城小学的玩学创数学实验课程突出对学生实践能力与创新意识的培养。

"淘金计划"的实施不是简单的各校的课程交换，而是各校在华东师范大学专家团队的指导下，在盟主学校的带领下，每学期研讨推出两个学校的课程，各校参与课程再研制的研讨活动，并集合各校的对应学科骨干教师，共同建设联盟校课程，汇集各校与专家力量，让金子更加闪亮！

（二）淘金计划的主要举措

1. 提高对课程结构美的哲思

联盟决策层达成共识：课程的结构之美，体现了学生知识结构的合理性和基础知识的完整性。学校管理层面率先落实课程计划，把握国家课程校本化实施的重点，有效把控课程国家课程与校本课程的比重；把握学科与学科之间的时间比重，不随意挤占其他课程，即不随意抹杀某一学科的天才儿童的兴趣；把握人文课程与科学课程的比重，让学校课程既具有人文性，也具有科学性；把校外课程资源融入校内课程资源之中，让学校课程具有社会融合性；把握课程的生成性与开放性，把国际理解课程资源和 STEAM 理念引入各科教学，体现课程的开放和融通之美。

2. 优化课程规划完善课程体系

联盟学校以太仓市实验小学草根情怀课程的研学课程、阅读课程、数学魔术课程开发为蓝本重构课程规划，与此同时，组队走出去，到张家港、吴江、昆山、苏州、上海、南京、重庆等地寻找课程建设对标学校学习，从课程目标、课程内容、课程实施、课程评价等关键要素出发，完善各校的特色课程，并把特色课程纳入学校整体的课程规划中，重新修订各校的学校的课程规划。然后六校校长和特聘的课程专家、教研员组成论证团队，走访学校现场，逐一论证各校的特色课程规划，保证规划的规范性、有效性、前瞻性和特色化。

3. 课例打样提炼各校教学主张

实施课程环节，我们以课例打样为手段，组队提炼各学校的教学主张，寻找和各校文化匹配的个性化的句子。以深度学习为指引的课例有"学科＋儿童哲学"课程、STEAM 课程、全科阅读课程、围绕"菜单""蜗牛"主题项目化学习课程，等等，邀请联盟内各所学校的教导主任与教研组长观摩学习，同时邀请科研与教研两类专家同台评点指导，各校后续再进行课例打样，普惠到学校的每位教师。各校都形成了课程实施中鲜明的教学主张：太仓市实验小学的课堂教学主张是"亦深亦广，自主自由"；港城小学的课程教学主张是"精准、灵动、厚实"；高新区第四小学的课程教学主张是关注"学立、学历、学力"的"学 Li"课堂；科教新城实验小学建设"以想象力为核心的思维课堂"；沙溪镇第一小学建设"有趣、有思、有得"的"三有"课堂；南郊小学的课程教学主张是"学得愉快，教得幸福"。多样化的教学主张彰显了不同的文化追求。

4. 推广校内年级督导制，形成评价机制

《以儿童为本的校内督导制度的整体建构》2017 年获得了苏州市教育成果一等奖，这是太仓市实验小学关注全程、全员、全面教育质量的法宝。我们以一年级起点为例，培训各校的副校长和中层干部开展年级督导。我们设计了统一的调查问卷，在每一所学校进行实地调研，形成各自的起点研究分析报告，然后召开六校联盟学术沙龙，交流各校起点研究的分析报告，并给出指导意见。研讨会上，我们的草根研究用数据说话，用图表分析法的细致与严谨，令农村学校的行政人员非常惊讶。目前，六所学校均在运用校内年级督导，且每所学校的教育质量都有较大幅度的提高。

5. 开展党建"转起来"，共享优质课程

"淘金计划"让联盟校的学生感受到各校特色课程是培养学生核心素养的体现。实验小学教育联盟坚持党的领导，开展党建"转起来"活动，推广"1＋2＋3"（党带团、团带队）党建工作新机制，寻求联盟建设新突破。教育联盟学校之间参与活动，双向选择，每所学校的党支部、团支部和少先队大队部都有教师代表、队长学校学员、家长志愿者共同全程参与体验活动。整合教育联盟内部的资源，让党员、团员和队员们体验多种不同类型的课程。

"红色胶囊课程"：以党史、队史、校史课程为主，以丰富知识引导儿童树立正确的价值观。该课程契合儿童的身心特点，让孩子们在玩中学、玩中研，行知合一。目的在于培养既有国际视野又有家国情怀的新一代少先队员，使得他们成为建设家乡的接班人。

"社会体验课程"：各联盟校因地制宜，充分开发地方资源，共享社会体验课程。少先队队员们走进青少年活动中心科技体验馆、大科园、名人馆、宋文治艺术馆、规划馆、污水处理厂、德企、沙溪古镇，在游中学、学中游，增长知识，开阔眼界，丰富社会体验。

（三）成效及反思

通过参加高层次的学术活动、联盟校间研讨培训以及专家论证，各联盟校根据太仓市实验小学的模板并结合各校特色，进行课程整体建构，形成了自己学校的特色课程。

1. 太仓市实验小学："草根情怀教育"课程

太仓市实验小学以深化草根文化建设，培养扎根本土、胸怀世界、自由生长、有责任担当的现代人为目标，建构了"草根情怀教育"特色课程。

这一课程体系称为"三味"课程，"三味"是指"真味""玩味"和"情味"。"真味"课程是基于国家课程的校本化实施，强调基础的、科学的、规范的学科核心素养的培养；"玩味"课程更多体现儿童文化，是一种玩中学、学中玩的课程；"情味"课程更多体现了儿童的个性化、创造性和开放度，根据儿童个人喜好开设充满趣味的情味课程，与"草根情怀"所倡导的生命情怀、民族情怀和平民情怀有着更好的关联。

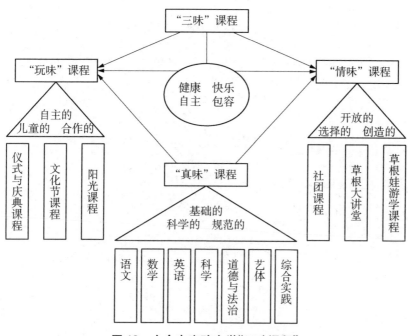

图 12　太仓市实验小学"三味课程"

"草根情怀教育"课程体系中，课堂教学追求的是"亦深亦广，自主自由"，主题课程开发追求的是"行知统一"，校本课程开发追求的是"生命寻根"，教师发展追求的是"自我超越"，学校管理追求的是"信任哲学"……将素质教育的思想贯穿和渗透进培养目标、课堂教学、课程开发、学校活动、管理制度等各个核心要素，形成全面实施素质教育的课程体系。

"亦深亦广，自主自由"课堂落实"关怀理念"，具有"全员视域"，力求"常规新颖"，强调"活动自主"，凸显"思维灵动"，融入"快乐情态"，从学科核心素养发展走向关键能力提升。

2. 太仓市科教新城实验小学：科幻特色课程

太仓市科教新城实验小学有两个特色课程：一是以儿童想象力为核心的科幻主题课程，二是小牛人创客教育。

"小牛人创客教育课程基地"为近年来学校教育创新的生长点，课程分为科创课程、文创课程、艺创课程三大板块，以图形化编程、动手拼搭、传感器构件形成创

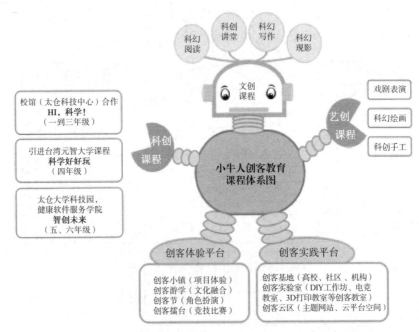

图 13　太仓市科教新城实验小学"小牛人创客教育"课程

客课程的主线,让学生在学会编程、学会动手操作、学会机械等过程中产生创意并创作实物。

　　课程核心理念是:创新创造、动手动脑。

　　形成过程如下图所示:

图 14　"小牛人创客教育"课程体系发展过程

　　3. 太仓市高新区第四小学:"精彩童年"课程

　　"精彩童年"有四大支柱,即本真、健康、好德、乐知。"本真"代表本色、纯真和真实,是童年精彩的格调。"健康"指在身体、心理和社会适应方面都处于良好的状态,是童年精彩的核心。"好德"即美好的道德与品性,"乐知"意为乐于探索未知并以学习和成长为乐,好德与乐知是童年精彩的双翼。根据四大支柱之间的相互关联,"精彩童年"课程主要分为"趣味探究课程""亲近学科课程""追寻生命课程""快乐体验课程"四大类。

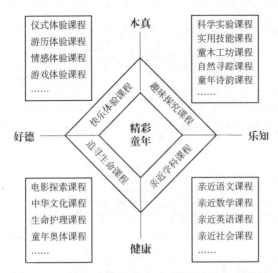

图 15　太仓市高新区第四小学"精彩童年"课程

课程的核心理念是:课程即丰富经历,课程即生命成长,课程即精彩童年。

4. 太仓市科教新城南郊小学:非遗文化课程

课程的内容体系:

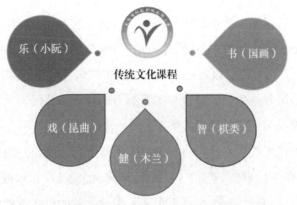

图 16　太仓市科教新城南郊小学"非遗文化"课程

课程的核心理念是：以人为本，幸福共生。

课程的形成，从一开始的个别传统文化兴趣班进而发展成为周五全校社团，学校聘请专业教师进行教材的探索和研发，并形成评价机制。

课程体系的完善，依照"特色项目——学校特色——特色学校"的发展思路与步骤，以"学校有特色，教师有专长，学生有特长"的目标路径，在"十三五"期间，以传统文化学习为主渠道，以太仓本土非遗艺术为主项目，实现学校特色建设"传统文化润泽幸福人生"的总目标，成为学校实践"幸福教育"的重要途径和内容之一。

5. 太仓市港城小学："玩学创"STEAM课程

"玩学创"STEAM课程框架如下：

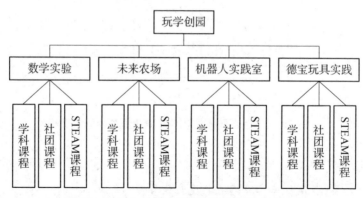

图17 太仓市港城小学"玩学创"STEAM课程

学校着力打造以探究为中心的校园环境及创新实践室，为学生营造浓厚的玩学创氛围。立足学生创新意识、实践能力培养，积极建构四大实践室课程。

核心理念是：玩学创。以玩促学，以学生创，三者相互融合，互相促进。

总体目标是培养具备创新意识与实践能力的现代小公民。

6. 沙溪镇第一小学："宁和"课程

"宁和"课程体系建构是学校办学思想、育人目标，是教育梦想实现的主要路径。基于"儿童在课程中央"的"宁和"课程建设理念，以及儿童成长需求、学校特色、区域资源三方面有机整合，在真正意义上指向儿童的可持续发展。

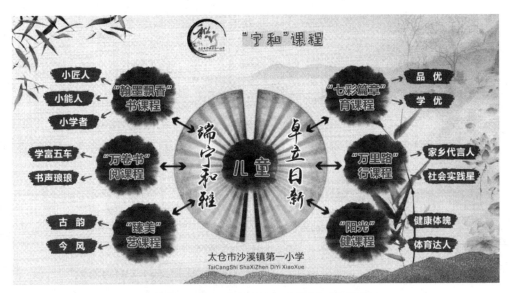

图18　太仓市沙溪镇第一小学"宁和"课程

"宁和"课程共分为六大系列："七彩篇章"育课程，旨在培养儿童的优秀习惯、优良品质，下设"品优""学优"两个系列；"翰墨飘香"书课程，旨在弘扬书家精神，帮助儿童在写得一手好字的同时，体验学习书法的持之以恒及坚持不懈，下设"小匠人""小能人""小学者"三个系列；"万卷书"阅课程，旨在帮助儿童养成良好的阅读习惯，习得适切的阅读方法，亲近传统经典文化，提升人文底蕴，下设"学富五车"和"书声琅琅"两个系列；"万里路"行课程，儿童在拓宽视野的同时，通过亲身体验，丰富经验、勇于创新，从而获得成长，下设"家乡代言人""社会实践星"两个系列；"阳光"健课程，旨在帮助儿童拥有强健的体魄、健康的身心以及良好的体锻习惯，下设"健康体魄""体育达人"两个系列；"臻美"艺课程，以提升儿童审美素养、艺术素养为目标，为其创造展示特长的平台，帮助儿童获得自信，下设"古韵""今风"两个系列。

同时，在实践的过程中丰富"宁和"课程的内容和形式，在探索的过程中完善"宁和"课程的评价，使其真正成为实现学校发展和儿童成长的主要路径。

在草根"淘金"计划的实施过程中，千淘万漉虽辛苦，吹尽狂沙始到金。城乡学校在建构特色学校文化的过程中，相互借鉴、启迪，共享共创共赢，每个学校都形成了自己各具特色的课程体系。在自成体系的过程中,也互有呼应,如实验小学的"三味课程"对于"真味""情味""玩味"课程的理解对他校的启发,如港城小学"玩学创"课程体系的开发,科教新城实验小学"小牛人"创客体验、高新区第四小学"精彩童年"课程、南郊小学"非遗传统文化"课程、沙溪镇第一小学以书法为特色的"宁和"课程,不仅深化了对国家课程的理解,也丰富了校本课程的开发,给了联盟内学生提供了更广阔的课程体验空间。

二、 新绿计划: 关注青年教师成长的队伍建设

自 2003 年以来,太仓市实验小学在集团化办学期间先后培养和输出了 25 名校级领导,派出 57 名骨干老师到农村学校支持教学管理和学科建设。

随着教师流动,2017 年 8 月我们对六校的教师队伍进行了调研分析。实验小学有 50% 以上的教师是农村调入的骨干,而农村学校有 30%～40% 左右的从城区学校前来交流和锻炼的教师。特别是新教师预分配二年城区五年农村支教的制度推行后,城区学校面临教师老龄化,且出现 3～7 年教师断层的状况。因此,六校面临着同样的教师培养问题:城乡教师如何融合? 如何摒弃劣质文化,重构新的优质文化,培养新生代的骨干教师?

为此,我们提出了草根"新绿计划",尝试寻找骨干教师成长的关键路径与关键的策略,帮助流动的教师实现二次专业成长。

(一)"新绿计划"的内涵解读

联盟自诞生以来,明确将培养各校骨干教师的草根"新绿计划"作为联盟计划的核心。我们尝试寻找骨干教师成长的关键路径与策略。教师实现二次专业成长的路径为:第一步,改变理念,提升视野;第二步,关注行动,课堂锤炼;第三步,凝练主张,寻找属于自己的句子;第四步,同伴互助,自我觉醒;第五步,形成风格,不断超越。关键举措是在六校全面推广实验小学积累了十年的名师"追随与突破"的培养教师的经验。

在学校初选的基础上,每所联盟学校推选三位骨干教师参与此项计划,并将参与草根"新绿计划"的教师作为学校的重点培养对象。联盟也为参与草根"新绿计划"的成员们创造上课、研讨、科研等互相交流学习的机会,争取在此计划的实

施节点内培养出多名太仓市学科带头人。

通过在教育联盟的磨砺，参与草根"新绿计划"的成员的业务能力提高了，成为各所学校课程和教育的领导者，推动了草根"淘金计划"和草根"播种计划"的实施，进而推进了学校的教育变革。

(二)"新绿计划"的主要举措

1. 骨干教师再做职业生涯规划

第一步，邀请华东师范大学杨小微教授为新绿教师做职业生涯规划指导；第二步，新绿教师分组分析自己的优势、不足、机遇与挑战；第三步，新绿教师交流自己的职业发展目标；第四步，各校校长点评，激励新绿教师为太仓的教育挥洒自己的青春，学校提供必要的支持；第五步，新绿教师修正自己的目标。

2. 骨干教师阐述教学主张

18位骨干教师聚焦课堂教学，提炼教学主张、阐释教学风格。江苏省教育学会杨九俊会长及联盟内校长、名师参与活动，逐一指导，帮助老师看到内在的、本质的、深刻的东西，于平凡中见新奇，发人之所未发，见人之所未见。在专家的引领下，在同伴的帮助下，骨干教师的教学主张得以不断完善。

3. 骨干教师课例打样

18位骨干教师进行跨校晒课和集中晒课，呈现多节高质量的课，涉及语文、数学、英语、综合各学科，惠及六校千余名学生。同时，邀请各学科领域专家进行评课。活动以促进深度学习为依托，从实践中寻找深度学习课堂的样本，研制标准。通过课例打样，教师们教学有参照，并不断打磨精进，使深度学习的课堂日益走向完善。在这过程中，骨干教师的课堂教学能力不断提升。

4. 骨干教师沙龙与论坛

为了培养新绿教师正确的儿童观与儿童立场，围绕"城乡小学生学习力提升之思考"，18位骨干教师分别交流自己的学习、实践、思考及疑惑，联盟各校校长为其一一点评与指导。华东师范大学杨小微教授做精辟的总结。校长倾力培养，专家悉心指导，新绿教师收获颇多。

5. 课题引领，助推新绿成长

无数经验表明，草根科研有利于培养思考型的、可持续发展的一线老师。我们利用集团化办学的奖励经费为联盟内全体教师发放了《道德经》《严氏家训》《哲学家与儿童对话》，为 18 位新绿教师购买了《名师的教学主张与教学风格》丛书。联盟内既有江苏省前瞻性教学改革项目《促进深度学习的自由课堂实践研究》的引领，又有基于深度学习理论的各类微课题研究，集束开题，集中研讨，互相借鉴。

我们打的这套"组合拳"，是基于名师成长的规律而进行的。第一年，先后组织了 9 次名师指导活动、5 次论坛、3 次沙龙和 4 次集体晒课活动。第二年，为新绿教师提供了最高规格的学习平台，一起参加全国教育博览会，一起到上海和北京参加京沪快线活动，一起参加江苏省教育科学研究院基地活动。

（三）"新绿计划"的成效及反思

"思想自由是创造的基石。"我们在每所学校每门学科都遴选出 35 岁左右有发展潜力的教师，开展名师"追随与突破"活动，把教学风格独特的全国著名特级教师请到身边，让老师们有真实的标杆可以追随、模仿、借鉴、学习乃至超越；每个学科教研组定期进行主题式五环跨校研修，可以让联盟的每位老师浸润在思考、实践、创新的研究氛围之中，让老师们在课堂中展现独特的教学风格；我们搭建教师沙龙与论坛，让老师把日常"做的说出来"，把"说的写出来"，养成理性思考习惯，把独特的教学风格不断地梳理出来、确立起来、展示出来，在自由表达中获得专业自信。这一教师培养模式在联盟校内全面推广，各校迁移了草根研修范式，帮助教师实现了二次专业成长。教师自由教，学生就会自由学，课堂上的深度学习才可能真正发生。两年刚过，这些"新绿"教师均成为学校中层干部和市级以上学科带头人，骨干教师培养成效显著。

新绿计划是整合各方资源、又快又好培养青年骨干教师的计划。关键突破点是研究教师教学风格的自由之美。研究教师教学风格的自由之美，首先要引导每一位老师养成良好的教学习惯，研究儿童，关注儿童的学习起点，教在儿童学的起点上，落脚在目标的高位处，把握难点与重点的教学细节处；研究教学风格的自由之美，不必担心老师的课堂不完美、有缺点，就怕老师不动脑筋，对教学没想法，把自己变成知识的搬运工，照本宣科；研究教学风格的自由之美，不禁锢教师的思考，不限制教师个性化表达，留给教师一定的自由发挥的空间。

三、播种计划：聚焦学习力提升的深度课堂

城乡学生的学习是有差异的。城区几乎 95％以上的孩子都参加各种培训班的学习，而这些培训班大多是培养兴趣，在综合学科方面占有较大比例。而农村学校学生大多不参加培训班，一些家庭经济条件好的学生会参加语数英的补课班。从学校教育看，城区优质学校对语数英以外的综合学科都是严格按课表上课的，也和主干学科一样考核，要求老师保证教学质量。而农村学校因为师资等原因，对综合学科，特别是综合实践活动重视不够，认为其可有可无，综合学科常常被语数英占课。即便是 2017 年，也存在这样的情况。城区学校学生的阅读量也明显高于农村学校的学生。而从全国小学教育发展状况看，生活化主题式项目学习、创客教育等在一些优质学校率先开始实践探索。因此，我们提出了草根"播种计划"，推动联盟内六所学校尝试学习方式的变革，播种创造性学习的"火苗"，让学生学会像科学家一样思考问题。

（一）"播种计划"的内涵解读

草根"播种计划"是探索联盟学生学习方式改变的一个行动计划，我们在各联盟校 3～6 年级遴选若干名优秀学生试行生活化主题式项目学习，并通过典型引路，形成相对成熟的学习方式后逐步推广。让小学生玩起来、学起来、研起来，让综合研究性学习在每个学校的课堂落地、开花、结果，让学有余力的学生先行启动项目式研究学习，带动各联盟校内形成"你追我赶"良好的学习氛围。

为了在教育联盟推动综合实践活动课程的全面实施，我们联合开发了"跨校研学旅行一日体验活动课程"，六校联盟协同开展陌生化体验活动，让学生充分体验家乡教育及社会发展的变化。积极探索育人新方法，通过"走出去"的方式解放学生的头脑，解放学生的身体，让学生在玩中学、玩中研，学思结合，知行合一。

表2 跨校一日体验活动选课菜单

学校	体验课程		体验要点
太仓市 实验小学	校内	爱"乒"才会赢 ——乒乓特色课程	1. 了解乒乓球运动的基本动作和比赛规则 2. 体验乒乓运动的乐趣,感受国球魅力
	校外	青少年活动中心 科技体验馆	1. 参观科技馆 2. 尽可能多地参与科技互动项目
科教新城 实验小学	校内	我是小创客 ——创客课程	1. 参与一次创客整合课 2. 制作一件创客作品
	校外	大科园	1. 参观大科园 2. 对感兴趣的科学项目做后续研究
南郊小学	校内	木兰从军 ——木兰拳课程	1. 了解木兰拳的发展历史和基本套路 2. 学会2~3个木兰拳的基本动作
	校外	规划馆	1. 了解太仓的发展历程和未来规划 2. 参与馆内2~3项体验活动
港城小学	校内	动手动脑玩起来 ——数学实验课程	参与一堂数学实验课的学习
	校外	污水处理厂	1. 参观污水处理过程 2. 用一种艺术手法宣传保护水资源
高新区第 四小学	校内	我心飞翔 ——情绪课程	1. 参与一次团队心理辅导课 2. 学会一个管理自己情绪的方法
	校外	德国企业	1. 参观德国企业 2. 了解德国文化
沙溪镇第 一小学	校内	翰墨飘香 ——书法课程	1. 参与一次书法课,认识文房四宝 2. 学会写2~3个毛笔字的基本笔画
	校外	沙溪古镇	1. 畅游老街,了解相关历史故事 2. 用一种艺术手法再现老街韵味

学生在吸收异质文化过程中不断生成和发展动态的学习方式、生活方式。通过参加联盟的校际体验活动,学生得以发展不属于本群体的生活方式。在这种异质文化的影响下,学生们得以开拓视野,激发创造力,优质均衡发展新生长点的潜在能量被激活。以研究性学习为突破口的"播种计划"体验活动,让教育均衡与教育优质所产生的冲突与张力转化为教育动力。学生在跨校交流学习中获得不同

的学习体验,进而形成自由、民主、开放、创新的现代学生文化。

(二)"播种计划"的主要举措

1. 党建转起来,培养联盟学生的红色基因

我们在托管期创生的跨校一日体验活动课程的基础上,加入党史、团史、队史的课程资源,引入"1+2+3"党带团、团带队的党建机制,数字1、2、3是虚指的,表示党员、团员和队员人数的逐渐壮大。讲授党史、团史、队史,不仅要求图文并茂,而且要求师生都参与其中,互动提问。这项活动由联盟理事长学校发起,六校任意选择伙伴,两两对接,不断转起来,每所学校的学生都能在其他五所学校体验不一样的课程内容。异地异校陌生化体验,增强了学习的效果。

2. 举办学生大讲堂,推动各校项目化学习

我和联盟校老师一起在六年级遴选学有余力的学生试行生活化主题式项目学习,每周用一节课的时间,指导他们开展项目化学习辅导,为期一个学期。在联盟校内,请校长们着力在学有余力的学生中推行项目化学习。经过一个学期的探索,在期末,我们以举办学生大讲堂为抓手,每校选出三名同学集中讲述项目化学习的过程,展示学习成果,同时邀请专家现场点评,组织全年级的学生聆听。这种形式极大地鼓舞了学生的学习积极性。每年12月23日的草根文化节举办这样的大讲堂,为学有余力的学生提供个性化发展的平台。

3. 在联盟内举行STEAM课程的课例打样

我们把六校的科学和信息技术老师集中起来,以课例的形式,请专家为全体教师进行课程启蒙培训。六所学校的老师各有所长,有的以科学老师为主体推动,有的是以信息技术老师为主体推动,有的是以数学学科为主体推动,还有的是全科推动。

港城小学建立了以"玩学创"为特色的数学实验室和种植基地;高新区第四小学着力进行木工课程的STEAM建设;太仓市实验小学打造了创新实验室,并引入台湾科学课程,将STEAM课程在年级层面全线实施,让每个学生都体验到课程打通和整合带来的新的学习方式。

太仓市实验小学进行的"菜单""蜗牛""瓶罐小花园"等系列课程,走校本课程开发之路,已经开发了一系列的STEAM主题课程,并进行了"感知生长"物联网

技术促进学生种植观察方面的研究,以综合实践课程为载体,在不同年级予以推广。

在拳头产品打造方面,太仓市实验小学和科教新城实验小学共同加入太仓市机器人教育联盟,科教新城继续发展科幻特色,成为全国创客教育的实验基地,港城小学的学生冲出国门,参加国际编程比赛并获得金牌;太仓市实验小学的编程项目摘得全国桂冠。

4. 组建各种研究小团队,持续推行前瞻性研究项目

太仓市实验小学以 2016 年领衔的江苏省教学前瞻性项目为指引,从观摩学习到同台上课到独立开课。我们每一个研究团队都是由城乡教师组成的,有的研究"学科 + 儿童哲学",有的研究课程的开发,有的研究全科阅读,有的研究智慧云平台的运用,这些研究都指向学生学习方式变革的新视角,具有一定的挑战性,但也容易收获成绩。我们六校联盟已多次为大市学校开课,展示我们的深度学习自由课堂,为五个国家的友好学校、逾十五个城市的校长和骨干教师提供学习观摩的现场。

(三)"播种计划"的成效及反思

太仓市实验小学"促进深度学习的自由课堂实践研究"是江苏省基础教育第二批前瞻性教学改革实验项目,"播种计划"作为项目研究的核心内容之一,由盟主学校在联盟校内加以推广。盟主学校用先进的教育教学理念、思想及操作策略影响联盟各校教师教育教学方式的改进。联盟的平台搭建,让"促进深度学习的自由课堂实践研究"项目辐射范围更广。

各校的综合实践活动成果在市级以上评选活动中获奖,形成了很多 PBL(项目式学习)案例。如太仓市实验小学陈卓尔同学的"哈利波特的咒语",就是围绕个人兴趣展开的研究性学习,她遍读《哈利波特》,甚至翻阅英文版,在搜集整理了各种咒语之后,创造出了独一无二的咒语游戏棋,带领同学们玩得不亦乐乎。各校也自主研发了成熟的项目研究,如太仓市实验小学"菜单"项目进行学科整合,集多人智慧,搭建课程框架。"瓶罐小花园"逐渐做成校本项目研究。港城小学"德宝玩具与手工实践制作的研究"、科教新城实验小学的小牛人创客等,都是基于教育联盟的学习方式变革,草根"播种计划"提升了联盟内学生的整体素养。

　　草根大讲堂活动，促进学生自由表达，展示自己的项目成果。在联盟学校的学生研究性学习项目展示中，我们看到"研究性学习"在闪耀。沙溪镇第一小学金凌同学泼墨挥毫；南郊小学朱李嫣同学昆腔婉转；高新区第四小学的同学首次登台作太极拳的介绍，称打太极拳是自己"人生中的一次突破"；港城小学的机器人走上了国际竞技赛场，令人啧啧称赞；沙溪镇第一小学的同学们介绍了他们自己研究的沙溪旅游，得到台下太仓市旅游局局长的高度赞赏；科教新城实验小学的牛牛农场，以严谨而活泼的课程建构，让农场成为同学们学习的大舞台；高新区第四小学的课间游戏研究，更是所有同学都喜爱的研究项目。

　　草根"播种计划"关键突破点是研究综合实践活动课程。综合实践活动课程可以体现不同的学习方式——精益学习、迭代学习、项目学习、体验学习、表现学习等，体现了各科学习方式在实践中的综合运用。研究综合实践活动课程如何解放学生的心灵，必须把深度学习的理念引入其中，让学生有兴趣地学，主动地学，活学活用。关注学生深度学习发生的全过程，成为学生研究性学习的组织者、指导者。让学生真实地、生活化地表现自我，体会人性之美。播种计划聚焦学习力提升的深度课堂，用高阶学习"包裹"低阶学习，最终将实现学习方式的变革，连接儿童学习的当下与未来！

　　草根的"淘金"、"新绿"、"播种"三大计划的顺利实施，证明了在集团化办学过程中，我们所选择的对于特色课程的建设、对于教师的在职培养、对于学生的学习方式变革的三个切入点是精准的，有效的。

　　当然，联盟合作远不止这些。为了提升教学核心部门"教导处"的课程领导力，我们组织了集团内六校教导主任的网课评比，磨炼教导主任们的理论与实践能力；为了回应国家对于"四有好教师"的要求，我们进行了教育联盟"四有好团队"的建设，培养有理想信念、有道德情操、有扎实学识、有仁爱之心的好教师，我们在论坛上邀请教师畅所欲言，在电脑机房提升教师的信息技术能力，为教师推荐好书共读，在教师节评选并推出"师德标兵"……

　　春风化雨，润物无声，我们抓住了学校中最宝贵的教育资源——教师，让教师在工作中找到自己合适的位置，珍视自己工作的价值，将个人的发展与学校的发展紧密地联系在一起，实现了教师和学校的"共赢"，特色课程的"共创"以及学生学习方式的"共创"。

随着信息科技的发展，网络的畅通已经可以部分破解学校地理位置的阻隔，当我们回归到教育的初心时，无所谓城与乡，单体校抑或集团化，疫情期间，我们集团内许多老师都在网络平台上，面对全太仓的孩子来公开授课，在线教育已经勾勒出了一个更加广大的教育集团，在这个松散且虚拟的公共教育集团中，虽然仍有很多的问题，但未来已来，共创之势，势不可挡。

【联盟大事记】

2017年8月18日，苏州市义务教育集团化项目结项暨太仓市教育联盟启动，太仓市分管市长和苏州市教育局分管局长、太仓市全体中小学校长和苏州义务教育项目50所学校校长参加活动，12位特聘专家参会。下午，实小联盟六校校长分析交流本校师资、生源、学校文化等前期调研情况，何永林局长和杨小微教授等参会。

2017年8月20日，六校联盟校长商讨联盟章程，启动"淘金"计划、"新绿"计划、"播种"计划相关工作。

2017年9月—12月，教育联盟"淘金"计划开始实施，推送18个特色课程，包括《入学篇》《心理篇》《环境篇》《书法篇》《创客篇》《学习方法篇》等。

2017年12月，教育联盟"新绿"计划开始实施，每校3名青年骨干教师轮流到不同学校晒课，共开设公开课18节，受益学生达千人。

2017年12月，教育联盟"播种"计划开始实施，以"联盟校学生大讲堂"方式，进行学生项目研究的个人展示和集体展示。

2018年3月，教育联盟"党建跨校一日体验转起来"活动开始实施，六校学生代表轮流开展跨校一日体验，学生得以在另外五所联盟学校内体验别样特色课程。

2018年4月，联盟校"STEAM"项目开始实施，实验小学和港城小学教师进行课例打样，华师大专家进行指导，六校信息技术和科学老师参加了活动。

2018年5月，联盟校内同伴互助式调研，对沙溪镇第一小学进行教育质量诊断，形成语数英及综合学科的督导报告。

2018年5月，教育联盟"儿童哲学"项目开始实施，华师大程亮教授执教"学科＋儿童哲学课"，联盟内每校培养一名儿童哲学的种子教师，2019年，太仓市实验小学成为华东师范大学基础教育发展研究所"儿童哲学"研究项目试点学校。

2018年11月，教育联盟组队在珠海参展"第四届中国教育创新成果公益博览会"，分享多年实践的城乡校共同体建设的研究成果。

2019年3月，太仓市教育局王晓芸局长参加太仓市实验小学教育联盟校长联席会议，对联盟工作进行了方向指导。

2019年9月，教育联盟以"一年级起点研究"项目，培训各校分管校长和教科室主任年级督导的方法，分享一年级起点研究的现象、反思和对策交流，优化起点研究调查报告。

2019年10月，教育联盟代表参加于北京首都师范大学举办的"学校改进与伙伴协作学术研讨会"，钱澜校长、沈肖冰校长就文化传承与实践创新主题进行主旨发言。

2017年—2019年，广东省佛山市、上海市徐汇区、贵州省玉屏县、陕西省周至县、甘肃省张掖市、浙江省桐乡市等教育局领导和校长到校参观访问，考察集团化办学，钱澜校长被姑苏区教育局等多地聘为集团化办学教育顾问、专家、导师。

第六章
年级督导：城乡学校共同体的质量保障

在办学过程中，学校常常面临质量监督的需求：怎样及时了解学校内部各部门运作状态？教师工作状态如何？学生的学习进展怎样？校舍硬件在哪些方面需要更新或维修……学校的编制中，不可能设一个独立的督学，且单个教师的观察与诊断不足以反映学校方方面面的发展状况。

在多年的学校共同体建设过程中，太仓市实验小学创生"年级督导制"，以此凝聚工作目标，落实工作成效。年级督导，将"教研训评改"五项工作一以贯之，即在一项工作中融合"教师培训、教研活动、科研活动、教学评价和教育改进"等多项工作任务，成为横跨各校的集团化办学的质量内控有效机制，更是助推学校办学质量不断提升的强大动力。

在督导任务安排过程中，我们及时明确督导要求与标准，分享教育教学先进理念，进行教师培训；在课堂观察过程中，依托教研组力量，发挥学科带头人的领军作用，进行高质量的教研活动；每个年级的督导都设有不同主题，紧密围绕学校各项科研课题落实课题研究；在督导反馈工作中，发挥教师的主观能动性，进行教学评价，各位学科带头人是评价中的首席；发挥学生的主体作用，对自己课上的学习情况进行自我评价。在督导后，每位学科老师根据同伴的建议，及时改进教育教学的行为，学生也要进行学习方法的改进。行政人员对师生进行持续观察并提供资源保障和必要帮助。

太仓市实验小学坚持"自下而上、人人参与"的"草根化"管理理念，依托"年级督导制"，让校园中不同岗位的人员都参与到学校的自主管理中来，不仅在管理项目上全覆盖，在管理内容上更深入，而且在托管九曲小学和直塘小学期间，年级督导的方式让实验小学在最短的时间里掌握了对方学校方方面面的发展态势，予以针对性的管理改善；"一体化"办学时期，年级督导制让城乡结合部的学校迅速发现自己的特长与内需，走上科技特色发展之路；在集团化办学期间，年级督导制也顺利迁移到多个农村学校，有效地发挥学校管理的自我监控与调整的作用。可见，年级督导制度是一个行之有效的学校质量内控机制。在不断迭代升级的过程中，年级督导逐渐成为"教研训评改"一体的生动表达。

第一节　单体校时期年级督导制的创生

太仓市实验小学是一所百年老校，回顾百年的办学史，每一阶段都有可圈可点的地方，其办学水平一直是县域的标杆，赢得了教育主管部门的肯定和老百姓的口碑。随着新课程改革的不断深化，学校"草根化"办学理念日益完善，学校提出了"办有生命力的草根情怀教育，为每位师生提供更多发展可能性"的核心办学目标。

进入 21 世纪，学校响应教育部教师流动政策，承担了"太仓市教育人才培养"以及"新教师实习基地"任务，每年输出骨干教师、流动率均超过 15％。在这样的情形下，太仓市实验小学一如既往地引领区域发展，起好示范引领作用，且连续十六年在太仓市教育局教育质量综合评估中名列前茅，这离不开"草根文化"的浸润，也离不开年级督导制一以贯之的实施。

年级督导制是一项直抵教育质量核心的管理制度。

一、督导目标：质量监控的多元分析

说到办学质量，老百姓眼里看的可能是孩子的分数，而对学校和一群专业的儿童教育工作者来说，看到的应该是全员、全面、全程的质量观，它应该涵盖孩子们方方面面的成长。2004 年起，太仓市实验小学"草根团队"致力于研究各个年级的学生特点，研究学生关键能力与学科核心素养操作要点，研究多元的评价方式，研究草根化工作管理的不断改进，适时转变评价视角，激发了基层老师对"年级组"督导的内在需求。

（一）年级督导制的特点

年级督导制是原有教学"六认真"检查制度的超越与转向，主要实现了这样几个转身：

第一，同伴互助。从自上而下检查评价工作优劣走向，同伴互助，发现问题，及时改进，把问题消灭在萌芽状态，让优秀成为一种习惯。

第二，全人教育。从单纯考查学生主干学科成绩走向关注学生全面素养的发展。重视全人的教育，立德树人。

第三，观察儿童。从关注教师行为转向观察儿童、研究儿童的发展，促进教师教学行为的跟进。观察儿童、研究儿童，把教师工作的兴奋点调动起来，促进了教师的专业成长，让教师成为真正的儿童教育专业工作者。与此同时，为差异教育和个别化教育的实施提供了前提条件。

第四，全员发展。从关注部分学生、部分老师的发展转向关注每位学生、每位老师的发展。在学校这样一个基层组织中，充分落实优质均衡教育的理念，让每一个老百姓的子女享受优质教育。

第五，持续发展。让老师们从单纯教学的年级质量转向学生的可持续发展。一年级督导，我们请来幼儿园老师，共同摸清儿童学习起点；六年级督导，我们请来初高中的优秀老师，共同做好中小衔接，对毕业生的发展进行跟踪研究。

正因为年级督导在诞生之初就有这样的一些特点，所以老师们对于督导，从最初的有所疑虑到后来的渐渐适应、接受与支持，发生了态度上的转变。在作为被督导的主体的同时，老师们自身也参与督导之中，比如说同学科的听课，学校也会借助他们的力量一起督导听课，参与3分钟评价反馈，老师们也获得了同伴学习交流的机会。对于督导，老师们的态度从"被挑刺"的担心转变到"获得帮助和交流"的坦然。

在督导学生的行为习惯时，学校督导人员会跟随这个班级的学生观察他们各个课堂和活动的表现，可以弥补学科教师甚至班主任只是有限了解学生的不足，认识到同一群（个）学生在不同学科和场合中的表现，打通学科教学壁垒，从学习行为习惯的根上，对这个班级建设给出一定的建议。

正因为督导是诤友式的督导，是发展性的督导，而不只是一个工作状态的监督检查，所以督导的价值容易被接受，在督导反馈会上，常常听到老师们真诚的感谢。

（二）年级督导的依据

督导要符合国家的教育政策,具体需参考各学科的国家课程标准、《太仓市义务教育学校综合督导工作手册》《苏州市义务教育学校综合督导评估方案》（苏教督【2009】6号）等有关规定,以实现规范办学。从"十一五"时期起,太仓市实验小学践行"草根文化",不断梳理办学成果,形成了"草根情怀教育"关照下的师生发展目标。这是年级督导制的一个依据。近年来,太仓市实验小学开展国际理解教育,我们把眼光转向上海,学习了《上海市中小学生学业质量绿色指标（试行）的实施意见》,了解了 PISA 考试的目标指向,使学校的督导依据更具现代水准。江苏省基础教育研究院杨九俊先生的专家团队、华东师范大学基础教育与发展研究所的杨小微专家团队等定期来指导督导量表的制定与改进,苏州、太仓的教育主管部门定期来校对年级督导制提出一些宝贵的建议,使我们的督导工作更加的规范、科学、专业。

二、督导操作：简单易行,讲究实效

在这样一个互相学习、互相借鉴、互相模仿的信息时代,几乎每一所学校都在尝试运用督导的制度,进行各种自我检查、自我调研,但效果和作用却大相径庭,为什么？太仓市实验小学倡导"自己的孩子自己抱",各个年级老师各司其职,自己的年段目标自己落实,要用数据说话,要用实绩说话。

（一）督导的主题确定

一年中,我们会对 1～6 年级进行一轮细致的综合督导。每次督导做到每个班级全覆盖,开设的学科全覆盖,对教师、学生的关注全覆盖。每次督导时间至少为一周。最初的五年,我们的督导是由年级组长抽签决定督导时间。之后十年,随着对草根情怀教育课程整体建构,督导有了主题探究,有了系列规划。

9月,一年级新生进校,我们在督导过程中进行学生的起点研究,了解学生的性格特点、学习适应性、家庭教养情况等,在最短的时间里熟悉每一个孩子,在学生的起点开始对他的教育。

11月,三年级学生的中年级转折研究。三年级,学生的课程结构发生较大变化,学习要求有比较大的提高,英语要书面考试了,开始有作文课了,综合实践课程也开始出现,学生尝试项目化学习,他们十岁了,也有渐渐独立的势头。在这个过程中,学生能适应吗? 需要学校做出哪些细节的关照和调整?

12月,六年级学生的中小衔接研究。中小衔接的启动宜早不宜迟,在一个学期的后半程进行中小衔接研究,我们会邀请中学的老师一起参与进来,共同诊断。这样,在六年级的下学期还有一段时间,可以进行更加流畅的学段衔接。

3月,五年级学生自主学习能力的培养。自主学习能力培养是在每个学段都要关注的,而作为跨入高年级段的五年级,学生的自主学习能力尤其需要凸显,他们要逐步减少对成人指导的依赖,开始独立学习。

此外,四年级的学习心理与品质的观察、二年级良好学习习惯培养等主题,都是适应学生当下发展状况而来的。当然各个主题并非每年一成不变,可以做适当的微调。

对督导设立主题,可以更加规范督导的行为,对督导组的行政人员和老师来说,在进行课堂观察、学生行为观察等各方面,可以更加有针对性,也更加能够发现问题。

每月设立不同的督导主题,关注不同的学生发展重点,让督导向更加专业化的方向发展,在督导过程中,老师也可以获得更加专业化的提升。

表3　太仓市实验小学校内年级督导年度安排表

	月份	督导年级	主题
第一学期	9月份	一年级	起点研究
	11月份	三年级	中年级转折研究
	12月份	六年级	中小衔接
第二学期	3月份	五年级	自主学习能力培养
	4月份	四年级	学习心理与品质
	5月份	二年级	良好学习习惯培养

(二) 督导成员的确定

督导的主体由单一的行政人员转化为多元的研究团队和指导团队。人员主要包括学校领导、市级以上学科带头人、年级组长和教研组长代表。在部分督导项目中，我们会邀请家委会代表、幼儿园老师和中学老师、新融入教师、专家等一同参与。督导的主题不同，参与督导的人员也不一样。

邀请不同的成员参与督导，在不同的督导板块里发挥作用：

校长：整体策划督导方案，组织教师代表讨论完善方案，培训项目负责人，分享先进理念，有计划推进督导计划，总结得失，反馈改进，迭代升级，推广学校的督导经验。

项目负责人：全程负责督导的准备、组织实施和反馈工作，制订某一年级的督导计划，撰写督导报告。通常由年轻的中层干部轮流担任，目的是在教学现场培养青年干部，锻炼其组织能力、业务能力和科研能力。

市级以上学科带头人：通常邀请同一年级任教的学科带头人参与年级督导，这样对其他同年级老师的帮助会更有针对性与实效性，和一线老师交流时，有利于平等对话，信服度高。

专家：邀请课程与学科专家参与督导，主要论证督导标准的合理性，指导督导的工具量表的研制，保证督导的规范性与前瞻性。

家委会代表：让家委会成员参与到督导中来，意在获得理解和支持，家校共育。家委会成员大多受到良好的教育，有自己的教育观点，家长对孩子的教育也有建议权，利用督导的契机，加强沟通交流，增加学校工作的透明度，增加家长对学校的信任感。

幼儿园老师：在幼小衔接方面，落实"教在学生学的起点上"的学校研究。

中学教师：邀请太仓市实验小学对口中学每个学科的把关人前来进行中小衔接，在学科核心素养方面对小学毕业生进行初步考察，了解学生的发展情况并给出建议。

新融入教师：借机跟着督导成员一起听课、学习，基于新标准新要求的跟岗浸润式培训，让其理解学校的"诤友团队"的工作方式，更好更快地融入到队伍中来。在现场，新融入教师直观地看到太仓市实验小学的教师对教育教学要求的落地。

一线老师：在督导过程中，对教育教学中的重点、难点和考点等方面，一线老师可以再次明晰。

每一次督导，设若干个小组，每组包括2～3人，身份不同，作用不同。每组内设一名组长,负责汇总组内意见。有时候,我们采用跟踪班级全程督导,有时候按学科和条线分类督导,分分合合,合合分分,采集到的数据的价值是不同的。督导班级,容易发现班级之间的差异;督导学科,容易发现学科教学水平的差异。

(三) 督导的流程

流程的把握直接影响督导的效果与价值。督导的流程分为督导前、督导中、督导后三个阶段。整个流程充分贯彻"戴明环"的核心管理流程:布置任务、实施、评价、反馈与改进。

督导前,要研制督导方案,开好动员会,培训督导成员。研制督导方案,关键要解决每个年级学生发展的核心问题。尽管年级大主题已经确定,但分解成哪些项目来落实主题,分学科的具体观察点在哪里,需要收集哪些数据,这些都需要和年级组老师反复商讨。方案完善以后,我们通常提前一周把督导方案下发组内教师,项目负责人详细解读方案的细节,明确达成的具体目标和教师的具体要求。带着目标、明确任务之后,教师会主动准备,高品质地完成教学"六认真"工作。培训督导成员,主要是统一认识,统一督导标准,保证督导过程的客观公正。

督导中,有三个关键的操作要求:一是督导中采集的数据要保证真实有效;二是力求关注年级组内每个学生、每位老师的学习、工作状态;三是关注师生发展的情态,多发现闪光点。为了做到这三点要求,要对督导成员进行专门的培训。培训的主体不是一个人,而是一个团队,通常由年级组蹲点的行政去召集。督导过程中若有疑问要及时提出。特别是如何做课堂观察,如何收集数据,如何开座谈会,如何访谈,方法与内容都要培训到位。要让每位督导成员学会"一分钟表扬"与"一分钟批评"的"有效经理"的管理策略,提高工作效率。

督导后,重视行为跟进,策略调整,协商新愿景。行为跟进是针对组内教师存在的问题提出针对性改进措施,是可以操作的具体行为。策略调整是针对教育教学管理者的,目的是为师生提供更好的学习机会和服务指导。协商新愿景是最重要的一环。也是最见管理功力的一环。我们有三种协商的方法。一是点对点协商个人发展目标。比如:有什么个人职业发展目标?你准备读什么书?拜谁为师?需要学校提供什么支持?二是教导处对备课组的指导。比如:下阶段,学科优秀率可以达到多少?合格率可以达到多少?特长生还有哪些可能性?三是针对年级组的整体发展的协商,通常用沙龙的方式,形成一种开放的表达。比如:我们的年段最需要改进的是什么? 哪些要组内统一行动? 哪些方面班级要有个性化发展? 整个年级学生发展水平应该到什么位置?

(四) 督导的方法

最初的督导方法是听课、检查作业、开会反馈,这是一种单一的流水线式的检查。我们在此基础上不断反思、改进,特别是得到各方面专家团队的培训与指导后,督导方法已经转变成具有一定学术含量的科学研究。常用的有以下五种方法:观察法、问卷调查法、访谈法、测试法、资料分析法。

1. 观察法

观察法主要用在以下三个方面:课堂听课、班级文化布置、后勤保障。

听课时,为了解决教师提问的有效性,我们把问题分为"一般性提问""针对性提问""生成性提问"三类,设计"提问观察表"。这份表中的数据,可以帮助执教老师关注提问,改进提问,从而提高课堂效率。为了促使老师上课时兼顾到所有学生,发言时让更多的学生有表达的机会,按学生座位设计了《发言面观察表》。太仓市实验小学倡导小组合作学习,为了防止在实际开展的时候流于形式,我们借助《小组学习分工表》来观察小组合作的次数、时间、合作内容、组内分工、合作效果等,以指导合作学习,提高合作学习的效能。《游戏落实观察表》则是基于学校"草根情怀主题"开发的,用于观察教师在课堂中游戏环节的设计、学生反应、教学效果等内容,为后期改进提供依据。

观察班级文化布置时,可以从以下几个方面考虑:从橱柜的摆放、课桌肚和讲台的整理,可以看出班主任的常规管理与班级小家务落实情况;掂掂学生书包的轻重,看看里面放了些什么,可以大致了解学生的学业负担;观察黑板报的布置,可以了解学生的参与程度;观察"财富榜",可以了解班级的评价体系⋯⋯观察班级文化布置,能了解班主任日常的管理,简单易操作。

后勤保障方面主要观察设施设备的安全与维护情况。在督导中,我们发现四年级六个班电子白板普遍老化,可能会影响学生的学习,需要更换;观察班级饮水机的使用,发现部分班级饮水机摆放在黑板旁边容易积灰,需要换换地方并安排工作人员定期清洗;观察初夏电扇的开始使用情况,确保师生的安全;观察班级课桌高矮摆放，调整高度，让学生坐得更舒服……后勤保障也是教育管理的一个部分。

2. 问卷调查法

问卷调查法的特点是容易收集、关注人人，主要适用于三到六年级。太仓市实验小学针对每一个年级具体情况量身定制问卷调查内容，有"切口小""针对性强"的特点。问卷中收集的数据，成为我们后续工作改进的重要依据。

"作业时间"是教学常规管理中一个敏感话题，它不仅量化了教师作业布置的数量，也受到学生学习习惯和学习方法的影响，直接影响学习质量，所以教导处设计了《作业调查问卷》，以了解学生"回家作业时间""睡眠时间""自由支配时间"等问题。根据学生的回答，我们了解到学生基本符合"三到六年级书面回家作业在1小时以内""小学生睡眠时间保证9～10小时"。对于个别不符合的学生，我们采用跟踪调查的方式，以了解其不能保证的原因，并提出合理化的建议。良好的师生关系有助于学生对该学科的投入程度，并影响学业质量，我们通过向学生发放问卷调查"你最喜欢听老师说的三句话和最不喜欢听的三句话"，了解到学校师生关系融洽，满意度高。不少学生有感恩的心，乐于听从师长的教诲。"千人评实验小学"是太仓市实验小学的传统项目，它通过调查问卷的方式，了解家长对学校的办学诉求，评价学校工作，提出合理化建议。在年级督导中，我们继续征求家长意见，广开言路，形成家校合力，共同提高教学质量。

3. 访谈法

访谈分为教师访谈和学生访谈。教师访谈对象主要有三类且各有目标。访谈年级组长，是要全面了解整个年级组教师的思想动态、学生发展、家长情况。访谈教科研组长，是要了解本年级学生的学科发展现状，班级之间的差异与前几届学生相比较的优势和不足。访谈新融入教师，是要了解他们的适应情况，肯定优点，指出不足，提出改进策略，使其增强信心，更快地融入到学校的教师队伍中。学生访谈也分三类：访谈班长，了解班主任的班级管理情况；访谈学困生，寻找原因，提供建议，帮助其树立信心；访谈特殊心理的学生，则需要邀请学校心理教师，给予心理干预，提供心理疏导，必要时家长、学生、教师三方会谈，使这部分学生尽快恢复正常，更好地融入学校各项活动中。

4. 测试法

年级督导中的测试不同于平时的综合调研，它更强调专项素养的测试。出题人为本校学科骨干，便于把握学科核心素养；测试是为了聚焦问题，帮助任课老师及时发现问题，加以诊断和改进；测试时间为一课时，尽可能不加重学生负担，不打乱原有的教学秩序；测试手段根据学科素养特点灵活选择。以二年级为例，语文测试学生查字典，数学测试口算，英语测试单词默写。每一项测试都要评选出年级优胜者，激励更多的学生好好学习。再比如一年级测试学生识字量，由教研组长设计好生字表后，安排高年级学生一对一测试，以提高测试的准确性和实效性。一对一测试还广泛应用于语数英的口试、音乐的竖笛过关、体育跳绳踢毽等。

5. 资料分析法

日常教学管理中常需要教师上交各类资料，它们是教师劳动的成果，我们会进行分析和运用。这成为教学质量管理的又一法宝。

最直接体现教学质量的要数年级统一的调研。每次调研后，教导处都会着重分析三类资料：《年级汇总情况说明》，从数据中既要看整体水平，更要发现差异。"薄弱班整班试卷"，要从学生答题情况中寻找出现差异的原因。"教师作业设计与批改"，以了解任课老师对本学科的理解能力和作业指导中存在的问题。

必要时，教导处会对薄弱班级之前历届调研资料进行对比，寻找落后的起始阶段和原因。也会找同一个班级不同学科成绩做参照，更全面地了解本班学生的认识水平。批改作业中出现的最严重的问题是错批现象。在督导中，教导处会按固定页码或是固定学生等不同的方式，严格把关，以切实提高教师工作的责任心，提升教学质量。

这些督导方法的运用是根据实际需要灵活选择的，以保证督导目的的实现。且同一种方法具体在实施的时候会有调整，体现学校教学管理的与时俱进。

三、 督导落实： 教师培养中的平等对话

督导中对话的双方是"督导者"与"被督导者"，以学科带头人为主的行政团队、教研组长团队和年级组长团队的"督导者"，与被督导的年级组一线老师们就组内工作展开各项观察和交流。

督导中的课堂观察,通常在课后,抓住课间 10 分钟,及时反馈,给予肯定和改进建议。若发现比较明显的问题,则会在教研组活动或年级组会议上集中予以讨论和改进;如果发现个别老师在课堂中有明显的教学短板,问题更加严重和紧迫的,则会请学科带头人或教研组长等继续跟踪听课,在一段时间里持续从专业角度进行现场指导,帮助老师提升认识并在教育教学上有改进效果。

督导中的学生素养测试,会请相关教师和教导人员予以素养数据的统计分析,在反馈会上集中反馈。

教师发展方面的督导调研,有座谈会、问卷等各种不同的方式,了解老师的发展现状和发展需求,包括发展过程中相对短板的情况,在接下来的学校教师工作中予以针对性指导。

这样的对话,将学校各个条线的人员更加紧密地联系起来。

(一) 教师流动: 又一种城乡教师共同体

在太仓实施教师流动政策之后,城区学校的优质教师资源不再凸显:工作满 2 年的新教师都需要在农村学校继续工作 5 年;城区打算参评一级教师的青年骨干,为了职称问题,也会申请下乡;此外,学科带头人也有一定的下乡任务。在这样的流动政策之下,城区学校甚至出现了每年 15％的教师流动比例,犹如"铁打的营盘流水的兵"。

在教师频繁流动的状况下,每个学校首先面对的是教师培养问题:新教师对学校文化的认同,对学校制度的理解和执行以及因为教师调配带来的教育教学水平参差,进而引发一定的家校矛盾。

在学校内部,也形成多个不同的教学共同体:对新教师,我们有师徒结对;对从农村调配过来的青年老师,我们也安排相应的结对老师予以辅导。年级督导,不仅有助于行政管理层掌握新教师的发展动向,也有助于参与督导的新教师尽快全方位融入到太仓市实验小学的工作中来。

(二) 对教师的督导,为教师的后续发展奠定基础

太仓市实验小学把教师发展目标定为"有终身学习理念、有草根教育情怀、有课程开发能力、有专业生活情趣、有国际文化理解"的"五有教师"。具体表现为:

有终身学习理念:自我更新知识结构,科学制订生涯规划,适时调整发现自我，与时俱进研究儿童。

有草根教育情怀：理念追求、主动践行、积极传播。

有课程开发能力：有开发思路，能独立设计，会科学实施。

有专业生活情趣：喜爱阅读，善于写作；研究课堂，变革课堂（改进教学行为）；拓展专业兴趣，提升研究能力。

有国际文化理解：从全球视域理解中国的文化和教育，在国际比较中认识本土教育实践的优势与不足，在尊重与包容中汲取外国教育文化（资源）为我所用，把握国际教育发展动态，及时更新教育观念。

借助年级督导，我们将上述目标进行定向调研，调研数据成为学校教师专业发展规划的重要参考资料。

在教师专业发展督导时，我们设置了如下问卷：

年级组教师问卷（部分）

基本信息：性别、年龄、职称等

（1）是否能主动跟踪教育发展和知识更新的趋势，不断学习，不断超越，不断更新自身知识结构？

（2）是否制订科学合理的生涯规划，并能随着自己阅历的丰富、年龄的增长和岗位变迁不断调整？

（3）是否主动追求草根情怀教育理念，且对草根情怀教育有一般认识和个性化的理解？

（4）能否主动践行草根情怀理念，并通过自己的教育探索丰富草根情怀教育的实践？

（5）有无在其他场合向同行、家长介绍和交流过学校的草根文化和草根情怀教育？

（6）能否从学生实践需要出发，将生命化课程资源与知识化资源相结合，实现知识的适切性？

（7）能否挖掘地方文化资源，开发丰富多样的校本课程？

（8）是否关注国内外教育发展动态及潮流？

（9）是否喜欢阅读、思考和写作？

（10）有无参加课题研究？

这些问题的设置与学校文化紧密结合，在完成问卷的过程中，对老师进行了学校文化的传递。在某年级督导的教师问卷的分析中，我们有如下的评述：

1. 本年级教师的年龄结构情况较好，但男教师数量明显偏少，远低于校平均数，建议今后在教师安排上适当考虑这一问题。

2. 老师们都非常重视自己的专业发展，能够随时关心教育教学新动向的老师占比均超过 70％，且在教育教学的实践与创新方面同样保持了这样的高比例。即便是刚刚踏入职场的新人，也大多保持着旺盛的学习力和向上精神。

3. 老师们对"草根情怀教育"的认知度和认可度较高，可以加强宣传，把草根情怀教育的理念与精神、内容与实践方法加以梳理和细化，并形成一定的规范，让老师们对"草根情怀教育"有更深入的了解，进而产生认同感；

4. 教师能够主动阅读，希望阅读能够少一份功利，多一份文化人的悠闲和自在，可以进一步在校园阅读中增加人文部分的阅读推荐与阅读分享。

5. 教师们独立设计课程的能力还不足，但大多愿意在自己的教学实践中结合自身条件和经验、结合基于学生生活的资源开展教学。理念上的统一，为下阶段的工作开展奠定了良好基础，要注意顶层设计和有效引导。本年级老师中，没有一位曾经独立承担过课题的研究（主持人），需要在今后的科研指导中，加强指导和推动。

通过五个方面的调研和分析，本年级老师们对学校的教育教学主张和对老师的要求等方面已经有了一定的自觉认知和实践经历，但真正从理念认知转化为行动践行，无论是谁，都还有很长的路要走。教育的发展是没有止境的，学校的变化日日新，每一个孩子都是鲜活的、不断生长和变化的个体，因此我们的教师培养内涵也必须是日日新、时时变的。

当然，随着对督导问卷研究的深入，我们也发现，这份督导问卷的问题设计较为封闭，对教师有一定的价值引导趋向，就统计分析而言，是比较容易的，还需要设计一些开放的问卷题目，促进对老师实际的专业研究进展的了解。

在后期的督导过程中，我们的教师督导增加了"您还需要学校为您提供哪些发展方面的支持和帮助"这样的问题，让督导调研的问卷更加有效地实现双向沟通。

四、督后跟进：实现校内公平

每一次年级督导，至少一周。一周的时间用于督导，不仅为了了解教育教学的实际情况，更为了在一周之后年级组制定相关跟进措施，即"教研训评改"中的"评价"和"改进"。在改进之前，年级组内的每一个成员首先要知道本次督导的评价情况，"评"是"改"的前提，"改"是"评"的目标。虽然跟进的内容和目的各不相同，但都是为了促进公平，让每一个班级都能优质均衡。

（一）督导反馈会，让老师们更好地认识团队，团结合作

督导反馈会在召开前都会有预告，每个项目的负责人能够按照时间节点做好自己的评价报告。以某年级督导反馈会为例，我们设定的督导反馈流程如下表所示：

表 4　督导反馈流程表

反馈顺序	反馈内容	项目负责人
1	语文学科综合分析报告	语文教导主任
2	数学学科综合分析报告	数学教导主任
3	英语学科综合分析报告	英语教导主任
4	综合学科综合分析报告	综合教导主任
5	班级情况综合分析报告	德育主任
6	年级学生座谈反馈	少先队大队辅导员
7	年级教师调研分析	教科室主任
8	家长座谈会记录与分析	人事秘书
9	各班设施设备使用情况报告	总务主任
10	年级组教师发言	年级组长及教师
	督导总结	校长室

在反馈中,不仅会拿出相关调研数据,每位项目负责人的评价报告还要汇总所有参加该项督导的老师的意见。比如语文教导主任要汇总他和语文教研组长的课堂观察意见、学生素养调研情况等,在大约5分钟的反馈时间中,精要表达在督导中观察到的情况,给出中肯的建议;综合教导主任分析综合学科调研情况的时候,也要整理该年级学生综合学科的素养情况,让同年级不同学科的老师知晓。

这种覆盖全学科的督导反馈,让年级组内的每一位教师都能知道所执教的班级语文、数学、英语、综合学科的情况以及来自学生、老师、家长等不同方面的声音。原本执着于本学科教学的老师能抬起头,看到一个个真实的、丰富的儿童,看看在不同老师的指导下,学生的全面素养发展到什么情况。也许一个不太会写作文的孩子,在音乐学科上出类拔萃,一个学科成绩并不拔尖的班级,在班级常规管理上做得井井有条。学校也能在调研中了解老师的发展还需要哪些助推的内容。

这样的督导反馈,为后续的年级组改进提供了明确的目标和方向。

(二)多途径交流学习,让新(融入)教师尽快胜任,提升课堂教学水平

对新教师和新融入教师,学校都配备了学科师父、班主任师父等各种师徒结对。每年的督导,我们的课堂是完全开放的,会邀请同年级的新教师和新融入教师共同听课,同一个年级组,大家对教材、对学生都比较了解,在课堂观察过程中学习到的内容也更适用于他们自身的工作。

每年15％的流动率、新教师预分配,虽然导致教师队伍的不稳定,但也有助于多元价值的更新。对区域教育而言,这有利于优质资源的共享:一位好老师,身上自带的观点、方法、策略、资源等会给所在学校带来新的生机,带来新的机会;一位新老师,也需要尽快融入学校的文化中,而工作第一年的新老师,更是需要引领,尽快站稳讲台,让家长和学校放心。学校有青蓝工程,给每一位新(融入)教师配备了学科师父,并有明确的帮带要求。比如师父每周至少听一节徒弟的课,听后必评;徒弟的教学设计必须先给师父指导,修改后才能进教室;每学期徒弟要上汇报课,让组内教师一起见证其成长……这样的一对一帮,使每一位新(融入)教师能较快地从师父身上学到站稳讲台的诀窍。但这也是有局限的,就是徒弟只能学到某一位师父的精华。而年级督导则开放所有的课堂,让每一位教师(不仅仅是新教师)可以从不同的角度进行选择。对教师而言,年级督导不仅仅是被检查,也是一次团队合作、展现力量的机会。

我们经常看到，有的年级因为进度相同，被督导的老师选择同一个教学内容，但是老师们从完全不同的角度给予诠释，在课堂上展示出不一样的精彩；有时候，组内通力合作，用多个课时讲解某一篇课文，便于组内老师们把握不同课时的侧重……所以，年级督导不是对某一位老师授课效果好坏的简单评价，而是督导整个学科团队的钻研精神，让每一位教师都能在其中贡献出自己的智慧。

在督导这一周，督导的绝不仅仅是课堂，作业、班级常规管理、家长满意度等也要接受督导团队的观察、分析、评价。所以，对被督导的老师而言，这是一次业务全面指导的良机，新（融入）教师独自摸索的周期缩短了，班级和班级之间能尽快地实现优质均衡，教育教学水平能够保持在一个比较统一的高度，也获得了社会的认可。

（三）通过督导，了解"分数"以外的信息，为科学育人提供保障

好的教育，不能受限于统一的标准，而是需要不断扬长。通过年级督导这种形式，我们能准确把握各个班级的特点，除了学科学习，我们可以了解学生其他各方面的信息，以全面地掌握学习背后的数据，并给予分析与引导。

以某年级督导中一份学生调查问卷为例：

学生调查问卷（部分）

亲爱的同学：

您好！这是一份不署名的问卷。主要想了解一下四年级学生学习与生活的情况，仅供研究之用。请您协助我们认真填写下列问题。

1. 你每天睡觉的时间大约为几小时？（　　　）

　　A. 8 小时及以下　　　B. 9 小时　　　C. 10 小时　　　D. 10 小时以上

2. 每天做完老师布置的家庭作业后，你会做些什么活动？（　　　）

　　A. 已经很晚，洗漱睡觉　　　　　　B. 看课外书

　　C. 和父母一起交流或活动一下　　　D. 做些父母布置的作业

3. 在做家庭作业过程中，碰到难题时，如果思考后还不确定答案，你一般会怎么做？（　　　）

A. 询问父母或打电话问同学　　　　　B. 查阅书本或笔记

C. 空着等明天老师评讲　　　　　　　D. 写上不确定的答案

4. 今天的早读课,假如老师不在,你会做些什么?(　　　)

A. 看课外书或做作业　　　　　　　　B. 做老师提前布置好的任务

C. 小干部会组织大家活动　　　　　　D. 和周围同学聊天

5. 你认为影响学习成绩的主要因素是什么?(　　　)

A. 老师　　　　　B. 智力　　　　　C. 学习基础　　　D. 自身努力

6. 你在上课时对老师提出的问题(　　　)

A. 积极思考,踊跃发言　　　　　　　B. 参与思考,不太愿意发言

C. 不愿意发言　　　　　　　　　　　D. 置若罔闻

7. 你回家之后一般什么时候写作业?(　　　)

A. 爸爸妈妈或家教老师提醒我之后　　B. 自己主动写

C. 爸爸妈妈提醒后还不太愿意写　　　D. 先玩耍再写

8. 对老师或者教科书的说法,你是怎么想的?(　　　)

A. 我从来没有怀疑过他们的说法

B. 我偶尔会怀疑,但没有提出过自己的想法

C. 我一直怀疑他们的说法,也大胆提出过自己的想法

D. 没思考过这个问题

再次感谢你的参与。

太仓市实验小学大队部

数据统计(略)

数据分析

督导组从学生的睡眠时间、在家庭中和学校中的自主学习、学习策略,自我认知,学习动机和批判性思维等学习心理品质,进行了数据分析及建议:

第一,阅读指导精细化。

孩子们的自主学习中,大部分时间用在阅读上,做完作业后看书,早读课看书。像3班的陆老师的温暖坛以及4班倪老师的阅读周刊,都值得其他老师进行学习。

　　阅读建议：学生应该掌握一定的阅读方法，如精读、泛读。其一是阅读内容方面。孩子们的时间有限，可以鼓励选择性阅读，这样阅读的个性化可以得到体现；也可以鼓励孩子全科阅读。其二是阅读方法，教会孩子略读的方法，如看书评、看目录、看章节标题等，这样可以节省阅读的时间。其三是阅读评价，除了评选阅读之星等，可以鼓励学生开展合作，如办小报、图书推荐等方式。

　　第二，提升批判性思维。

　　学生们已经显示出良好的学习品质：思想上大都认为学习离不开自身的努力，课下能够主动地完成作业，上课能够积极思考并尽量发言，表达自己的想法。

　　高阶思维培养建议：高层次的学习需要有质疑精神，教育不仅需要孩子遵守纪律，更需要孩子表达观点，需要质疑与探索。拿到问题首先想这个问题的来源是什么。做题的时候，先思考这个题目的知识点是什么。然后是如何解决问题，解题的思路与方法有哪些？在这一过程中，可能有不同的想法，可能有困难，如何去应对？最后是对学习的自我评价：哪些方面我自己需要提升，我该采取怎样的方法进行提升？这些学习心理品质的培养对孩子的后续学习是十分有益的。

第二节　托管与一体化时期的年级督导制迁移

　　"托管"工作是教育局在长久酝酿的基础上出台的一项教育管理新举措，在此之前，从没有采用"委托管理"的方式由一所学校的副校长去另一所学校担任校长的先例。

　　在太仓地界，"一体化"也是个新生事物，两个财政各自独立的学校，却由一位法人校长管理，两校的行政团队和教师团队分头对接，进行传帮带。

　　以团队管理团队，首先需要一份非常全面的诊断报告，分析之后才能对症下药。太仓市实验小学实施多年的"年级督导"举措，为学校的发展性诊断提供了很好的一手数据。

　　在"托管"和"一体化"持续实施的几年中，和实验小学同步实施的年级督导，也让这几所学校的老师更加准确地把握自己学校的教育教学各方面状况，实现"毛细血管的对接"。

年级督导为农村学校和城乡结合部学校的发展带来了新的动力。

一、 托管时期的学校诊断

随着社会经济发展,城乡格局发生了一定的变化,其在教育上的表现为农村学校和城区优质学校的差距日渐拉大。为了保障所有老百姓的子女都能接受优质教育,太仓市教育局选择了几所农村学校进行调研,并以此为依据,安排太仓市实验小学进行托管。

2008 年 8 月,太仓市实验小学"委托管理"直塘小学。9 月 16 日和 17 日,太仓市实验小学邀请人民督导室、太仓市教育局、教培研中心的有关领导和专家组成督导组,对被托管前的直塘小学综合办学情况进行科学评估,为学校有针对性地管理整改直塘小学做好基础调研工作。

本次调研参照了 2007 年对九曲小学的督导调研,以太仓市实验小学实施多年的"年级督导"方式为参考,范围扩大到直塘全校师生,对直塘小学进行了精确诊断。

督导方法包括:访谈校中层领导;查阅学校提供的台账资料;分别召开学校教师代表和学生代表参加的两个座谈会;对全体教师进行问卷调查;对部分学生代表进行了德育基础知识测试;听了 43 位教师的 43 节课,检查他们的备课笔记和批改的作业;察看学校组织的校园活动、校容校貌、食堂、各专用教室及其他教育设施管理和使用情况;对该校三至六年级学生进行语数英学科的调研。本次调研全方位地了解了直塘小学的办学情况,形成一万字的调研报告,包括如下督导项目分析:

一、直塘小学基本情况

包括建校历史、教学班、学生数、外来务工子女比例、教师基本情况等。

学校教师现状:分析教师的优势与不足,教师对托管的认识,个人发展动力等。

二、调研基本情况反馈

(一)学校德育常规管理情况

从校园环境、课堂之旅、德育常规管理、资料整理、网页栏目、法制心理角度等方面分析优势与不足。

（二）教学常规检查与教学质量情况

教学常规检查的内容有上课、备课、作业批改，了解教师"六认真"工作情况，分析教学常规中的优势与不足，并指出教师在课程理念、教学方法、师生互动、学生思维培养、教学反思质量、习题设计、学生作业批改等方面存在的问题。

（三）教学质量调研情况

对太仓市实验小学和直塘小学学生的各年级学科素养进行了同步全面调研，作为前测数据参考。

语文学科从字音、错别字、选择字义、古诗文积累、阅读理解进行重点分析，数学从计算与解决问题、概念及概念的灵活运用进行重点分析，英语从听力、单词掌握、基础知识、语法等方面进行重点分析，并统计了合格率和优秀率。

（四）学校教科研基本情况

从学校承担的课题、学校的研究宣传、科研管理、课题运作机制、教师论文撰写以及教师对课题的认识等方面进行了解，分析优势与不足。

（五）学校资产和现代化设施设备情况

实地调研并如实陈述直塘小学的校舍、专用教室及其作用的发挥，电脑生机比、电脑使用情况，其他电教设备包括液晶投影仪、电视机、红领巾电视台的设备、摄像机、录音机的使用状况，学生课桌椅是否适配以及教师办公条件等。

（六）档案室设备与管理情况

分析了档案室的硬件条件和档案管理的规范情况。

三、整改建议

1. 德育管理要趋向规范化，常规管理做实做细，做好资料的积累工作。德育活动要以学生为主体，展示学生的才能，锻炼学生的能力。

2. 加强新课程理念的学习；扎实教研活动，踏实校本研修，以专题性研讨活动为抓手，切实提高教师的教育教学水平，向课堂教学要质量。

3. 加强师资队伍建设，重视师资队伍的梯队建设，做好校级骨干教师的申报考核工作。

4. 教科研管理工作要从理念上深刻认识"科研兴校"的重大意义，从行动上让每个组员发挥自己的能量，从学术上开展读书学习、反思活动。加强培训分解并落实任务,制定时间表并加以督查,落实考核工作。

这份详尽的督导诊断报告,也为实验小学随后开展管理工作提供了非常有价值的参考。全面督导诊断出的问题尽管刺目,但让人清醒地认识到,城乡学校之间确实存在一定的差距,"托管"势在必行。

太仓市实验小学的副校长、直塘小学校长周培亚在这份报告的基础上,与太仓市实验小学和直塘小学的教师共同研讨,制订《直塘小学三年发展规划》,确立老师们的发展愿景。三年中,在太仓市实验小学的支持下以及在直塘小学的配合下,这些规划一一实施。尽管不再进行更多的横向比较,但对直塘小学的管理和教学人员而言,每一次督导听课,他们都能看到学校在不断地进步。

三年,太仓市实验小学团队最终顺利地完成了"托管"任务。

二、 一体化时期年级督导制度的成功推行

年级督导制在他校实践最彻底也是最成功的是科教新城实验小学。这所学校创办于 2013 年,前三年由太仓市实验小学一体化管理。当时,每一期的年级督导均是和太仓市实验小学同步进行:同一份方案、同时实施、数据共享、评价共析。也是在这样一种管理方式下,科教新城实验小学在短短几年内,就跻身太仓市综合质量一等奖行列,成为太仓教育的一张新名片。

(一)在督导中整体迁移太仓市实验小学教学"六认真"的高标准

教学"六认真"是抓教育教学水平最核心的要求:认真备课、认真上课、认真批改作业、认真辅导学生、认真组织活动、认真组织考试。每所学校都要实施教学"六认真",然而,对于"认真"二字的解读却各有不同。

太仓市实验小学的教学"六认真",是以学校多年高品质工作的积累为基础,集合全体老师的智慧形成的教学要求,非常细致:作业怎么批改、错误怎么订正,都有相关的建议。

这样的"拳头产品",太仓市实验小学无私地分享给科教新城实验小学,对"六认真"要求一体化,直接按照这样的"六认真"要求开展日常的教学。督导时,再次强调"六认真"的行动细则,让对"六认真"标准认识还不够清晰的老师进一步加深认识。同时,督导时可以横向比较老师对"六认真"的执行情况。

（二）督导成员的一体化培养，为科教新城实验小学的可持续发展培养专业的管理团队

每一个参与督导的人都可以有所获益。在一体化管理期间，太仓市实验小学和科教新城实验小学同步开展督导，实验小学6轨，科教新城实验小学3轨，共9个班，督导时，就有了扩大版。

在一体化管理的第一年，督导成员以太仓市实验小学为主，20个督导成员中，三分之二来自太仓市实验小学，三分之一来自科教新城实验小学；实验小学的各学科教导及学科带头人，分别指导科教新城实验小学的相关督导成员，如英语，由太仓市实验小学的苏州市学科带头人高老师带着科教新城实验小学的英语骨干教师，一起进行课堂观察。

在这样的督导引领中，科教新城实验小学的老师成长得非常快，到第三年，在科教新城实验小学督导的时候，人员比例有所调整，三分之一是太仓市实验小学的教师，三分之二是科教新城实验小学的老师。

（三）适度调整课堂观察重点，引导科教新城实验小学老师突破工作重点

在"一体化"管理时期，太仓市实验小学在研究"草根情怀课程"，督导项目也围绕"草根情怀课程"的建构而展开。在科教新城实验小学，则根据学校的发展特点以及该校学生的学习特点而有所变化。

1. 对学生思维力的关注

农村学生对于挑战性问题的发散较少，因此在督导过程中，重点观察课堂中对一般问题和挑战问题的设计，尤其关注教师有没有对挑战性问题的设计，以教师的好问题引领学生学会思考。

2. 对学生学习薄弱环节的改进

两校学生的学情不同，在督导过程中，我们发现太仓市实验小学有听和说的课后作业，而农村小学则比较忽视这个方面，由此导致科教新城实验小学的学生在英语的"听说读写"四个基本技能方面，"听"和"说"的锻炼比较少。在反馈情况时，督导组强调英语学科要注意口头能力的表达，并指导科教新城实验小学的英语组进行听和说的作业的布置和指导。在督导语文学科时，发现六年级的学生较为依赖范文，写出的作文缺少独立的思考，因此及时对老师进行作文指导的相关培训。其他综合学科则在督导时观察课程执行力，不准占课，保障课时，将"每个学科都重要"的理念，用这样清晰的方法直接传递给每个老师。

3. 对学校课程建构的研究推进

三年"一体化"管理，在督导过程中主要推进了阅读和科技特色课程，如督导成员关注科教新城实验小学各年级学生的阅读量、阅读内容和方法，课后主题阅读单元的推进，课外阅读的落实。在第三年，重点关注了科幻主题课程的建设。

（四）督导反馈中的诤友团队建设，培养敢于直面问题的工作作风

在"一体化"进行年级督导的第一年，教学反馈会开得特别久，需要和年级组里每一位老师进行沟通和对话。反馈的时候，以太仓市实验小学督导成员反馈为主，科教新城实验小学的督导成员一起听：为什么这样设计督导的项目，为什么这样设计问卷的问题？与年级组里的老师协商：你的平均分与合格率的目标是多少？

在反馈时，太仓市实验小学的督导团队秉承一贯的高效而坦诚的工作作风，直指问题核心，给出改进的三条建议。然而，忠言逆耳，向来客客气气的同事在反馈会上这样直白地指出问题，尽管也知道是对事不对人，但有的新融入教师接受不了，觉得自尊心受到伤害。

随后，督导团队改进了工作方式：首先，对课堂观察的反馈总是争取在课间10分钟内就扫清，有时候也会邀请学生来现场评课，请被督导的老师换位思考；在开反馈会的时候，更加注意肯定老师们的努力和优点，鼓舞老师们的工作积极性。渐渐地，老师们学会了自我反思，自加压力，自定目标，在会议上表达自己的工作愿景，提出后期举措，反馈会的改进目标得以落实。第三年，在督导反馈会上，实验小学只派代表过去，科教新城实验小学的老师们可以独当一面了。

以太仓市实验小学和太仓市科教新城实验小学同时开展的三年级督导中的计算专项调研为例，我们可以清楚地看到两所学校的学生共性和差异，从而给出相对应的改进策略。

实验小学报告

一、试卷中关于计算部分的分值分布与各班各题的得分率（略）

原因分析（略）。

今后措施：

1. 加强基本算理教学

计算是数学学习最基础的一块，必须在课堂讲清楚各种类型的算理，让学生明白所以然。另外，计算又是一项必需的技能，所以，需要有一定数量的口算练习。建议按照当前的教学进度，设计针对性的口算练习，要求学生每天用数分钟完成，每周过关，督促学生切实提高计算能力。三年级开学至今共有4份口算练习纸，从数量来看偏少，容易导致学生"熟练度不够"，建议设计得更勤一些。

计算并非传统意义上的死算，其中不少题具有思维含量，要在课堂上引导学生去发现其中的乐趣，感受计算练习的愉悦。

2. 重视变式练习

在日常教学中，要注意变式练习，从易到难，循序渐进；要引导学生自己去归类、总结、概括，在对比中抓住各种类型的计算特点，从而提高计算的敏感度。在变式练习中，要让学生自己去发现：哪类题是掌握得很好的，哪类题是容易出错的？错在哪里？然后再模仿自编习题，从而达到全面提高的效果。

3. 培养良好的写作业习惯

计算学习不同于概念学习，学生最大的困惑是明明之前知道怎么算，之后会订正，但做题时计算还是出错。其中最主要的原因是未能养成良好的写作业习惯，比如工整的书写，正确抄写数据，正确按照格式要求等，所以，平时在课堂上要树典型，还要抓住个别问题严重的同学严格要求，让每一个学生都能端正态度，尽力完成。

4. 以比赛激励

每学期期末，各年级均有计算过关暨大王评比，希望以比赛激励学生日常的重视与科学练习，整体提高学生的计算能力。太仓市实验小学的计算水准已经明显高于课标的规定，这与我们长期重视是分不开的，同时也说明了学生发展的可能性。所以，在扎实的基础上，要在灵活性方面进行努力探索与提高。

科教新城实验小学报告

一、调研现状（略）

计算基础薄弱。

计算法则理解不透。

不会灵活计算。

计算习惯较差。

二、措施建议

1. 狠抓习惯的培养。让每个学生养成认真审题、认真思考、仔细计算、自觉检验的良好学习习惯。在日常教学中培养孩子的观察能力，多让孩子进行辨别与评价，开展找错活动，加强抄题练习，对孩子检查的方法进行指导。

2. 狠抓计算基础。口算训练，可以利用每节课头 1~3 分钟或课余固定时间进行口算训练，变换形式，组织比赛等活动，使孩子通过练习变得熟练。笔算训练，坚持每天都有计算练习，达到熟练的程度，提高计算正确率。

3. 狠抓计算后进生。针对个别后进生制定可行学习方案，降低要求，抓住基础，让每个学生都有所得，有所发展。

4. 提高学生计算能力。加强钻研教材，开发利用生成性资源，让学生养成触类旁通、举一反三的习惯，在比较中深化认识，在变式中抓住本质，增强应用意识。

（五）关于督导制度在他校迁移的反思

我们在两校的督导过程中，有点对点的督促指导，也有学科的块面检查，还有多方意见的收集整理。在督导反馈会时，一个年级组的老师们全部围坐在一起，呈现数据，坦诚交流。这不仅是一个管理层对一线老师的工作建议，更是一个"教研训评改"一体的培训活动，在建议中找到方法，在对话中自我发现问题，在展望中明确愿景，相互之间交流碰撞，实践素质教育的全面性，不断改进和重构我们的督导，使之更加完善。

例如，诤友团队建立在相互的理解以及坦诚的沟通基础上，形成于新融入教师的教育文化氛围中。流动老师没有这样的文化背景，可能一时接受不了诤友的风格。当发现老师有抵触的心理时，督导团队会及时做出调整，采用流动老师能够接受的方式进行沟通，之后再逐步实施对老师的教育教学的改进。

督导发展愿景：对学生的发展进行长期跟踪，看学生的发展力、发展趋势和班级发展的差率，增强学校对学生培养状况的了解和掌控。

在督导工作中，我们的督导团队付出了大量的时间、精力，在自身工作量已经饱和的基础上，再每年进行一至六年级的一整轮的督导，涉及太仓市实验小学和太仓市科教新城实验小学每一个学生的发展，对每一个年级的督导都会形成几万字的督导报告，整理成册。这样无私的付出，助推科教新城实验小学在短短三年中快速发展。通过几年的实践，科教新城实验小学在年级督导中获益良多：过程性监控，将教育教学质量把控落实在日常；全方位把控，对学生活动、班级管理、学科质量等实行全面管理；及时性跟进，每一项评价都实现及时反馈、行为跟进的作用。正是这些年级督导的优势，推动着学校快速发展。

三、 校内督导制实施关注教育优质均衡问题

随着基础教育改革的进一步深化，人们从单纯关注政府层面资源配置为标志的起点公平，转向关注学校内部各种资源不均衡所引发的校内教育公平问题。受华东师范大学基础教育研究与发展研究所对学校内部公平指数研究的影响，我们的校内督导开始持续关注校内教育公平问题，并自觉运用督导数据调整学校内部管理，以期在更大程度上达成校内环境下的教育公平。

研究发现，学校内部的教育不公主要体现在以下几个方面：一是师资不均衡，家长有择班需求；二是分班不公平，很多老师感觉自己班的生源不好；三是学科间不平衡，对考试科目与非考试科目的重视程度大不一样；四是师生之间存在不公平，有的学生认为老师在处理某些问题时不够公正；五是生生之间存在不公平，个别学生恃强凌弱，高年级同学欺负低年级同学的现象时有发生。

校内督导把目光有意识地聚焦上述问题，研究相应对策，有效防止了类似问题的发生。因此，学校各方面发展都十分和谐，实施校内年级督导以来，学校教育质量历年均位列县市第一。苏州市义务教育检测质量评估反馈的数据显示，太仓市实验小学学生主干学科及科学素养、品德培养等指标都处于苏州市第一方阵。同时，校内督导还促进了教师队伍的快速发展。近年来，学校先后培养了25位校级领导和35位市级以上学科带头人。

十六年的持续探索，基于教育公平的校内督导制主要体现了以下四个方面的价值：

（一）校内督导有利于优化资源配置

督导中,对课堂观察、素养调研等各种数据分析发现,教师间教学水平的差异是客观存在的。相对薄弱的教师主要有三类:一是刚毕业的新入职教师,由于缺乏教学经验,他们所教学科成绩普遍低于同年级平均水平;二是外校转入的新融入教师,他们往往带着原有学校的工作惯性,在深入研究和指导学生以及自我反思和自我提升方面均有一定惰性;第三,随着学校骨干的大量输出,本土教师因为缺少对标的榜样,逐渐出现工作懈怠的情况。

针对上述现象,学校对有限优质师资做了合理的安排。在充分尊重教师个人意愿的基础上,充分考虑师资的年龄、性格、性别、经历、教学水平等综合因素,力求做到班级之间师资实力相当,任课教师互补互助、和谐共处,年级组教师抱团发展。对薄弱、短板和动力不足的教师,多给予外出学习的机会,实施对标管理,让老师不断提升自己,激发工作的热情与动力。

同时,我们加强了其他资源配置和管理问题。譬如,通过督导,发现实物投影仪老化,饮水机的卫生状况不佳,教材类型不够多元,参考书数量相对不足,学习资料不够齐全等问题,教导处及时为师生购买添置。

（二）校内督导有利于儿童发展公平

在前期督导过程中发现,一些老师在课堂上与优等生的互动相对频繁,尤其在有外人听课的场合(包括督导听课和其他研讨课、公开课),老师总是给予经常举手及坐在前排的同学较多的发言机会,沉默的大多数少有发言机会。另外,小干部的任命缺少规范性,个别班主任在班内任命了"四套班子",有的班主任在任免班干部时比较随意,个别"很懂事、很听话"的孩子任班长时间长达六年。

针对上述问题,我们重新修订了学校教学管理制度、德育管理制度和学生培养制度,出台了《太仓市实验小学草根化管理的基本规范与要求》。以小干部管理与培养制度为例,制度规定:班级小干部须在竞聘演说后通过投票产生,班级设班长、副班长、学习委员、宣传委员、劳动委员、纪律委员、体育委员、文艺委员等,每个岗位的小干部连任不得超过两年。同时,基于男生和女生在小学阶段的生长节律不同,在评选三好学生、光荣的升旗手、十百千校园小明星等活动中,在条件均等的情况下,学校均给出了男女生比例的建议和底线要求,以确保男生和女生在各种评优评先机会上的均衡。

（三）有利于因材施教策略的实施

十余年来，学校坚持实施校内督导制，每一次督导，均通过翔实的数据、多维的分析、直抵问题核心的诊断，为老师们提供更多基于事实的贴心建议；我们把学生的学习情况分年龄、分层次、大数据式地呈现在老师面前，为教师们基于学生学习实际因势利导地开展多样化的教学奠定了基础。从一年级刚入学时的督导项目"摸准儿童'学'的起点"，可以看出校内督导数据在促进教师因材施教方面所体现的价值和作用。

（四）有利于提高校内师生的公正体验

教师的职业是相对封闭的。每位小学老师面对一群未成年人，在一间教室里进行课堂教学。即使相互之间听课教研，老师对隔壁班和平行班的情况的了解也是不深入的。督导结束后，我们要召开各种类型的反馈会。看到翔实的数据与分析，通过集体的磋商与讨论，把学生发展的指标公开化、透明化，老师们在比较中体会到学校管理的公平与公正。原来学校里老师对分班、评先比较敏感，督导数据分析运用后，老师们的认同度明显提高了。

我们还把督导的数据，如课外阅读的数量、方法、效果等方面的检测数据，反馈给家长，家长了解情况后普遍会更加重视孩子的阅读。我们把免考生的条件向家长公开，让孩子对照条件申报。召开家长会时，我们用督导的数据、事实、故事说话，校务向家长公开，管理透明，家长们体会到了老师处事的公正、公平，更加信服和支持学校工作。太仓市实验小学也成为苏州家庭教育项目实验学校的组长单位，江苏省优秀家长学校。

第三节　联盟办学时期的年级督导制升级

太仓市实验小学的年级督导始于 2004 年，也是那一年，太仓市教育局开始以综合质量的方式来评估每一所学校的办学质量。该综合质量评估具体内容涉及基层党建、德育体卫艺、教学、队伍建设、综治平安、法治建设、校长评价与写实等多个方面七八十条指标。太仓市实验小学在太仓教育均衡发展的背景下连续 16

年获得一等奖，得到了上级部门的一再肯定，也吸引了集团校长们争相迁移。

2017年，对太仓市实验小学而言，是行政岗位人事调动特别多的一年，同时调出4位行政人员——包括教学副校长、德育副校长、科研副校长、综合教导等，担当兄弟学校的校级领导，其中3位在新学校担任"一把手"校长。

同样在这一年，太仓市开始尝试教育联盟，学校和学校之间通过"联盟"的形式，进行集团办学的探索。

从实验小学调出的校长们与实验小学有着天然的情感与管理方式方面的承接，因此实验小学教育联盟顺理成章地形成了，联盟内六校分别为太仓市实验小学、太仓市科教新城实验小学、科教新城南郊小学、高新区第四小学、港城小学和沙溪镇第一小学。沙溪镇第一小学的校长虽然不是从实验小学行政岗位提拔起来的，却在实验小学浸润学习过，了解并认同太仓市实验小学的"草根文化"。

在这样的联盟办学背景之下，资源共享，管理共通，课程共融，年级督导制当然也顺利地在联盟内各校实施——这些校长本身就曾经是年级督导制的设计者和执行者，对年级督导非常熟悉，而且在新校中因地制宜，形成各自的年级督导特色发展。实验小学也不遑多让，多年来年级督导一直在不断升级。

一、 联盟学校不约而同的选择

通过校长们的叙述，我了解到联盟各校都是在"一把手"校长的带领下，深入开展各自学校的督导。

南郊小学2016年开始实施年级督导，采用的方式是"一日调研"。他们认为：通过年级督导，形成了一定的竞争氛围，引起了老师们的重视，督促平时的工作更好地落实；便于行政队伍、教师队伍发现自身问题，及时调整改进；不同年级组长加入督导组后，可以发现其他年级组的优势、长处，是一个互相学习的机会。不足是，南郊小学教师编制紧张，行政管理工作量大，只能选择简单的督导的内容和形式，没有实验小学的丰富多样。结合该校实际情况，年级督导不宜全面展开，故推行学校一日调研，以调研班级管理和教学效率为主。年级督导在该校的功能是：促进了年级组日常管理和团队建设，提高了行政分析、判断、管理的时效性，提升了教师的工作品质。

　　港城小学在 2017 年查校长从实验小学调入之后开始实施年级督导制。在使用过程中，他们觉得年级督导的优势是：可以较为全面地了解学生学习现状，有学生视角；有针对性地对教学、习惯、家校合作等方面做出应对与指导；教师对存在问题的解决更有针对性。他们认为年级督导在该校的功能是：了解了学生的学习起点和需求；摸清存在问题与困惑，发现优势与特色；促进年级组的团结与协作，帮助教师的专业成长；帮助学校对年级组进行诊断与指导，解决突出问题；有助于年段间的衔接。不足是：后续的跟进有欠缺，出现滞后、不彻底等情况。建议设计更为详细、可操作性强的改进方案，加强实施；填写的表格有点多，最好能精简。

　　高新区第四小学也是在顾校长 2017 年上任之后开始实施年级督导的。通过实施，认为年级督导实现了精细化管理，能深层次发现管理层面、教师层面、学生层面的问题，便于指向教学行为跟进策略的形成；提升年级教育教学质量。认为年级督导在本校的功能是：促进了教师团队意识；促进了年级组长、年级组管理意识与能力的提升；促进了课堂教学的深度改革；促进了教师自我观察与同伴观察研究的能力提升；促进家校协同共育，提升学生、家长的获得感和满意度。但是调研内容设计的科学性有欠缺，管理者对管理目标、管理理念层面的思考不到位，导致调研内容的科学性和调研分析的准确性有待提高。建议立足学情、家庭教育实情、教师常规教育教学要求设计督导内容。

　　沙溪镇第一小学 2017 年加入实验小学教育联盟，也是从这一年开始实施年级督导。他们感受到的年级督导优势是：促进了各项活动制订计划时立足实际，更有科学性、时效性；加强团队的力量建设，形成了向心力、凝聚力，提高效能；发现了教师特点，便于今后工作的开展、因人而用。他们认为通过年级督导，可以检查各项制度的实施情况，促进教师各项素养的提升；发现教师工作的创新，实际工作中的难点、教师的需求点；为今后学校各项活动的制定提供依据，优化学校管理。需要改进的是：方案的制定不能是"拿来主义"，而是要结合本校实际，更加科学、严谨、全面；"人力"不足，往往使督导的效果无法达到预期；"能力"有限，对一些困惑无法解决；督导只是一时，如何保证其长效。

　　我们可以看到，那些曾经的实验小学副校长在独当一面之后对年级督导制依然认同，并根据学校实际进行了个性化调整。太仓市实验小学课程与教学联盟的特别之处正在于此,各校的"一把手"校长大多有长期的实验小学工作经历,并全面参与结对期、托管期、一体化期的工作,看到了年级督导制在各个阶段所发挥的巨大作用,因此在联盟期,采用年级督导制对学校进行管理,是水到渠成、自然而然的选择。

除了联盟校各自的督导实施,我们也进行了联盟内各校横向的同步调研,2019年,联盟学校以统一的问卷进行一年级学生起点研究的专项督导,具体从家长带教、学生兴趣培养等方面,对新入学的学生进行了起点研究并共同分析,获得了很多实打实的调研数据。在联盟校的分析中,总体包括了如下意见和建议:

联盟校一年级学生起点研究专项督导反馈(部分)

问题一:父母文化程度、时间、精力的差异较大。部分家庭教育理念、家庭教育投资、家庭教育的质量亟待指导和提高。

问题二:农村多数学生识字量、阅读量偏低,阅读氛围严重偏弱,表达能力起点较低,这类差异会延长学生在小学一年级的过渡期,加重学生学习起步的困难,学生学习的过程中的积极情绪可能会受到影响。

问题三:学生体验参与的兴趣活动较少。参与兴趣发展的人数不多,其兴趣活动的内容欠丰富,或许会影响到学生的生活体验、知识获得、情感表达。

问题一对策:以家长学校为抓手,提升家庭育人氛围和能力,办好每学期校级家长学校活动,办好一年级新生家长适应课程,加强教师与家长的日常沟通。

问题二对策:以各类活动为途径,提高学生阅读兴趣和能力,包括提升阅读重视度,开展亲子阅读活动,推进全科阅读,优化课堂教学活动。

问题三对策:以多元课程为载体,丰富学生体验和经历:通过社团课程培养和发展学生的特长和兴趣爱好,开发实施好主题课程,利用好各类体艺平台,依托联盟活动拓展课程空间和课程内容。

这样的对策思考,建立在翔实的数据调查之上,就格外有说服力。联盟校的老师们在认真学习调研报告的过程中,都比较认同对家庭教育的跟进与指导、对多元课程的开发、对学生阅读能力的培养等举措,认识到这些工作的必要性和紧迫性。一旦老师们在观念中达成共识，在实施过程中主动执行的效果就会远优于被动执行的效果。

二、 年级督导制度的持续升级

十六年来，太仓市实验小学的每一次督导都不尽相同，每一次都是创新的实践探索，每一次督导都有意外惊喜和收获。每次督导，我们都要形成上万字的书面报告。翔实的数据，多元的分析图表，贴心的建议，不断带给老师们震撼和触动。

在督导调研过程中，我们已经不仅仅满足于呈现事实，给出督导建议，而是关注学生培养目标的升级，让参与年级督导的老师以科研的眼光来发现问题，形成对真问题的课题研究，我们也反复研讨，科学研制督导的工具量表，进行量表升级。在督导过程中，发展学生、培训教师和改进教学的督导目标也越来越清晰。

（一）持续思考"培养什么样的人"的学生发展目标定位

2014 年 9 月 9 日，习近平总书记在同北京师范大学师生代表座谈时指出：要把今天的学生视为"未来实现中华民族伟大复兴中国梦的主力军"，强调要把这支主力军打造成"中华民族'梦之队'"，广大教师作为打造中华民族"梦之队"的筑梦人，必须有理想信念，有道德情操，有扎实学识，有仁爱之心。

为此，在学校进行年级督导的时候，我们以"立德树人"作为督导的原动力，从班级管理的各个细节，观察教师是否将"立德树人"落到学生的行为规范实处；以学生核心素养的发展作为督导的重要衡量，在学科素养调研中，以学生基础学科能力的掌握以及深度学习能力的发展为素养调研的侧重。

【五年级督导升级案例】

班主任是学校德育的重要实施者，承担着班级管理、教育学生等重要任务。五年级的学生是孩子情感、情绪的突发期。他们的自我意识逐渐强烈，能拥有一些基本的是非观，自我评价和自我教育的能力也得到了充分发展，但由于意志力还不够坚强，分析问题的能力尚在发展之中，他们时而会有情绪的波动，出现理智不能驾驭感情的现象，处于青春的早期。这些客观因素的存在，给班主任的日常管理带来一定的难度,所以班主任在班级管理中要考虑孩子的年龄特征,在日常管理中注重教育与沟通方法。以在2018年3月对五年级的督导中,德育处通过对各班学生的问卷调查、日常巡视、学生访谈等,形成以下的报告:

五年级督导报告(部分)

一、特长生的培养

在本项调研中,督导组给出了五年级各班在评选"校十佳小明星""校级社团参加人数""市级以上获奖人数"的具体统计数据图表,并给出特长生发展建议。

二、班级管理

(一)关注身心健康

本项调研从五年级各班心困生、学困生、体质差学生和过敏体质学生方面做出调查,给出统计数据图表,并给出了心理团辅课的建议和学生自我情绪管理建议,提醒老师表达关爱的方式,严中有爱,举止有度。

(二)学会时间管理

本项调研,督导组观察了早晨最早到校和最晚到校的学生和老师,观察了老师进班前和进班后学生不同的学习和活动行为,提醒老师可以指导学生进行碎片化时间管理。

(三)班级文化建设

在本项调研中,学校再次深入了解了五年级班级文化的建设情况。

1班:内外兼修,做一片片美的叶子(抓常规)。

2班:你乒我乓,快乐跳跃板间(运动乒乓)。

3班:丰富阅读,积淀底蕴,好书伴成长(阅读)。

4班:书法特色,墨香班级(书法)。

5班:传承经典,弥漫书香(阅读)。

6班:让快乐点亮童年(原种子、快乐)。

再次强调,班级发展的方向,关键在于班主任在班级文化建设中的作用,这是班级文化建设的航标。通过班级文化建设,在全班形成共同的价值观念、行为规范。

三、班风学风调研

本项督导主要通过问卷调查的形式，对五年级各班的班风、学风进行调查。分为以下几个内容：补差工作、自主学习、班级阅读、课业负担、国际视野。

（一）补差工作

本项列出各班在语数英学科中素养调研 B 等级的学生人数，并调研了老师补差的时间安排及家访的情况，关注学科教师关心弱势群体时的表现，并给出建议。

（二）自主学习

调查了学生早自习时间的活动内容、在自习时间教室里的情况、自主学习的内容、班队活动的内容等，以饼图方式反馈给年级组老师；在学生对新闻的关注度、学生的项目研究、小干部自我管理的方式方法等方面，给出了建议。

（三）班级阅读

调查了每天阅读保证半小时及以上的学生人数以及班级中课外阅读的交流情况，建议对学困生进行阅读指导。

（四）课业负担

本项调研了学生的完成作业时间、校外补习的情况、睡眠时间、完成作业后自由时间的安排。提醒教师重视目前学生自加的课业负担（校外补习等）、课余自由支配时间少，自由活动少的状况。

（五）国际视野

结合学校的教育部重点课题《研学旅行的课程整合设计与协同实施》开展本调查，调研学生的旅行经历、家长在旅行中的指导作用以及学校可以给出的研学旅行指导建议。

"健康、快乐、自主、包容"是太仓市实验小学学生的培养目标，其中"健康"是第一位的，现代人心理问题越来越突出，所以，我们要重视这一问题，让学生从小对世界形成正确的认识，有利于他们走好今后的学习之路和人生之路。

五年级的年级督导重点是学生自主学习能力的培养。五年级的学生应该具备一定的自主学习能力：不仅扎实地习得老师精心传授的知识技能，更要具备个体主动建构、内化吸收知识的能力，为自身可持续发展作好准备。在核心素养的落实方面，以年级督导为契机，在各个年级拓开，逐步形成了所有年级各学科核心素养的分块分阶段落实。

（二）始终坚持通过督导总结真经验，推广真经验，发现真问题，改进真问题

督导首先进行的是一个正向的工作，各个年级组的教师在按照教学"六认真"要求勤恳工作，每个年级组都有行之有效的"真经验"，应该着力推广。如某些班级的班级文化建设颇有特色，也有的班级在课堂常规方面条缕清晰，还有的班级在学生阅读方面精心设计，在年级督导过程中，督导组发现了这些优秀经验，利用"草根论坛"等学校工作的平台，请这些老师来介绍推广他们的经验。

与此同时，发现真问题更加具有挑战性。在年级督导过程中，只有及时发现问题，才会使短板加长，让整个年级组的建设"更上一层楼"。

1. 及时发现平行班中的特殊问题

公平、公正、公开是学校分班时的原则，所以，太仓市实验小学没有"特殊班""照顾班"；师资配备方面严格按照学科需要，确保每一位学生得到优质、公平的教育。在日常教学管理中，我们会注意监测各个班级的发展情况，对明显低于平行班的班级进行跟踪调研，分析具体情况，寻找改进策略。年级督导，使我们及时发现"短板"，对症下药，保障了每一位学生、每一个班级健康发展的势头。

某年 4 月份，在督导中我们发现四年级有一个班级语文学科成绩掉队，班级学风比较涣散。该班历届语文教师因为"教师流动政策"更换频繁，且现接班的语文老师兼班主任因怀孕而精力受限，家校联系少，甚至引发了家校矛盾，这些是问题最主要的原因。在年级督导中，针对语文调研卷的分析，发现该班学生的扣分点主要是基础知识部分，说明老师平时降低了要求，学生对自己不够严格，知识掌握不过关。找到症结所在之后，我们首先找相关老师沟通，提出明确要求；其次，安排学科骨干手把手指导，落实每一天的教学任务。经过半学期齐心协力地工作，在期末全年级的学科调研中，这个班级同其他班级的差距缩短了。

2. 在督导调研中找到教育科研的实际问题和方法

同样是进行新生的起点研究，太仓市实验小学与联盟校采用同样的问卷进行调研，但发现了更多不同的问题，将这些问题交由年级组老师们进行深入跟进。

新生学前教育起点研究报告(部分)

一、家长总体学历

调研了家长的受教育情况,为班主任与不同情况的家长采用不同方式沟通提供参考。

二、学生接送情况

在本项调研中,发现祖辈接送的占近三分之二,从接送情况来推测家庭教养可能有失偏颇,但值得注意的是,在祖父母接回家(下午3:30)与家长下班回家(下午5:30)之间这段时间,怎样让祖父母培养孙辈优先完成学习任务的良好习惯,由此可见祖辈学堂的必要性。

三、二胎情况

了解了班中二胎家庭的情况,建议班主任关注家长对孩子教养的注意力分配情况,尤其要加强对新入学适应阶段的家庭教育的指导,也需要加强对学生的同辈交往指导。

四、学生阅读

我们并不提倡过早教学生识字,但在长三角地区,多数家庭重视学生的早教,其中包括识字和阅读。督导组调研了家长眼中子女的识字量估算,并对学生实际识字量进行测算。

调查表明,多数家长对子女的识字量情况认识不够准确,明显低估了孩子的自学能力,也可能与家长平时陪伴孩子学习的时间不够充分有关。

课外阅读:请语文老师及其他任课老师结合具体调查情况,为班级学生提供分级阅读材料,针对识字量少的孩子,推荐以点读笔形式阅读。

建议为家长推荐适合的阅读书目,开展对家长的阅读指导。太仓市实验小学的对口幼儿园有亲子阅读要求,可在小学继续推行。

五、兴趣班

了解一年级学生参加兴趣班,是因为无人看顾,还是因为确实重视学生的多方面发展,学生是否乐于参加,兴趣班的学习状况如何。调研发现,运动类兴趣班明显偏少,学生的家庭运动还得不到足够重视,要对家长有所号召,可布置体育家庭作业。

六、家长对孩子的培养目标和期望

分析词频，出现 20 次以上的词如下："学习"最多，其次为"健康""快乐""希望""孩子""积极、乐观""养成、培养""全面发展""良好习惯""善良、友善、爱心"等。家长的殷殷期待值得学校重视。

七、调研问题和建议

（一）调研问题

家长为什么会错误估计孩子的识字量？对家庭教育进行观察分析。（统计、观察）

教师可以研究学生识字量和学习力是否有必然联系？学生识字量和家长学历是否有关？（追踪观察，后测，以某班为例，进行父母学历与学生识字量情况交叉分析）

（二）建议

推荐优秀的一年级阅读书目，家长自主选择为学生准备，注意阅读分级。

筛选与确定祖辈学堂的主题，按需开课。

与体育组共同研发体育家庭作业，给出体育家庭作业的数据参考。

透过这些数据，每位教师都能更准确地了解自己班级的学生，调研得到了家长们的高度认可。教在儿童学的起点上，一方面加快了儿童对小学生活的适应，另一方面扎扎实实打下了良好的基础。一年级组长在督导时说"我教的是七年级"，高度概括了起始年级的重要性，良好的学习习惯、浓厚的学习兴趣将为后续学习奠定坚实的基础。

3. 按照学生生长节律的各年级督导重点区分

二年级的年级督导，我们聚焦于学习习惯培养，重点观察经过近两年的学校培养，我们的草根娃习惯培养现状，做好概括提炼，让更多的孩子拥有好习惯，为后续的学习生活奠定扎实基础。

根据学生心理发展规律，我们把三年级督导的重点放在"转折"研究上。转折，既有学业转折，三年级的课程设置中英语变成考试科目，增加了信息、研究、科学等课程，这是对三年级学生学习能力的新挑战；又有心理转折，他们正在觉醒，对老师、对父母的要求不再盲从，逐渐形成自己的判断。年级督导，可以让我们更好地了解学生，更好地开展好教育教学工作。

四年级是第二学段的起始年级，学习要求与第一学段有着较大的区别。学生的学习能力有所提高，带来了学习方式的改进；学生的自我意识开始觉醒，心理有所变化，开始有较为明确的发展方向。太仓市实验小学学生培养的目标是"培养具有国际视野和民族情怀和谐发展的现代小公民"，在日常教育教学管理中，需要为每位儿童提供更多发展可能性。为此，四年级的督导主题为"学习心理与品质"，通过研究学生的心理特征，发现儿童发展的可能性，为每一位学生建立成长档案。

五年级的年级督导重点是学生自主学习能力的培养。我们认为，五年级的学生应该具备一定的自主学习能力：不仅要扎实地习得老师精心传授的知识技能，更要有个体主动建构、内化吸收知识的能力，为未来可持续发展作好准备。在核心素养的落实方面，六年级是初次实验，后来拓展到各个年级，逐步形成所有年级各学科核心素养的分块分阶段落实。

六年级督导，我们关注"这一届毕业生准备好了吗?"，看他们是否已经达到学校的培养目标，可以顺利升入高一级学校? 督导过程分为不同板块：夯实学科素养——"我行我素"素养大赛，学习妙招分享——促进学会学习，了解学生烦恼——顺利进入青春期等。

（三）不断优化督导量表，让评价更趋科学合理

学校运用评价理论与技术建立了多角度评价机制。督导过程中，要让数据说话，需要有科学合理的观察量表，观察量表规约了教师对教学、课堂和学生的观察指标，起到了教育教学评价风向标的作用。

学校对课堂观察一直抱有谨慎、专业的态度。早在参观江苏省基础教育研究所的科研学校基地时，崔允漷教授就介绍过关于听评课的指导。我在各个培训班学习时，也总是第一时间把听评课的前沿理论分享给督导组。在华东师范大学杨小微教授团队与太仓市实验小学进行 U-S 合作时，黄忠敬教授就以工作坊浸润学习的方式，指导老师们再次设计课堂观察量表并多次修改，教授团队甚至直接进入课堂，进行课堂观察和评价的指导。

有了这些强大的理论支撑，太仓市实验小学的督导量表越做越规范，评价越来越有底气。

1. 开发"课堂教学评价表",关注教师的指导作用和学生的学习活动以及教学特色

教师的指导作用要真实地体现在教学目标、教学过程与方法、角色定位、教学能力四个方面;学生的学习活动主要表现在参与状态、思维状态、学习达成状态;教学特色则相对灵活,强调的是每一位教师的自身素养与能力以及对教学内容的创造性理解与把握。制定《太仓市实验小学课堂教学评价表》,供教研团队通过对评价的实施与观察进行反思,促使其把评价纳入有意识、自觉的、可控的范围之内,增加有效的评价行为。(详见附件二)

2. 开发《课堂观察量表一(学生发言)》,关注每一个学生的学习,关注教师的关注面

教师每邀请一位学生发言,观察者就在相应的座位上打"√",以观察教师的教学是否面向每一位学生,教师提问是否存在区域规律。结合学生学业成绩,可以进一步分析发言与学业成绩的相关程度等。我们开发此量表让学生自主评价学习行为,实现"以评促学"的评价目的。(详见附件三)

3. 开发《课堂观察量表二(教师提问)》,关注教师提问的质量

一节好课往往是由几个好问题串联起来的,学生的思维会随着好问题的探究不断深入,最终完成教学目标。但事实是,不少教师在课堂上的提问非常随意,非但没有起到好的引领作用,有时还干扰了学生的正常思考。为帮助老师们研究自己课堂教学中的提问情况,我们专门设计了这样一份表。在实施的时候,以同伴观课的方式做好及时的记录、整理。一般会就一般性提问、针对性提问、生成性提问的次数、是否有效来完成观察,以真实还原课堂。(详见附件四)

4. 开发《课堂观察量表三(指向深度思维的学生合作学习观察表)》

《促进学生深度学习的自由课堂的实践研究》是太仓市实验小学 2016 年申报的江苏省前瞻性教学改革实验项目。我们倡导的课堂教学必须是指向深度思维的,学生小组合作的学习方式则是此目标达成的一种载体,我们设计本观察量表的意图就在于通过观察合作学习的次数、内容、分工情况、合作过程、小组展示分享等环节来评价达成度。(详见附件五)

另外，我们还建立了"一评二测"制度。"一评"即课堂评价，一目标一落实，一落实一评价，一评价一促进，促使每个学生在学习上都有所进步。"二测"即学习前测与学习后测：前测的主要目的在于测故问新，借以了解学情，确定学生学习的起点；后测主要为篇章或单元测验，考查学生阶段性目标达成情况及延伸迁移的能力，为下阶段学习奠定基础。

评价手段的介入，加强了学科建设，促进了教师专业化发展，增强了教师学生本位意识，使教师之间、学生之间、师生之间形成互助、共赢、良性的生态系统。同时，在很大程度上改变了教学无目的状态，大大提高了课堂教学效益。不管是在年级督导观课中，还是在学校多次承办的各级各类观摩展示课中，太仓市实验小学学生的表现都是可圈可点的，引起了观摩者的巨大反响，一致反映：围绕学生核心素养的发展目标展开，课堂教学扎实、有效；学生自学、合作与教师的讲解有机结合，真正做到了先学后教；学生是学习的主人，讨论、探究的学习氛围激发了学生学习的自主性，学生在课堂上灵动、舒展的表现就是学校教学质量最有力的证明。

三、 督导制度再升级："教研训评改"一体

十六年的年级督导，从无到有，从有到优，是一个与时俱进的演变过程。当前，年级督导已经升级到"教研训评改"一体的新高度。

所谓"教研训评改"一体，即在年级督导时，融合进行"教师培训、教研活动、科研活动、教学评价、教育改进"等五项工作。以年级组的调研对象范围来推进，更有利于同伴互助以及对同年龄学生的发展指导。在不同年级督导主题项目的确定和方法落实上，需要进行仔细的教师培训；督导过程中的课堂观察，是教研组内日常的教研活动；在督导中发现真问题，解决真问题，是科研活动与教学活动的紧密结合，也是科研活动的价值所在；对督导现象进行教育教学的评价，为后续的督导改进提供了可行的价值导向和行为导向。

在督导过程中，老师既是督导者，又是被督导者，二者矛盾统一。角色的转换，有利于教师对督导工作的理解。督导团队的组成人员来自学校各条线，包括一线教师：在某个年级督导是督导成员，在另一个年级督导时，可能是接受督导的个体。承担不同的督导任务，一则有利于教师对年级督导制深入认识，再则提醒

督导人员需要在二者身份的平衡统一方面小心把握。在工作中,督导人员要形成以人为本的理念,将教学督导从以检查、监督为主转变为以激励、指导、同伴互助为主,用相互切磋、一起研究的精神和教师共同探讨教学问题、成因,发现教师教学的好做法、好经验、好典型,多方听取教师、学生、家长对教学的要求、意见,及时发现、总结并推广年级组优秀教师的经验,发挥督导的"激励、引导"作用,帮助教师优化教育教学工作,切实提升育人质量。

"督"是路径,寻找真问题;"导"是方向,为后续的改进提供建议。在整个督导过程中,督导组和教师始终要立足于儿童发展的立场,关注基于学生学情的研究,帮助年级组教师在日常教学活动中不断调整和改善教育教学的策略方法,帮助教学管理干部提升专业水平。

学校内部的教学督导,通过学校自我"督管""督教""督学",发挥学校主体在规范教学管理、推进教学质量诊断和保障、改进教学质量等方面的主观能动作用。因为是"自查自纠"的内部督导,为防止"自说自话",在督导过程中,需要明确督导的目标,强化教学管理,健全质量监控体系,使年级督导更加规范化、制度化、科学化和有序化。在年级督导时,引入专业团队的第三方督导或许是一种更加客观的尝试,也更加需要直面问题进行改革的勇气。

以"教研训评改"为目标的校内年级督导,成功地把学校自上而下单方面的检查与评比转向多主体的问题诊断和研究;从单纯考察学生的主干学科成绩转向全面关注学生综合素养,促进学生全面发展;从纯粹关注教师教学行为的技术性改进转向从学生发展的视角关注教育教学,关注教师基于儿童研究的观念与行为的主动改进。其主体从行政人员对一线教师的考核转向一线教师深度介入的自主检查和自我反思,更便于一线教师自己发现真实问题,自己寻找解决问题的办法,及时改进优化教育教学方法。专家的教育理念指导融入督导过程,从深度教学的理论层面审视课堂教学,为督导的质量提升奠定了坚实的理论基础。专家、学科骨干、学科教师之间相互协同,主动完成督导,促进自我改进。

升级至"教研训评改"合一的年级督导制仍然面临诸多问题,如:督导任务繁重与督导组的工作量认定问题,第三方参与督导的成本问题,督导研究团队的流动与构建问题,督导后续跟进的效果确认问题,督导中"净友"团队的良性互动问题,督导结果对教师考核的参考价值以及激励机制的运作等等。这些问题提醒我们年级督导制在"教研训评改"合一的道路上应该走得再谨慎一些,理性一些,科学一些;同时,也敦促我们走得更快一些,想得更多一些,做得更实一些。

【附件一】

年级组课程督导制度

一、督导目的

1. 加强对学校教学工作的管理和对教学质量的监控力度,促进教育教学质量的提高。

2. 了解所督导年级组内教师的工作状态、专业水平和价值追求,弘扬草根精神。通过对现场教学过程的督察,了解教师的教学过程和教学效果,促进每个教师的专业发展。

3. 了解学生学习风气、课堂纪律、行为习惯,分析问题,总结经验,提出解决问题的意见并加以反馈,保证学校的每个学生都能享受优质教育。

4. 培养行政人员的科研意识,提高行政管理质量和教学指导能力,同时为教师"六认真"工作考核提供重要依据。

二、督导原则

1. 点面结合,突出重点。

2. 评估与促进结合,重在促进。

3. 客观描述与理性反思结合,重在理性反思。

4. 鼓励与批评相结合,重在鼓励。

三、机构设置与职责

1. 学校成立督导研究小组,以项目研究的形式开展,由学校行政人员、年级组长代表、教师代表、学科带头人代表 20 人左右组成。轮到被督导的分管年级组领导不参加,必要时可以外聘专家和初高中的校长或教导主任、家委会代表作为督导研究小组成员。每次推派一名行政人员担任执行主任,成立执行委员会,协调整个督导工作。

2. 为了保证督导工作的科学、合理和定期开展,督导研究成员必须按照制订的学期督导计划进行教学督导,认真落实工作,客观公正地反映情况。督导过程中,以科研的意识研究现状,争取实现督导的价值最大化。

3. 督导研究小组日常工作由教导处负责,具体安排每学期督导计划,组织实施,对督导结果进行归纳整理,向各年级反馈督导信息,并以督导报告的形式在全校教师会议上公布。

四、时间安排

一年中对全校各年级完成一轮督导,每次督导时间为一周。督导研究小组提前一周通知被督导年级组的教师,明确督导工作的具体安排。

五、督导的主要方法

1. 观察法

(1) 观察学生在校学习和生活,主要关注学生各种行为习惯。

(2) 观察学科教师上课,观察教师是如何处理教材与学生、知识与能力、传授与体验、继承与创新的关系的,重点研究在于课堂效率问题。

(3) 观察年级组班级文化建设和办公室文化创设,关注教师的文化品位。

2. 问卷调查法

每次督导设计有针对性的问卷表,问卷设计要有科研价值。内容应关注学生德育应知应会、心智发展状况、创造意识等,关注教师的身心健康和发展需求等。

3. 访谈法

召开教师、学生、家长座谈会,倾听师生和社会各阶层的意见和建议,改进教师管理和学生管理工作,真正关心教师的工作与学生的学习和生活。

4. 测试法

分学生基础知识测试与教师基本功测试,可以是综合性的,也可以是专题性的,灵活选择。

5. 资料分析法

检查教师的备课情况和平时设计的练习、教师的博客随笔、学生的作业,了解教师工作状态和研究水平,关注学生的课业负担。

6. 头脑风暴讨论法

组织督导成员和年级组教师现场对话,了解教师的话语系统和思维方式,激发年级组教师的教育智慧。

（注：每次督导可以按需要选择其中几种方法。）

六、督导参考标准

《苏州市义务教育学校综合督导评估方案》（苏教督［2009］6号）

《太仓市义务教育学校综合督导工作手册》

各《学科课程标准》等

七、督导的后续工作

1. 为了有利于师资培养，督导成员在听课后必须及时与任课教师交换意见，现场进行专业指导。

2. 督导成员在督导过程中必须做好详尽记录，全面综合衡量后对每个教师做出中肯的评价，提出改进建议。

3. 督导项目负责人要综合各督导成员的意见，对年级督导项目给出具体分数，做出评估等次。

4. 根据需要对年级督导后进行必要的回访，进一步了解年级组的常态情况，定期进行学生座谈会，听取学生对教学质量的反馈意见，填写学生意见问卷。

5. 善于发现有创新思维的学生苗子加以培养，让草根文化在精英学生身上得到进一步彰显，从而影响更多学生。善于发现教师创新教学典型事例，加以表彰，对先进经验，要加以总结推广，组织其他年级组教师进行观摩学习。

6. 每个督导成员都要有科研意识，对督导内容、方法、效果、价值和改进进行认真反思，写出高质量的反思或报告。

八、督导结果的处理

督导结果与年级组、与每位教师年度考核、评先、评优、评职称挂钩，督导执行委员会委员综合评估教师的工作，给出等第。

"优秀"者给予两天以上的外出培训的奖励，在下一学年度内免于督导。

"合格"及以下等第者，由督导委员会成员继续跟踪分析，回访检查，给予教师完善、修正的机会。若教育教学工作没有改善，维持原等第，将进行全校通报批评，在年度考核中酌情扣除部分绩效性工资，本年度内没有申报高一级职称的资格。

【附件二】

太仓市实验小学课堂教学评价表

学科		班级		执教者		
课题		课型		上课日期		
评价项目	评价要点	评价指标			分值	得分
教师的指导作用 50%	教学目标	符合课程标准,全面、恰当、具体、操作切实可行,符合学生年龄特点、认知程度,体现发展性目标			5	
	教学过程与方法	教学层次清晰,注重循序渐进,重点突出,教学用时合理			5	
		对教材理解准确,能创造性地处理和运用教材			5	
		面向全体学生,调动学生学习的积极性			5	
		关注学生个性,体现因材施教			5	
		重视学习方法的指导,善于培养学生的能力			5	
		体现自主学习、主动探索和合作交流			5	
	角色定位	教师是学生学习的组织者、引导者、激励者,能营造宽松民主、平等互动的心理环境,关注每位学生的发展			4	
	教学能力	基本功扎实,板书重点突出,教学资源利用得当,效果明显			4	
		发现并利用课堂生成的资源进行课堂教学			4	
		利用个性化的评价激活学生思维,激发学生学习信心			3	
学生的学习活动 45%	参与状态	学生积极发言,绝大多数学生乐于参与学习活动,参与时间充分			5	
		学生能进入情境,深入思考,参与方式多样			5	
	思维状态	学生在活动中学会倾听,与他人合作			5	
		学生能独立思考,提出有价值的问题			5	
		学生思维活跃,有主动表达意见和表现自我的机会			5	
	学习达成状态	学生能达成本课知识技能目标,能运用所学到新知识解决问题			5	
		学生能从教材和学习中获得基本思想和活动经验			5	
		学生体验到学习的成功和愉悦			5	
		不同程度的学生在知识能力、过程方法习惯和情感态度价值观等方面都得到发展			5	

续　表

评价项目	评价要点	评价指标	分值	得分
教学特色5%			5	
简评				
评估结果	得分		等第		评估人		日期	

注：评价等级(优：90分及以上；良：80～89分；合格：60～79分；不合格：60分以下)

【附件三】

课堂观察量表一(学生发言)

班级		学科		观察时间	
执教者		课题		观察者	
观察记录区	学生座位表				

学生座位表

1－1	2－1	3－1	4－1	5－1	6－1	7－1	8－1
1－2	2－2	3－2	4－2	5－2	6－2	7－2	8－2
1－3	2－3	3－3	4－3	5－3	6－3	7－3	8－3
1－4	2－4	3－4	4－4	5－4	6－4	7－4	8－4
1－5	2－5	3－5	4－5	5－5	6－5	7－5	8－5
1－6	2－6	3－6	4－6	5－6	6－6	7－6	8－6

提示：根据学生回答提问的次数，在相应位置画"正"字，用以记录学生回答问题的详细情况；发现有学生走神、开小差的，在相应位置画○。

观察统计	该班共有学生(　　)人。本堂课，共有(　　)人(　　)次回答了老师的提问，人均答题(　　)次；其中，最多一人答题(　　)次，从未回答提问学生(　　)人，走神学生(　　)人次。
学习状态描述	

【附件四】

课堂观察量表二（教师提问）

班级				学科			观察时间			
执教者				课题			观察者			
	序号		1	2	3	4	5	6	7	8	9	10
观察记录区	一般性提问	提问次数										
		是否有效										
	针对性提问	提问次数										
		是否有效										
	生成性提问	提问次数										
		是否有效										
观察统计	本堂课，教师共计提问（　　）次。其中，一般性提问（　　）次，有效提问为（　　），针对性提问（　　）次，生成性提问（　　）次。										
好问题记录											

【附件五】

课堂观察量表三（指向深度思维的学生合作学习观察表）

班级：		课题：	上课教师：	观察者：	时间：
合作学习次数					
合作学习内容	合理（　　） 简单再现（　　）		不恰当（　　） 具有探究性（　　）		
小组任务分工	明确（　　） 全员参与（　　）		不清楚（　　） 是否有组长（　　）		
小组合作过程	有序（　　） 声音轻（　　） 有互动（　　）		混乱（　　） 倾听（　　） 探究有质量（　　）		
小组展示分享	参与小组共（　　）个 观点是否有个性（　　） 是否互动（　　）		观点是否鲜明（　　） 表述是否准确（　　） 教师点拨引导是否有效（　　）		
分析					

第七章
草根夜话：共同成长的故事

  集团化办学让城乡学校一起快速成长，实现了跨越式发展。这个促进发展的过程，一定不是程序式和硬生生的。里面充满了痛苦的挣扎、矛盾的纠结和人性的关怀。教育人的生活就是这么多姿多彩。

  太仓的区域集团化办学，肇始于 2003 年的城乡学校教育集团，那时的所谓集团化，是松散的，不规范的，没有实质性具体要求。而把集团化办学真正作为一项重要的大事件来推进的，是 2007—2011 年城区优质学校托管村镇薄弱学校时期。四年间，太仓市实验小学先后托管了九曲小学和直塘小学，构建文化融合视野下的学校发展共同体，取得了一定的成效。时任太仓市教育局局长孔春明认为，我们的托管获得成功的原因：一方面是政策支持和行政推动，从无到有的托管创新，需要管理者的信任和支持；另一方面是实验小学托管团队的创新意识和无私奉献，正是有了这样一个敢于放手实践的团队，才有了后来集团化办学的典型成效。他还认为，作为经济相对发达地区，县域既有城区相对比较好的学校，又有乡镇相对薄弱的学校，我们当下所面临的问题，是经济相对薄弱地区也会相继面临的问题。托管，我们走在了前面，因此，无论是经验还是教训，都值得把它记录下来，以此为镜，以此为鉴，造福后人。

  "草根夜话"是集团化办学中生发的一项学习分享制度，管理跨度增大，白天 8 小时不够用，学习就向晚上延伸。遴选的这些草根故事，是我和草根教师在夜深人静时的诉说。这里有文化的冲突，也有文化的理解与互动；有管理者的思考，也有一线教师的感悟；有支教老师的故事，也有浸润教师的故事；有几十年教龄老教师的心路历程，也有当打之年新绿教师的成长体验。

一、引领者说：在冲突与矛盾中寻找突破

太仓教育倡导集团化办学是 21 世纪初的事情。太仓位居全国经济百强县市前十位，经济的快速发展促进教育投入不断增加，城乡中小学面貌得到全面改善，农村学校的硬件投入、师资数量和教师待遇已经与城区学校持平，一些新建农村校的硬件建设甚至远超城区老校。然而，在内涵发展上城乡学校依然不均衡、不充分，在内部管理水平、课堂教学水平及教育教学质量方面，城乡学校相差甚远。

于是，"优质学校和相对薄弱学校、新校、城郊结合部学校组建教育集团"成为解决这一矛盾的基本策略。太仓市实验小学作为江苏省首批命名的省级实验小学，成为太仓市教育局首选的先行先试者。作为实验小学校长，我自然而然地成为第一个"食螃蟹者"。

一个团队需要引领者，校长作为集团化办学中的引领者，他们眼里的集团化办学到底是什么？他们是如何看待集团化办学的？不同视角的实践体会，给我们带来诸多启示。

钱澜：在冲突与矛盾中寻找融合之路

自 2005 年正式介入集团化办学以来，历经结对试水期、托管探索期、一体化深化期和教育联盟推广期四个阶段，我深刻体会到，这注定是一条曲折艰辛、充满挑战的道路。

唯一让人欣慰的是我和我团队至今仍然孜孜不倦于这一项目的实践探索，十六年来初心不改！

第一大挑战是城乡学校间存在的"文化冲突"。

教育局出台城区学校托管农村相对薄弱学校的举措后，我们是高度自觉，快速落实。但在托管初期，这一惠及农村学校的创新举措其实并不招人待见。

故事一：一个愤怒的电话

早在 2005 年秋我们与新湖、新毛两所农村学校结对期间，分管教学的副校长组织骨干送课下乡，便感受到这种"不欢迎"的冷遇。来去时没有一般的迎来送往也就罢了，甚至在教室里找不到听课凳子，研讨时没有茶水，互动时没有话语……第一次送课即遭冷遇，副校长带着大伙灰溜溜地回来了。正当副校长向我诉说送

课经过时，办公桌上的电话铃响了，我拿起电话接听，里面传来没头没脑的一顿埋怨："你们实验小学的课也就这样，我看也不是都好的，和我们学校的课差不多嘛！凭什么说我们是薄弱学校！……我对你们是有意见的，大家都是一样的学校，不能抬高你们自己。"我有点丈二和尚摸不着头脑，感觉这种帮扶就是出力不讨好。静坐思量间随手翻阅当天的报纸，看到《太仓日报》一篇教育局宣传稿《促进城乡均衡发展有新举措：城区优质学校帮扶农村相对薄弱学校》，我终于明白对方校长为什么会生气。

认识上的差异必定会造成冲突。当晚，我便把我的不解转化为文字，写下万言文《关于集团化办学的几点思考》，文化融合的治学理念开始萌芽。

故事二：憋屈的调侃——"美国占领伊拉克"

2007年8月，太仓市教育局领导把我和陶萍副校长带到九曲小学宣布托管政策与人事任命，那时九曲小学原来的班子成员和老师们并不是很欢迎。稀疏的掌声和麻木的神情，满满都是不情愿。在后来的访谈中了解到，当时九曲小学的老师感到非常憋屈，认为主权没有了，把"托管"调侃为"美国占领伊拉克"。教师之间也互相埋怨："谁让大家先前不够团结，现在让实验小学来托管，没有好日子过了。"个别行政干部也有"排异"反应，觉得可能提拔的机会失去了，行动上不积极，存在观望、等待的心理。

文化冲突远不止这些，价值观的冲突、制度的冲突、话语系统的冲突都有。譬如农村学校老师不愿意被听课，投诉我们支教老师称呼他们"乡下人"等。冲突也存在双向性，有个别农村的骨干教师来实验小学顶班跟岗学习，不能接受学校快节奏、高强度的工作。有一位中途退回的老师这样描述实验小学老师的生活："办公室找不到一个说话的人，家长要求高得不得了，考了90分要95分，有了95分又要100分，真受不了！"

面对城乡学校的"文化冲突"，面对农村学校对城区学校托管的"不认同"，2008年，我和行政团队第一次提出以文化融合方式建设城乡学校共同体，一方面承认各自学校文化所存在的差异性，同时，客观地看待在融合过程中所必然产生的文化冲突问题，积极地将这种差异存在视为学校间协作的一种优势，我们从文化尊重、理解逐步走向文化认同与文化融合，建立彼此信任与相互依赖的关系。

这种融合从城乡学校行政干部的管理融合走向老师间教学融合乃至学生间的学习融合。其间创生的跨校主题研修与跨校一日体验课程是文化融合的两大举措。

第二大挑战是城区学校优质资源有被稀释的可能性。

2007—2012 年,太仓市实验小学骨干教师每年的流动率在 20% 左右。有出必有进,因此,每年有大量的新教师和农村学校教师融入学校,家长的不信任导致家校矛盾频发。

故事一:商场"被劫"

2009 年 9 月的一天,我在某大型超市购物。突然,有人在背后拍了我一下,回头一看,是一位三十出头的女同志,好像不认识,大概是认错人了。想不到对方马上开口道:"校长,我是实验小学四年级学生的家长。我有一个请求,希望您不要再换老师了,我的孩子班上的班主任四年换了四个。"

我一时不知如何回复,只得先搪塞一下:"哦,现在城乡间的教师流动是一种趋势,是不可避免的。而且,新调来的老师也是其他学校的骨干教师。"但家长依然坚持:"一直变动,太不稳定了,成绩不能保证的。求求您!校长,您考虑考虑,不要换老师了。"

从那以后,我就有些怕去超市了,就算走在大街上,也经常东张西望的,生怕又被家长拽住谈论学校师资配备问题。因为,流动一直在继续。

故事二:静坐"请愿"

2012 年 4 月,四年级 5 班的 37 位家长在校门口静坐,其诉求是必须换掉新任的青年班主任。由于前一年任教的班主任兼语文老师提拔调离,学校为其配备了一位新调入的农村学校青年骨干,但这位老师在 2011 年 3 月初怀孕,随后在 4 月请假保胎,教导处便安排另一位产假刚结束的年青教师顶班。这次,家长们不答应了,四年换了四个班主任,让一些家长"愤怒不已",觉得学校对这个班级不负责任,于是,在个别家长的鼓动下,便有了静坐校门口请愿的"大戏"。家长连续两天从早到晚集体坐在校门口,一直到太仓市教育局分管局长和人事科长出面承诺,保证会更换有经验的优秀教师后,家长才陆续解散。

事发当日,我正在外地培训学习。接到太仓市教育局局长电话后,早没了继续学习的心思,连夜购买返程机票,第二天傍晚赶回太仓。

　　我没有休息，直接到学校和副校长、教导主任、教研组长一起把这个班级的期末考试卷和年级督导专题卷拿出来，浏览了每一位同学的卷子与班主任的分析报告，找出该班的质量短板，协商了整改措施，然后利用晚上的时间和有想法的家长进行一一对话。经过整整一个星期的对话交流，家长终于"消停"了。学校坚持"按兵不动"，两年后，这个班级毕业时，成绩并没有让家长失望。解决家长请愿换教师的突发事件，对我、行政人员和老师来说是一种"煎熬"。

　　家长的"静坐请愿"，引发了我与行政人员对优质资源可能被稀释的问题有效破解的思考，学校研究了单体校发展与集团校协同发展的制度异同。随着大批新融入教师调入实验小学，农村学校教师批量进入城区学校，占比已超过在校教师总数的50%。学校开始考虑重构学校制度体系，相继出台了《太仓市实验小学新融入教师的管理制度》和《太仓市实验小学教师课务安排的几点意见》，保证每个班级的任课教师两年内不得随便更换的原则切实落实。

　　与此同时，我又提出城乡学校共同体建设不仅要"文化融合"，也要进行"文化重构"。作为集团化办学的母体校（牵头校），自身的制度体系需要重构。太仓市实验小学通过校内年级督导制度、信息分享制度和项目研究制度三项课程制度的创新，推进校内和集团内多元教学共同体建设，有效破解了优质资源被稀释的可能，保证了教育教学质量名列前茅。

　　第三大挑战是集团化办学管理跨度增大、管理层次增多带来的工作量剧增。

　　作为集团化办学的总校长，组织架构变化、人际关系变化、管理层级跨度增大，这个挑战无疑是最大的。集团化办学后，管理层级至少增加了两个，一个层级来自集团，一个层级来自托管校的地方领导，管理跨度随着集团内学生数和教师数的增加而增大。

　　以两校一长制阶段为例，一周五天，我三天在老校工作，两天在新校工作。老校是教育局直属学校，新校隶属科教新城，因此我必须接受双重领导。会议多，汇报多，接待也多，新校创办时曾创下一个学期接待50批次校外来访的纪录；邮件多，听课多，项目多，我每天5点钟就起床处理邮件，这已成为习惯，一学期内必须了解新校的每一位老师，要普听全校教师的课，晚上还要做计划，写总结。

行政人员和骨干教师的工作量也成倍增加，既要在校内满工作量兼课，又要在集团内起好示范与指导作用。而这些工作量，从来没有得到科学合理的评估，因而没有相应的绩效工资保障。因白天人员外出太多，每周的校长办公会、每月的行政会常常放在晚上召开，变成"草根夜话"。

故事一：送医院看急诊

2014年5月的一天下午，我拿了一杯冲满铁观音茶叶的杯子，从教室走到办公室，坐到沙发上，突然觉得后脑勺的脑神经像触电一样疼痛，眼前一阵发黑，我马上趴倒在桌子上。副校长看见了，非常着急地询问："要不要紧?"我满头是汗，连说话的力气都没有，轻声说："打电话给我爱人，送我到医院检查。"医生给我的脑部做了全面的检查，又测了血压，做了心电图。检查下来并没有大碍。医生说："太累了，休息休息就会好的。"的确，我有点累了，这一天听了六节课，评了六节课，体力和精力都透支了，只能靠喝浓茶"吊精神"。

故事二：上海牙科专家的"忠告"

随着学校草根科研的不断深入，学校的任务也一个一个开始叠加，由我主持的课题和项目共有五个：江苏省重点资助课题"全球化视野下草根情怀教育的实践研究"、教育部规划课题"研学旅行课程的整合设计与协同实施"、江苏省教学前瞻性项目"深度学习的自由课堂的实践研究""苏州市义务教育集团化办学项目""苏州市家庭教育课程化项目学校"，一天工作十个小时是一种常态，有时甚至一天工作十二三个小时。

2014年10月，因学校课题需要中期汇报，连续一周晚上加班，每天都是忙到12点，我的牙齿疼得厉害，几乎不能咬东西。老公和女儿硬给我挂了专家号，陪我到上海九院看牙齿。清晨5点半，我们就从太仓出发到上海九院，我排在第一位，看到了专家。专家用专业的灯光一照，对我说："女士，请你再去挂个号，转到上面的科室。请把没有用的牙齿全部拔掉，否则不要再来找我了。"我吓懵了，飘飘忽忽地走到汽车里，浑身无力。我犹豫了一会儿，决定回太仓。回去后的一周，我再也不敢加班了。第二周，我又去了上海牙防所看牙，奇迹出现了，休息后的牙床有了明显的好转。牙防所的专家说："五十岁的牙齿六十岁的牙龄，不能再透支身体了，这是身体透支反射到牙齿上的结果。"牙防所专家还讲了一个事例，上海卫生部某领导因不注意休息，在北京开会时牙周炎发病去世，警告我以后加班不能超过晚上 10 点。

医生一次一次的忠告，触发了我进一步思考，集团化办学需要从校长的个人人格魅力走向机制体制的创新管理。我围绕"共同体"和"多元治理"这些关键词进行文献学习，同时在行动层面跟进了三项措施：重构组织结构，减少管理层次与缩小管理跨度，建章立制，用制度优化工作流程；重构领导方式，充分授权，培养卓越的管理者，让更多的想作为、能作为的青年教师在承担中成长；重构价值观，重视科研引领，在行政职位上增设学术头衔，让更多优秀老师享受到研究的快乐，体会自我实现的人生价值。

作者：钱澜，2003 年至今，任太仓市实验小学校长。2007—2011 年，先后托管九曲小学和直塘小学；2011—2014 年，一体化管理科教新城实验小学并兼任校长；2017 年 8 月，任实验小学教育联盟理事长（盟主）。

后记：集团总校长必备的素质是什么？

我个人认为，总校长必须具有"担当与使命""责任与境界""执着与追求""应变与创新"这些素质。

第一，必须有强烈的使命感与责任感，不畏矛盾与困难，始终坚持办理想教育。

第二，善于描绘集团化办学的各种蓝图。要有丰富的想象力和优秀的表达能力，去描绘未来美好生活的样子，告诉师生学校未来会变成什么样子，教师的未来与学生的未来会有哪些发展可能性，让教师与学生都有积极的期待。

第三，有预见未来与积极应对的能力。能正确解读国家的教育政策法规，对组织结构变化带的可能问题进行预估，并快速做出正确判断，及时化解集团内随时产生的新矛盾。

第四，要有广阔的胸襟与高远的境界。用爱心、真心、耐心对待每一位教师，经常换位思考，为老师搭建学习平台，让老师的专业发展拥有更多的可能性，把榜样树到教师身边，通过"走出去，请进来"让老师和更优秀的人走到一起。

第五,要有清晰的思路和强烈的效能意识。不随意增加集团内学校师生的负担,想清楚之后再行动,以有利于儿童的成长为原则,抱团超越,多做独体校不能解决的事情,克服形式主义,杜绝无效劳动。

陶萍:托管两地一家亲

一、路漫漫

刚到九曲小学(后更名为金浪小学)时,为了尽快了解学校原有的管理模式,倾听成为我了解学校的主要方式。

我发现农村学校也有一套比较完整的规章制度,教导处对教师教学常规工作检查形成了制度化,德育处对班主任工作考核制定了具体细则,少先队大队部的常规检查项目齐全。乍一看,农村学校的管理工作与城市学校没有多大的差别。时间长了,环境熟了,我可以依靠自己的眼睛来观察,用自己的心灵来体验,农村学校与城市学校的不同渐渐呈现……

案例一:

《金浪小学教职工请假制度的有关规定》明确指出:迟到、早退、中途外出、每月请假两次以内(含两次),不扣满勤奖,满3次做事假半天处理,满4次做事假一天处理,体弱多病者酌情处理。可在实际操作中,负责登记的办公室负责人觉得教师也是有难处才外出,没有必要一本正经,再说,外出的老师不主动请假的话,自己也不太好意思盯住他。所以,在每月兑现满勤奖时,往往你好我好大家好,满勤奖悄悄地转化为福利。

反思:

制度是为约束、保障、激励教师而制定的,有了制度却不执行比没有制度更糟糕。不认真执行规章制度,也是对那些严格遵守学校制度的教师的一种不尊重。作为学校,不仅要有完善的管理制度,更重要的是运用这些制度来管理人、约束人、激励人,最终促进全体教师自觉遵守纪律,自觉履行义务,自觉追求个人的发展。

案例二:

在十月份创建省教育现代化县市工作中,工会牵头征询全体教师对学校"三风"建设的意见（当初只是校长室定的），可一个星期下来，全体教师的回执都是"没有意见"。

反思：

学校的"三风"建设是学校、教师、学生精神面貌的体现，是共同的追求目标，全体教师不仅要参与目标的制定，更重要的是参与目标的建设。而我们的行政和教师对学校"三风"建设的重要性的认识远远不够，根本没有参与建设的意识，学校的"三风"标语成了一种装饰品。

案例三：

两个校区原本是两个独立的学校，合并后双方行政人员在管理工作中总有一种主次之分，而教师也没有一家人的感觉。同样，本学期实验小学全面托管金浪小学，金浪小学的行政人员和老师与实验小学的行政人员和老师之间也存在一定的距离，特别是行政人员之间的交流不够主动，每个行政人员还是坚定不移地按照以往的工作方式工作着。

反思：

要改变一所学校教师的工作方式，首先要改变行政人员的思想意识和管理方式。成为被托管的学校，作为行政人员，应该能够感觉到学校发展的紧迫性，能够感觉到太仓市教育局的关心和支持，能感觉到巨大资源的支持。我们应该主动用好这些资源，提升个人的管理能力，追求学校、学生的发展。

短短三个月的管理工作，我对金浪小学渐渐熟悉，但越是熟悉看到的问题也越多。但我想每个问题肯定有解决的办法，何况自己的背后还有实验小学这个坚实的后盾。

二、我们就是一家人

（一）托管前

刚得知九曲小学将被实验小学托管时，很多九曲小学教师觉得自己的领地被人占领了，学校将失去自我，被托管也意味着领导对学校原有工作的否定。可苦于托管是教育局出台的政策，大家感到无奈但没有办法。

为了做好托管政策的宣传工作，让教师、学生、家长理解教育局为促进教育均衡发展所出台的创新举措，托管团队借助座谈会、家长会、晨会等不同渠道分析托管促进农村学校发展的有利因素,但光靠口头说服收效甚微。

(二)托管初

进入托管工作,拥有太仓市实验小学"坚韧、质朴、灵动、舒展"草根精神的托管团队肩负起艰巨的任务——走上行政岗位,开展教学指导和关键年级教学等,他们立足管理,立足教学一线,起到示范引领作用。在托管团队的背后,是实验小学强大的后援力量,两校行政人员之间建立了合作关系;九曲小学的骨干教师与实验小学各级学科带头人结成师徒关系;九曲小学派出部分骨干教师赴实验小学进行一年的浸润式培训;两校每月进行主题式研讨活动……

可是,要九曲小学教师主动投入到被托管中,却存在一定的困难,赴实验小学为期一年的学习让教师产生畏难情绪,可能产生了一种全新的压力,可能是多年没有锐气的工作状态难以改变吧!两校行政人员之间的合作也不是很顺利,可能彼此之间存在陌生感,可能是自尊的体现,九曲小学的行政人员很少主动求教,很多联系依靠托管团队完成。教师对两校主题式研讨活动参与的积极性不是很高,可能是自己底气不足,可能是漠视这样的活动。

(三)托管中

进入托管中期,九曲小学在实验小学草根精神的引领下,学校的制度建设进入正轨,行政管理工作走向规范,走向细致,走向创新;教师教学理念得到提升,工作作风得到转变。在与实验小学的交流中,教师们显得更加积极主动,行政人员能够思考需要怎样的活动内容与形式,周二赴实验小学的交流活动权也已经被教师"抢"去了;学校文化建设第一次被提上重要日程……

托管一年记:

1. 教师转变:多年来没有撰写教学论文的教师开始撰写论文和随笔了,本学期教科室组织教师集体投稿共计 3 次。课堂上,为了追求课堂的效率,青年教师经常使用多媒体辅助教学,低年级即将退休的老教师也尝到使用实物投影讲评习题的甜头。一年来,教师在课堂教学中取得了丰硕的成果,用教培研中心董主任的话说:"九曲小学的成绩创下了历史新高。"1 人获得苏州市评优课一等奖,2 人获得太仓市评优课二等奖,4 人获得太仓市评优课三等奖,而以往九曲小学只获得过太仓市评优课三等奖的荣誉。在上学期的质量调研中,语文教研员在分析全市质量时表扬了九曲小学，数学教研员来校时又透露学校数学方面进步迅猛，并请沈教导介绍校内的一些做法。在本学期六年级质量调研中，与农村兄弟学校比较，语、数、英成绩都有一定的优势，特别是全年级数学优秀率达到 46%。

2. 学生习惯：针对学生习惯存在的实际问题，德育处和大队部每周都有专项检查的内容。卫生习惯方面：检查学生洗手习惯，指甲卫生，书包物品摆放与卫生，耳后脖子污垢，饮水机卫生。学习习惯方面：课桌桌面痕迹，早读习惯等。文明礼仪方面：校内骑车，红领巾卫生与佩戴，文明用餐，走廊漏水管堵塞情况等。一年来，学生各种习惯养成很快：课桌上没有新的痕迹；清扫清洁区时，不再将垃圾往树根下、草丛中扫；端午餐盘时，不再一路走一路洒。更重要的改变是，学生已将文明深记于内心。

九曲小学点滴的变化与进步，离不开实验小学每位教师的努力，也离不开九曲小学全体教师的努力。我在托管中负责全面管理九曲小学，对岗位、对环境从陌生到熟悉，从被教师冷眼旁观到逐渐被接受，被认可，被信服。我坚持依法办学、依法执教，坚持参与各条线的管理工作，坚持一线主课教学，坚持给每个想发展的教师提供舞台……总之，将自己的心与九曲小学紧紧相贴。

作者：陶萍，2007 年 8 月—2011 年 8 月任太仓市实验小学副校长，同时兼任被托管九曲（金浪）小学执行校长。

后记：

三年托管期满，九曲小学的学校面貌焕然一新。九曲小学已经有了下一个三年发展规划，我对学校的未来也充满了信心。临别之际，老师们与我依依惜别："陶校长，托管后希望你不要调走。"让我充满幸福。

但托管的最终目的，是让九曲小学实行本土化管理。托管虽然成效显著，但只是将九曲小学扶上了发展的道路，留下了发展的理念，更好的未来，需要九曲小学的全体老师在陆静校长的带领下去共同创造。

周培亚：做不做"管家婆"

一问做不做"管家婆"？ 不做！

接受托管任务初期，我的心情是很复杂的。做什么？ 怎么做？ 这些都是迫切需要思考的。也知道接下来会很忙，要劳心费力地搭一座桥，架在实验小学与直塘小学之间。

记得在江苏教育学院函授教育管理的时候，教授讲过一句话：有多忙不重要，重要的是为什么而忙！ 我该为什么而忙呢？ 理论上知道一把手"抓大放小"的原则，但没有实践过。

开学初教师大会上，我给老师们讲了一个故事：到一所农村小学听课，课间在厕所里遇上本校的一位女教师，是我认识的。她着急地告诉我："你看，北风把厕所里的玻璃吹落了，我要告诉校长，让他赶紧修。"我担心有人听不懂，末了，又给这个故事添了一个注解：校长如果每天只管厕所玻璃之类的琐事，那真是管理的失败，学校的悲哀。希望老师们根据行政条线的分工，找对人，好办事。

但接下来，我还是被无数的"琐事"包围着：苗圃的老板跟我商量种什么花，邮政局的咨询我订什么杂志，新华书店的人为打印纸跟我谈价钱，环卫所的人来跟我签合同，镇上的居民问我借圆台，门卫师傅把吵架的孩子拉到我的办公室，家长找我要孩子丢失的毛衣，甚至冲厕所的师傅也几次在过道上叫住我，要求我管一管在厕所里搞恶作剧的孩子……

我不知道小规模的农村学校是不是都这样，校长必须像管家婆一样事无巨细大包大揽？ 我产生这个疑问的原因是发现了一个很有趣的现象：如果是实验小学，那么像活动中心、教培研中心、关工委，包括推销图书和教具的老板，都会找分管条线的副校长或行政人员，因为找对人才好办事。而在直塘小学，他们通常会直接把电话打到校长室。

不管如何，我不愿意做这样的管家婆！

二问做不做"管家婆"？ 做！

记得杨浦中心小学的校长张治讲过，校长是学校的文化符号，你在学校里走动，会牵引师生的目光，因为你是一个流动的文化符号。

文化符号我不敢当，不过我喜欢在校园里"流动"。在"流动"的过程中，我不知不觉地在做管家婆，而且乐此不疲。

早读课的时候，我会走遍每一个教室。时不时地走进教室，悄悄地指挥学生开灯、开窗，纠正他们的读书姿势，为他们系正红领巾。

课间跟新班主任交流，我会告诉她们在什么季节什么天气开南窗还是北窗，什么时候提醒低年级的孩子加减衣服。

教师公开课电脑出了小故障，我也会忍不住跃跃欲试。

下午 3：20 活动课上，我会走进跳长绳的队伍，凭我以前当班主任的经验告诉孩子们队形、间距、节奏有多么重要……

作为一名管理者，我觉得沉下来走近学生、走近教师群体真好，我喜欢做这样的管家婆。

三问做不做"管家婆"？　不做！

然而我始终不能忘记：有多忙不重要，重要的是为什么而忙！

我该为什么而忙呢？我应该有很多的事要做：学校的制度建设、学校的行政队伍建设、学校的硬件建设、学校的课程建设、学校的质量管理，等等。作为一名管理者，学校的领头羊，我真的必须做"大事"，做"重要的事"。从这个意义上说，我是不能做管家婆的。

所以扪心自问：做不做管家婆？不做！

作者：周培亚，2006—2008 年任太仓市实验小学副校长，2008 年 8 月—2011 年 7 月，实验小学托管直塘小学期间，担任直塘小学执行校长。

2019 年 12 月补记：

三年托管，我有工作的艰辛，有成功的喜悦，同时也有过不被理解的失意、无奈以及身心疲惫，但是我始终牢记着自己肩负的使命，秉承着一个管理者的良知，勤勉工作，不敢懈怠，对学校的未来满怀希望。作为一名管理者，学校的"领头羊"，我真的必须做"大事"，做"重要的事"。从这个意义上说，我是不能做管家婆的。

十年过去了，至今扪心自问：做不做管家婆？不做！

查人韵：在文化融合中拔节生长

2008年，跟随周培亚校长（时任实验小学副校长）去直塘小学托管支教，同去的还有王艳副校长（时任实验小学总务副主任）。我跟着两个大姐，协助周校长分管学校教学。

有了托管九曲小学的经验教训，为避免热心肠被冷拒的尴尬场面出现，钱澜校长提出了文化融合的托管理念，即突出关怀与尊重，弱化强校和弱校的区分，强调文化与文化只有差异，没有好坏。但这种理念上的改变，并未在开学初迅速得到普遍认同。初闻被托管的消息，直塘小学大多数老师的内心是不安的，有的甚至相互抱怨："都怪某某，有事没事就爱打个小报告（指给教育局写举报信），嫌这嫌那的。现在好了，实验小学来托管，终于有人来'收骨头'了。"

在文化冲突中暴露问题

托管后的第一个教师节，为了体现托管两校一家亲的主旨，增强团队凝聚力，钱澜校长和实验小学全体校级班子成员一起参加直塘小学的教师节庆祝活动。整个活动场面可以说是气氛热烈，其乐融融。但让人没想到的是，几天后，学校就接到太仓市教育局的来函，要求我们答复关于钱校长带着实验小学全体副校长一起到直塘小学吃喝且个个都抽了大奖的举报。是的，和老师们共度佳节，在一些人眼里就是"一帮外人来学校吃喝"。周校长在接到这个函后，及时地向上级做了说明。

开学的几天中，类似的文化冲突事件时有发生。我负责教学管理，"六认真"检查是常规，当我走进教室听课时，有位老师说："不要来听我上课，我乱上的。"当我准备检查他的备课时，他说："不要看了，我都是抄来的。"

初来乍到，之前从没遇到过类似的老师，我真不知道该怎样去践行所谓的"文化融合"。有专家说，文化并没有绝对的好坏之分，我对此表示深深的怀疑。

在文化融合中消解矛盾

钱澜校长反复叮嘱，托管团队就是实验小学的文化符号，要时刻记着自己的使命。与老师们相处一段时间后，彼此有了进一步的了解，我发现，类似于"拒绝"听课这样的事件背后有着深层次的原因。而且，在各自放下戒心之后发现，冲突并没有一开始想的那么严重。

一方面，所谓的冲突只是发生在一部分老师身上；另一方面，这样的冲突是完全可以逐步消除的。比如，那位不想让我听课的老师，在我微笑着走进他的课堂时，他没有明确反对，听完课之后我们进行探讨和交流，我的鼓励是真诚的，他的改进也是真诚的。后来，当我再次走进他的课堂时，他立刻给我搬了个凳子。

不让我们去听课，只是老师的害怕和紧张，是他们一时没有底气，却下意识地被我们理解为有"公开叫板"的嫌疑，如果不是秉持着文化融合的理念，或许就真的把这样的老师推到对立面。由此可见，文化融合的理念确实在实际决策时起到了重要的指导性作用。

只要管理者的出发点是平等的相互沟通、相互关怀，而不是趾高气扬的指导，冲突即便产生，也能迅速消化。老师有时不假思索的话语就当他在开玩笑好了，不用太紧张。

后续的思考：一半融合一半警醒

在托管的日子里，虽然我和老师们彼此相互了解了，产生了一定的友谊，但是我始终觉得，老师在审视着我：你管教学，你的教学水平到底如何？在城里面你能把孩子教好，可能是因为孩子自己优秀，你能把农村的孩子教好吗？

托管一年中，我坚持每月上一节公开课，每一次上公开课，听课的不仅仅是数学老师，各个学科的老师都会来听课。我的课获得了老师们的好评，因为我更愿意等待学生的自主生成，更善于利用生成性资源，也更敢于跳出教材的束缚。但这样教的成绩怎样？我带的班是六年级，已经是孩子们的第七任数学老师！教导主任说这个班的平均分比平行班低了七八分，班主任告诉我这个班有十来个孩子从不做作业。面对那样的现状，我当然会有焦虑：若是自己带的班没有起色，如何得到大家的信任？一年内，我能转变现状吗？那十来个不肯做作业，摸底前测还不满20分的孩子能"翻身"吗？这个难题必须克服！

冰冻三尺，非一日之寒。提高成绩，也不是一日之功。我坚持每天给这十来个孩子补习，每天都不断提醒自己要放低要求，不着急，所以当我面对他们时，能保持心平气和，为他们一点一滴的进步不吝鼓励。一天，几个孩子在休息时偷偷出去了一下，回来时推推搡搡地走到我面前，放下一罐王老吉便迅速跑开了，他们靠着教室后墙露出灿烂笑容的那一刻，我被感动了——虽然孩子们送的是凉茶，但我的心里暖暖的。功夫不负有心人,最后这十来个孩子在毕业考试时数学成绩都及格了,我的自信心也因此大增。

当两个陌生的团队相遇,确实会相互保持一份警惕。感恩在这过程中有文化融合理念的指引,让我最终留给直塘小学师生的,是一个可信赖、可亲近的形象。

作者:查人韵,实验小学副校长,2008年支教直塘小学,分管教学工作,2016年8月任太仓市港城小学校长。

后记:

参与托管的一年,让我有了诸多成长:首先,懂得了关怀与尊重,有了更大的包容性与理解力;其次,体会到团队凝聚力提升的重要,必须激发出每个人的战斗力;第三,对学校教学管理和评价有了更全面的认识与更深入的实践,为现在在港城小学独当一面奠定了基础。

吴敏敏:在集团化办学中承担与成长

集团化办学,对我来说并不陌生。2013年,苏州各地积极探索组建以优质学校为龙头的教育集团,太仓市教育局委托太仓市实验小学以"名校+新校"的一体化管理模式托管太仓市科教新城实验小学,在那个时候,我就是"先遣部队"中的一员。当时,我任职新校的常务副校长,主持学校日常工作。

集团化办学,对我来说受益匪浅。作为一名年轻的干部,在常年的集团化办学中,无论是在思想政治,还是在领导水平上,我都有了飞速的进步。可以毫不夸张地说,集团化办学加速了我的个人成长。

第一阶段:架好三座桥

2013年9月到2016年6月,是"名校+新校"集团化办学阶段。伴随一所新校的发展,我也在承担中不断成长。我认为这个阶段我的角色是"架好三座桥"。

1. 架好一座实验小学与科教新城实验小学两校发展的合作之桥

太仓市科教新城实验小学是太仓市教育局委托太仓市实验小学一体化管理的新校。在学校建设中,我们充分依靠草根文化资源促使新校在最短的时间内走上有序、规范的办学道路。因为身兼两校副校长，我成了连接两校的一座桥梁。通过每周一早上雷打不动的两校校长办公会，周三下午的行政研讨会，不定期的"草根夜话"，我发挥着这一桥梁纽带的作用，使新校的发展时刻紧跟实验小学前进的步伐。

2. 架好一座班子与教师携手奋进的友谊之桥

在行政工作中，我一直铭记钱澜校长对学校管理的定位："管理即激活，管理即服务。"既对老师充分尊重信任，又按照实验小学的工作要求来严格执行与落实。我们领导班子、中层行政人员都不断加强自身修养，转变工作作风，改变工作方法，以心换心，以情动情，提高服务群众的本领。

三年来，学校风清气正，教师团结奋进，形成良好的校园风貌。

3. 架好一座学校与家长之间紧密联系的沟通之桥

在办学中，我们充分重视家长对学校的评价，建立了"校长接待日"、家长学校、教学开放日等家校联系机制，班班有 QQ 家校联系群，教师通过"家校路路通"等现代化手段及时与家长分享学生在校的点滴表现。在学校开展的历届"千人评科教新城实验小学"家长意见征求活动中，家长对学校任课教师的满意度均超过 97％。家长们充分肯定学校为孩子发展所做的各项工作，对学校的赞美度很高。

第二阶段：幸福的同行者

作为太仓市实验小学教育联盟中的一员，我们拥有一群志同道合的同行者。大家一起畅谈教育理想，一起并肩作战，共同享受教育人生的幸福。

1. 集团化办学，我们一起研究课堂

作为一名"德育出身"的干部，前十年我所分管的工作与教学科研关系不大。独立领导一所学校时，我深知：一切教学改革都将落地，课堂教学是课程改革理想的试验田。

在参与集团化办学的过程中，盟主学校要求各校提炼出鲜明的教学主张并加以诠释，并且在跨校主题式教学研修活动、优秀青年教师展示课等活动中加以展示。这一要求，促使学校不断思考、不断实践、不断完善本校的教学主张。在联盟组织的上海、浙江、北京、深圳等地院校浸润式跟岗学习及各级各类的教学研究活动、高层次学术研讨会等活动中,我收获良多,受到很多启发。

2019年5月17日,由南京师范大学继续教育学院、华东师范大学基础教育改革与发展研究所主办,太仓市教育局协办,我们学校承办的"落实教学主张,打造思维课堂"全国小学课堂教学观摩研讨活动在学校圆满举行。我做了"思维课堂——我们的答卷"主题汇报,报告很成功!

2. 集团化办学,我们一起开发课程

如果把课程视为书本,学生可能逐步走向狭隘;如果把课程视为整个世界,教育可能赋予学生俯视世界的力量。让课程更好地链接生活,链接活动,链接一切可能的要素,让学习的世界充满课程机会和学习机遇。这是两年的教育联盟集团化办学,给我最深刻的感受。

集团学校,因为地域相邻,能够发挥地理空间支撑的作用,合作开发跨校课程,丰富各自学校课程建设的内涵。"跨校一日体验"活动课程,便是跨校课程中的精品。"跨校一日体验"活动课程是集团学校多方联动的互访体验课程,学生用一天的时间到集团内其他学校进行浸润式学习与体验,感受校际差异带来的教育张力。基于各校地域特征的多元化、特色化课程设置为"跨校一日体验"活动课程带来了无穷的魅力,使之成为各校学生最期待、最喜欢的课程之一。

难忘那次到联盟学校太仓市港城小学的经历。这是太仓农村比较偏远的一所学校,它完全颠覆了我对农村学校的既有概念:80多亩土地的现代化小学,每一幢教学楼都高大气派。查人韵校长就是在这样的优质环境中带领团队共同开发了"玩学创"校本课程,让我们这些"见多识广"的城里孩子也惊叹不已!在欢乐的体验之余,太仓市港城小学对校本课程的系统建构,给了我很多启发与思考。

有这样一群志同道合的伙伴,我觉得非常幸福。

作者:吴敏敏,实验小学副校长,2011年8月担任科教新城实验小学一体化管理执行校长,2014年8月起,任科教新城实验小学校长。

后记:

水的落差可以作为动力用来发电,教育的差异其实也是一种资源。集团化办学打开了学校办学的大门，让我们与不同的学校、不同的校长、不同的老师相互交流，相互融通。在前行的道路上，我们多了一批同行者，多了一个智囊团。我们通过多种形式的合作，让优质教育在集团化的成功复制、裂变与孵化中不断激活，不断生发，不断扩张，逐步实现优质资源最大化，让教育进一步走向均衡，实现公平。

我觉得我的工作很有意义，我感到快乐和自豪！

二、 追随者说： 从迷茫与观望中看到希望

"托管时期"是太仓市实验小学系统进行学校集团化办学的思考和起步阶段。除了引领者要有明确的目标和举措，也需要更多的追随者将我们的理想付诸实践。托管的最终目标，是让被托管学校形成自己的"造血"机制，让九曲小学和直塘小学的青年骨干能真正学会自我生长。在实验小学输出文化、输出理念、输出管理、输出师资、输出课程这一系列操作背后，是为每一所被托管学校培养核心管理团队，让被托管学校在此基础上逐步形成各自的办学特色，成长为具有学校特色和个性的"家门口的好学校"。

在城区优质学校托管农村相对薄弱学校的整个过程里，阻力最小的，是刚入职不久的青年教师，受冲击最大的，是长期扎根农村十数年的老教师，尤其是土生土长的管理干部。在打破原有管理框架、重塑学校文化的过程中，出现矛盾和纠结在所难免。面对种种压力，如何破茧重生？ 这不仅在考验托管者的智慧，更在考验被托管者的胸襟。

每一位参与托管的老师，都是亲身经历集团化办学的实践者，又是先进文化的追随者。在这里，我们遴选的追随者包括被托管乡镇学校的老师和行政人员，实验小学的支教老师及在实验小学浸润式学习一年并逐步成长为乡镇学校校级领导的部分老师。在追随的过程中，他们找到了自己的确切定位，更加清晰地认识到自己在集团化工作中的价值所在。

陆静：走进实验小学第一感

2007 年 9 月，我怀着满腔的热情，带着一份神圣和向往，带着对教育的虔诚和

对事业的无限追求,非常荣幸地来到了太仓市实验小学,将在这里度过一年的学习工作生涯。短短的三个月过去了,实验小学的草根精神为我吹开了心灵的迷茫,为我带来了观念的春风,为我的未来教学注入了新的生机和活力,为我不断提升自身的职业修养和职业素质确立了新的航标。这一年的工作经历,必将对我未来的教育教学产生极大的影响。这一年,定将会留下不可磨灭的印记……

进入实验小学,让我真切地感受到什么叫敬业。教育是事业,事业的意义在于奉献。实验小学的每一位老师都把教师这个职业当成自己的事业,并用心去经营。实验小学的老师个个吃苦耐劳,从没怨言。实验小学老师凭着良心、抱着爱心、满怀责任心的敬业精神,将敬业变成一种习惯。他们满怀激情,让自己的生命之火为学生、为教育而燃烧。

进入实验小学,让我深切地感受到什么叫管理。实验小学的每一次活动都要事先写出详尽的策划书,每一个细节都安排得那样精细,每一位相关人员都是那样尽责,保证大大小小每一个活动都能完全成功。学校领导班子那么团结,那么和谐,那么有序。班子成员大都是校、太仓市、苏州市学科带头人,他们都是那么乐学善思,勤于钻研,都具备独当一面的工作能力。

进入实验小学,让我真切地感受到什么叫效率。在这里,我感受到了高效率的课堂教学。在校园中,看不到游走于各办公室的客串者,也看不到随意进出学校的大忙人,你可以在各办公室里、教室里找到他们生命价值的存在。在课堂上,你会感受到大容量、高效率的教学,感受到每一位学生都是那样充满活力,每一位教师都是那样充满激情。

进入实验小学,让我深切地感受到什么叫和谐。行走在实验小学,看不到一张纸片,摸不到一点儿灰尘,展现在眼前的是一棵棵挺拔的树木,一块块绿油油的草坪,还不乏人性化的提示标语,一切都显得那么和谐,那么赏心悦目。从学校到班级再到学生、老师,这是一个整体。尤其是教师与学生相互配合,非常融洽。他们的关系总是融洽,令人赞叹。

在过去的短短三个月里,我的心灵常常为之震撼,也正是这些震撼促使我睁大眼睛、敞开心扉去汲取,去捕捉,去反思,去分析。

作者：陆静，现任太仓市九曲小学校长，党支部书记。2007 年 8 月—2008 年 7 月在太仓市实验小学挂职，担任教导处助理。

后记：

时间来到 2020 年 2 月，这已是我担任九曲小学校长的第九个年头。在太仓市实验小学先进的教育管理理念及优质教育资源引领下，我和我的行政团队用美好的愿景凝聚教师的创造力和使命感，用先进的教育思想引领教师的教育教学行为，用科学的管理方法提升教师的职业幸福感，学校走上了快速发展的道路。

回望自己的个人发展历程，在实验小学这一年的工作学习经历对我来说意义深远。实验小学在教育教学管理上的独特魅力和高瞻远瞩的办学思想启迪着我，引领着我，为我不断提升自己确立了新的航标。这一年，让我从思想观念到教学管理都得到了全面提升。感恩实验小学！

陆允龙：我对学校被托管的一点想法

太仓市实验小学对金浪（九曲、老闸）小学实施托管是一项实践创新。教育局推出此举措，旨在促进城乡义务教育阶段学校的均衡发展，是一项十分有意义的教育管理模式的创新探索。

学校被托管的模式是：实验小学派出一位副校长入驻被托管学校，全面主持学校工作，同时两校互派业务骨干教师或行政人员进行为期一年的交流。此外，在日常的教育、教学管理中，通过校间互动交流的形式，如实验小学专家组来校诊断性听课，互动教研活动，同一试卷的调研等，对改进学校的管理、提高课堂教学质量、促进学校的发展起到引领作用。

托管将近一学期，回首思索，对老师来说有多大的变化，我不敢冒然评价，我隐约觉得有些教师让我觉得陌生了。我分管学校教学，深感责任重大，托管后学生学习成绩的提高是不可回避的一项指标。但让我感到欣慰的是，老师们踏实苦干的精神还在，实验小学下来的几位青年教师以其严谨的工作作风、朴实的工作态度感染着大家。到农村来，早起晚归很辛苦，但他们从无怨言。我想，他们到农村来何尝不是一次锻炼自己、发展自己的机遇。

　　托管既然是一项实践创新，目前还没有经验，就要边实践边摸索。托管可以说是一种迁移，即实验小学科学的管理方法和先进的教育理念，通过某种途径和方法，移植到金浪小学的教育和管理中。托管也可以说是输血，输血前先要验血型，目的是防止排斥。输血是暂时的，要成为健康的人，最终要自己造血。所以，托管要在真正意义上取得成效，首先要加强各层面间的交流、沟通，增进了解，实现情感上的相互理解和支持，价值上的认同，目标上的一致。如开展教育层面上互助的教研活动，教师层面上工会组织的文体活动，学生层面的各类竞赛等，让两校成为一家人，讲一家话。托管的最终目的是为了自管，托管的一个十分重要的目标应该是帮助被托管学校培养一支素质高、理念新、让教师信赖的管理队伍。近年来提拔的年轻干部，如果不重视培养，任其发展，那么教师，特别是年轻教师的积极性提高就难了，学校的发展也就不用谈了。

　　教学要关注细节，要加强师生间的沟通；管理更需要关注细节，要沟通。学校内部有些事情看似小事，我觉得也有必要沟通。"三人行，必有我师。"沟通不但能把事情办得更好，还会起到释疑解惑、达成共识、促进团结、实现和谐发展的作用。

作者：陆允龙，2007年8月—2016年7月担任九曲小学副校长，分管德育。

刘建平："托管"引领我成长

　　2008年8月，太仓市教育局委托太仓市实验小学托管直塘小学，并派出了以周培亚校长、王艳副校长和查人韵校长助理为核心的管理团队。周校长掌控全局，王校长分管德育和后勤，查校长分管教学，她们分工协作，学校工作井然有序地开展起来。

　　三位校长把实验小学先进的管理理念巧妙有效地渗透到学校的管理中，从她们身上，我学到了管理的实、细、巧、新，从前从未有过的周计划和月计划，让全体教师和行政人员对自己应完成的任务更加明确，有效提高了工作效率。每天清晨或中午，周校长和王校长都会在校园里巡视一遍，看看哪个班的教师没能认真组织好早读，哪个班的玻璃窗没有及时打开通风……一圈下来，校园里的不良现象或安全隐患得以一一纠正或排除。

在工作中，只要遇到困难，校长们总会全力指导。三年下来，我积累的经验比以前十年的还要多。

参加活动，开阔眼界

托管之前，我参加过最高级别的活动是太仓市级的教研和培训，托管之后，我犹如一只井底之蛙跳出了井沿。

2008 年 12 月，在周校长的带领下，我同学校的其他三位老师赴常州实验小学参加江苏省教育科学研究院基地协作教研活动，两天时间内，名师课堂和专家讲座的精彩深深触动了我。2009 年 11 月，我又有幸参加了江苏省师陶杯颁奖活动，这次南京之旅更是不虚此行，特级教师的课堂震撼着我，教育专家的先进理念滋润着我，南京市凤凰花园城小学的先进管理经验吸引着我。2010 年，我相继参加了太仓市实验小学举办的江苏省教育科学研究院基地活动和国家级课题"文化融合视野中的学校共同体建设个案研究"中期汇报活动。

通过这些活动，我认识了成尚荣等省内外著名的教育专家，他们的先进理念如同一把把金钥匙，开启了我通向广阔教育世界的大门。

"浸润式"学习，沐浴"草根文化"

2009 年 8 月，我被任命为太仓市沙溪镇直塘小学的校长助理，并被周校长派到实验小学进行为期一年的浸润式学习。

开学第一天，我跟着钱澜校长检查各个办公室的安排情况。她告诉我，安排办公室人员除了就近原则和教学互帮外，更要注意办公室文化的建设。因此，人员搭配也是个技术活，是"不起眼的大事情"，必须考虑周全。一件"小事"让我深深感受到钱校长的管理艺术。

慢慢地，我看到了钱校长侃侃而谈时的睿智，看到了她一锤定音时的果断，也看到了她组织和开展活动时的创新……一年里，同一个办公室的陆建红副校长和吴宏英副校长对我的影响也很大，从她们身上我学到了什么叫管理，什么叫认真，什么叫敬业，什么叫全身心的投入。

漫步在实验小学的校园中，"草根文化"在我心中生根、发芽。一年来，我听了70 多节课，写了 40 多篇反思，看了《名校行政管理的细节力》《有效的课堂管理》《说课、听课与评课》《今天怎样当老师》等专著，这是我以前要花好几年才能完成的事。

沐浴着实验小学的"草根文化",我渐渐地成长、成熟。感谢托管,感谢实验小学,给我提供了发展的舞台。

作者:刘建平,2009 年 8 月—2010 年 7 月,任直塘小学校长助理,并在太仓市实验小学浸润式培训。2010 年 8 月至今,任直塘小学副校长,分管学校德育。

方明珠:让教研组成为教师幸福成长的乐园

我是太仓市实验小学第一批下乡支教的老师。2007 年 8 月 30 日,我来到金浪小学。开工会上,学校安排我承担六年级毕业班的教育教学工作,兼任老闸校区的教研组长。我深知这不只是组织对我的重托与信任,更是一种责任和义务。我满怀热情,投入到新的工作环境中。一年来,"开展有序、有效的教研活动,让教研组成为教师幸福成长的乐园"一直是我的工作目标。

一、勤于学习,耕耘精神的家园

要进行新的课程改革,观念的转变是先导。我带领老师们一起认真学习《小学语文课程标准》(修订稿),领悟基础教育课程改革的宗旨,把握课程标准传达的新理念、新视角、新要求。教育事业是一项灌溉的事业,要给学生一杯水,教师须是一条流动的溪,所以,我们一起努力读书,营造出——泓润浴心灵的文化深潭,让学生在读书中获得心灵的滋养。日渐丰富的知识积累,让我们在教育教学工作中灵感泉涌,保持创造的激情和活力。

二、扎实教研,搭建成长的舞台

"一个苹果和一个苹果交换还是一个苹果,一种思想和一种思想交换就有两种思想。"老师们就是在思想火花碰撞的过程中成长、成熟起来。今年 4 月,我们金浪、老闸两校区老师之间进行了一次同课异构的教研活动。听完两堂教研课,我们畅所欲言,认真地进行评课。4:30 的下班铃声响起,可我们浑然不觉,仍沉浸在热烈的研讨气氛中。精彩的教研课堂、积极的课堂反思,参与其中的我们获得了一次次很好的学习与锻炼的机会,大家钻研教材、把握教材的能力在不知不觉间得到了提高,更重要的是,老师们参与教研的热情更高了。

三、悉心指导，张开追梦的翅膀

青年教师是学校教师队伍的主要组成部分，他们的成长至关重要，关系到学校未来的发展和教改的后劲。培养青年教师，也是我身为教研组长的责任。今年3月，孙叶老师参加了太仓市品生课的说课比赛，经过我们集体协同研讨，她顺利进入决赛。4月8日，我们再一次潜心研讨，帮助她载誉而归，捧回了市评优课二等奖的好成绩。同年5月，苏伟老师要参加太仓市2004届语文评优课，我们整整花了半天时间，仔细地推敲、琢磨每个环节和每句过渡语，一份凝结着集体智慧的教学设计诞生了。苏伟老师充满活力的语文课堂得到评委老师的肯定，获得市评优课的二等奖。两位青年老师在市级评优课上的迅速成长令我们备感欣慰，因为我们的付出有了可喜的收获。

四、积极引领，催发生命的劲枝

一学期上好一节示范课，这是太仓市实验小学对支教老师的工作要求。一年中，我为金浪小学的全体语文老师上了两堂示范课。《学与问》一课，我向老师们展示了抓文章主线进行教学的方法，一条主线贯穿整堂课的教学，学文悟理水到渠成。《练习6语文与生活》运用多媒体手段，把孩子们带入如诗如画的四季情境，有效地指导他们进行语文学习。两堂成功的示范课，使我很好地起到了支教老师的引领作用。

一年来，我毫无保留地将自己所学、所知、所悟与大家分享，利用自己在太仓市实验小学工作20年中所获得的成功经验，促使老师们转变教育观念、方法和手段，促进他们去钻研，去探索。老师们在教研组这棵硕大的梧桐树下茁壮成长，引得百花暗香来：苏晓燕、田鸣鸣老师在学校的"浪花"杯说课比赛中脱颖而出，田老师在上课比赛中获二等奖。顾菊芬老师在太仓市"读书写作工程"征文活动中获三等奖。我、潘勤红、田鸣鸣老师在太仓市小学语文教师备课检查中获评优秀。潘勤红、陆正浩老师在太仓市语文教师出卷能力比赛中获得三等奖。潘琴红老师撰写的爱生案例获太仓市三等奖。我为金浪小学老闸校区的教育教学贡献了自己的绵薄之力。

在学习中成长，在教研中成长，在指导中成长，在示范中成长。我和我们金浪小学的老师们互学互长，在教研组这片乐园中一起召唤着心灵的日出。

作者：方明珠，1987 年分配到太仓市实验小学工作，任年级组长。2007 年 8 月—2008 年 7 月，以高级教师身份参加托管支教工作，任九曲小学老闸校区语文教研组组长和毕业班语文教师、班主任，所带班学习成绩在太仓市名列前茅。

三、后来者说： 自磨砺与关怀中遇见未来

太仓市实验小学的集团化办学历经 16 个年头。16 年来，一批批青年骨干参与了从托管到联盟每一个时期的建设，他们在集团化办学历程中生根发芽，并不断生长。他们受益于城乡集团化办学中的教师培养举措，作为新生代教师，展现更加蓬勃的生长姿态，成为当下及未来学校发展的核心力量。

托管第一年，九曲小学的李强老师还是个初入职的新教师，四年托管留给他"一笔财富"——阅读、上课和研讨成为一种自觉，更给他留下"一份念想"——时常想起实验小学浓郁的研究氛围，时常想起师父陶校长的关爱与提携。实验小学毕业的黄海燕老师，又得益于实验小学联盟的"新绿计划"，她珍惜联盟提供的学术氛围，也珍惜联盟搭建的成长平台，正满心期待自己走向成熟。

作为初入联盟的学校管理者，沙溪镇第一小学的沈肖冰校长从重重顾虑和一路担心里走出来，短短两年里，见证了学校发展的巨大改变。她认为，成长不仅是一场蜕变，更是一个破土的过程。参加教育联盟，无论对学校来说，还是对个人来说，都是充分认识自己、直面自己并向上生长的过程。

这个过程，是艰辛的，也是多彩的。

沈肖冰：成长——遇见更坚韧的自己

什么是最好的生活状态？在我看来就是，无论何时、无论何地都能保持一种向上成长的姿态。成长的过程必定是痛并快乐着的，舒适是成长最大的障碍。

在相同的环境里待久了，周围的一切会变得特别舒适，而成长的动力也会随之消失。很幸运，2017 年 8 月，在我工作第二十个年头的时候，实验小学教育联盟又一次为我和我的学校注入了成长的动力。

一、初入联盟，顾虑重重

2017 年 8 月 18 日，沙溪镇第一小学正式加入太仓市实验小学课程与教学教

育联盟。作为一所普通乡镇小学的校长，作为一名对集团化办学一无所知的校长，突然跻身名校引领的集团化办学联盟，我的内心顾虑重重。

至今依然清晰记得当时迅速在大脑中盘旋的几个问题：1.集团化办学究竟是什么？加入联盟之后，我们的学校将面临怎样的变化？2.虽然三年前参加了由实验小学钱澜校长主持的校长发展共同体，获益匪浅，但那是针对校长自我提升的一个培训组织，而集团化办学的到来意味着全校所有的教师和学生的工作和学习都有可能发生改变，他们会做何反应？3.作为成员校，我们如何把握和处理好与盟主校以及其他成员校之间的关系？

更令我惶恐的是，其他四所成员校的校长均是实验小学输出的优秀人才，她们身上有着相同的文化基因、相同的思维模式、相同的教育理念等等，而我不是！

二、联席会议，拨云见日

钱澜校长一如既往地雷厉风行，8月22日，便组织召开了教育联盟首次校长联席会议。会上，钱校长详细解读了实验小学教育联盟的建设目标、运行机制，集体商议通过了联盟章程，明晰了紧扣太仓教育"质量、公平、多元、特色、关爱"五个维度的联盟办学主旨，实现"共生、共创、共赢"。同时，还通过了"淘金计划""新绿计划"和"播种计划"，分步落实联盟目标。

会议结束之后，我又认真学习、消化会议的内容，随着对会议精神的领会，对集团化办学有了初步认识，之前的顾虑也逐渐消减，随之而来的是期待，期待加入联盟之后，我们这所老校会发生怎样的变革。

三、达成共识，欣然接受

8月25日，召开学校行政开学工作会议，会上我宣布了这个消息，并带领全体行政人员一同学习了教育局下发的关于教育联盟成立的相关文件，学习了实验小学教育联盟的章程以及即将开展落实的三大行动计划。

我能感受到一开始行政干部们的不理解甚至是抵触，毕竟现在学校工作非常繁忙，除了学校的发展、教育质量的提升、自身的业务能力的提高，还要应付其他方方面面的繁琐事务，不是身在其中的人是很难体会的。

我与团队成员们仔细分析这三项行动计划，课程、教师(课堂)、学生是学校发展的关键要素，也是我们平时工作的主要抓手，其实并没有增加负担，相反，有了名校的引领,有了同伴的助力,有了非常成熟的样板供我们学习,在学校发展的路上我们可以少走弯路。原本我们顾虑重重的困难,恰恰成了学校发展、教师提升、学生成长的优势和契机。

通过这样的分析,我的团队成员情绪缓和了许多,大家将注意力转移到如何对应自己的分管工作,将三大计划化解为具体有效的行动措施。看着大家心往一处想,劲往一处使,我悬了几天的心总算是放下了。

四、名校引领,渐入佳境

联盟之初,钱校长常常询问我学校管理干部和教师们的工作状态和情绪变化。她邀请校长室和教导处全体成员浸润式跟岗实验小学,参与年级督导的整个过程,点对点进行沟通交流,提升我校教学管理团队科学、有效的管理能力;并且组织教育联盟内的专家团队,到沙溪镇第一小学进行深度调研。

记得那是 2018 年 5 月的一天,一早联盟理事长钱澜校长带领专家团队来到我们学校,进行为期一天的现场调研。为了精准、高效地完成此次调研工作,钱校长首先召开了督导活动会议,明确指出:此次活动意在通过联盟校同伴互助的方式进行现场诊断,要以科研的视角去研究,将关注点放在"儿童"和"城乡"上,切实帮助提高学校的办学水平。工作目标迅速明确,调研工作紧锣密鼓地开始了。专家团队走进课堂,深度"把脉"。共有 24 位老师展示了自己的课堂教学,涉及语文、数学、英语、音乐、美术、体育等多个学科。

听课结束之后,各学科分成语文、数学、英语、综合四个会场进行"专科会诊"。专家们指出,合理的教学行为应平视,有效的学生学习要专注,学科素养的落实重养成,学习是以"儿童"为中心。这也是对课堂教学行为的深度反省。

最后,大家集聚在会议室进行督导反馈。来自联盟校的四位学科组长就上课、备课、作业进行了反馈。大家一致认为,沙溪镇第一小学学生学习专注度高,教师集体备课重实效,作业批改规范有特色。同时强调,课堂要以儿童为中心,既关注学习方法,更关注思维方式。教育是"人"的事业,要在思考中不断前行!

钱校长的高度重视、专家团队的精准指导给全体教师留下了深刻印象。活动结束之后,一位资深教师说,这样的指导挺实在,不是简单地给我们的课堂评定等级,而是从理念出发,以行之有效的方法指导,最后仍然以课堂为落脚点,让我们知道了哪些是值得坚持的，哪些是需要改进的。这样的声音在我听来就是联盟成功的声音。老师们有收获，有提升，欣然接纳，主动参与，还有什么比这更让人欣慰吗？这次深度调研，于我和我的团队而言，更是管理工作上的生动一课。

五、与"师"同行，不负年华

你和什么样的人同行，就会拥有什么样的人生。放眼教育联盟的校长们，特级校长、准特级教师、苏州市名师、高级教师，每一位都是从未停止过前进脚步的太仓教育界翘楚。我和她们并肩而行，是荣幸，也是鞭策。我给自己定下了五个小目标。

目标一：坚持每天读一点。在钱校长的推荐下，我购买了教育类专著，放在案头、床头，利用点滴时间每天读一点。

目标二：坚持每天想一点。苏霍姆林斯基说过："应当善于把教育思想体现在千百件各种各样的事情中。"我不再把思考的内容停留在一般事务的程序上，而是思考如何在工作中体现教育思想，并且使学校里更多的老师关注到这些思想。

目标三：坚持每天写一点。每天写手记，记录身边的教育故事、教育瞬间，把这个好习惯延续下去。

目标四：坚持撰写本专业学术论文。担任校长之后，大量的注意力都转移到了管理工作上，是时候督促自己专业和管理齐头并进了。

目标五：坚持每学期上好一堂市级公开课。课堂永远是教育的主阵地，校长更应该是课堂的引领者。磨课的过程就是借助外力让自己的课堂不断纯熟的过程。

作者：沈肖冰，2013 年 8 月，担任沙溪镇第一小学校长。同年，参加苏州市新任校长培训班。2016 年 6 月—7 月，参加教育部第 80 期全国校长培训班。2017 年 8 月，带领沙溪镇第一小学加入联盟校。

赵丽琴：在信任的目光里发现孩子

南风知我意，赠我漫天繁花的希望。

在我支教科教新城实验小学的一年里，我是德育副主任和少先队大队辅导员，四、五、六年级的音乐老师，学校鼓号队和合唱队的社团指导，学校每周红领巾广播的策划兼制作人，还做过临时班主任……

夜静时分，我再一次打开当年的工作文件夹——一项项活动策划、一次次发言稿件、一张张活动照片……逐渐唤起自己的记忆。

认识小金，是因为他是别人眼里的"3D娃"，他拘谨、木讷、压抑，似乎浑身写满了"不自信"。科任老师们只要聊起他的成绩便只有摇头。

一次音乐课上，我偶然发现他的嗓音是那么清亮，那么与众不同，于是，我便经常请他上台。一次次的锻炼，让他逐渐自信起来，歌也越唱越好了。慢慢地，同学们认可他，称他是班里的"金嗓子"。

"六一"临近，我想给小金一个机会，让他作为独唱歌手，在全校同学面前展示一下。我去说服了他的班主任，做通了其他主课老师的思想工作，每天利用午休时间跟他一起排练。一周过去了，原本以为凭着小金的乐感，我们应该顺利地把节目拿下，但随着"六一"节日的临近，我发现了一个致命的缺陷，每次小金拿着歌词，总能游刃有余地演唱歌曲，一旦脱离歌词，小金就会紧张，唱歌跑调。原来两段歌词内容相似，他无法熟练地背诵出来，加上因为担心唱错歌词而产生的紧张，所以更加漏洞百出。为了帮助他记住歌词，我们想了很多办法：分段演唱，用部分图片代替歌词，跟老师分句接口唱等等。可十天过后，还是未见起色。演出前两天小金对我说："老师，算了吧，我真的很笨，记不住歌词，我不想唱了。"

孩子委屈退场，让我非常有挫败感，也深深自责。不就是一个演唱，怎么会让孩子好不容易燃起的那点希望又破灭了呢？唱首歌，歌词真的这么重要吗？我究竟是在帮他，还是在进一步证明他的愚笨？

我一定得帮他站上那个舞台，我要他相信自己能唱歌，我要他自信地笑给众人看。第二天，我改变了策略，紧急挑选了一些低年级女生给他做伴舞（因为小金个子矮）。每当歌词相似部分出现时，我就让台上的女生做他的伴唱，顺便烘托气氛，让歌曲情绪更加高涨。这样调整后，小金又能唱了，因为他知道，即使忘了歌词，也会有同学陪着他一起唱下去。

"六一"表演，小金成功了，全场的师生都起立为他鼓掌。我在幕后看见他开心地笑了。总有一些孩子的成长并不是按照我们希冀的那样发芽抽枝，而最好的教育就是对每一个孩子说：我依然相信你！

科教新城实验小学的工作早已画上句号。那一年，一直奔跑的我改变了原有的生活节奏，也锻炼了处理问题的能力，养成了一种在困局中寻觅捷径的思维。

那是一个重要的起点，那是一段没有被辜负的时光！

作者：赵丽琴，2011 年 8 月支教科教新城实验小学，任德育副主任、少先队大队辅导员、音乐教师。2013 年 8 月，任实验小学德育副主任、主任。2019 年 8 月，任实验小学副校长，分管德育工作。

许 萍：承担·成功·快乐

2013 年，天镜湖畔的科教新城实验小学拔地而起，我积极响应学校和科教新城实验小学"一体化管理"的号召，怀揣着教育梦想，主动申请进入科教新城实验小学工作。

科教新城实验小学是一所城乡结合部的学校，这里的孩子大部分来自农村。我喜欢孩子们身上真诚而淳朴、踏实而认真的品质，但思维品质欠佳，学习主动性不足，知识储备不够等问题普遍存在。为了解决这些问题，我可以说是煞费苦心。

比如，在开学初，课堂上经常出现一个故事讲完却一片寂静无人回应的现象。没有海量的阅读如何积淀素养，没有丰富的知识又如何开阔眼界？我决心用一年时间来全力推进班级课外阅读。

开学两周后，我即刻来到校图书馆，一排排仔细查阅，一套套细心甄选，给孩子们开了一张包括文学类和科普类图书的长长的书单。每周一，我都雷打不动地坚持带领孩子们借书；每天早上，都和孩子们规划好阅读量；每堂课前 5 分钟，都和他们交流阅读感受。我们坚持做到一周阅读一本书。虽然一开始孩子们很不适应，不是来不及读，就是不会交流。万事开头难。

作为综合实践的任课老师，我清晰地认识到这门课程对提升学生学习能力的重要作用，悉心指导科教新城实验小学的孩子进行项目式学习。我坚持着每天指导他们阅读和交流的方法，坚持带着他们在教室内和教室外做综合实践项目。孩子们越来越大胆自主。科教新城实验小学的老师们也看在眼里，逐渐和我一起进行相关的课程开发和项目研究。

我负责两个毕业班的语文教学,以及综合实践研究课程的建构和实施,每天都很晚回家,回家后还继续为第二天的教学作准备。做一个好老师,真的需要有所坚持,有所放弃。

虽然付出了很多的心血,但一年时间内,孩子们在海量的阅读中逐渐提升了素养,大大开阔了眼界,他们也敢走向校长,充满自信地进行采访。看到他们在毕业考中收获的优异成绩,看着他们开朗的笑脸,我感觉一切付出都值了。

天镜湖畔的这块土地美丽、纯净,在湖畔的科教新城实验小学工作的两年间,我感受到了她美好的前景。这一切都得益于两校一体化的精密管理,让那里的孩子更多地感受到公平教育的润泽。

作者:许萍,2004 年入职太仓市实验小学,从事语文和综合实践教学。2013 年 8 月—2015 年 7 月,在科教新城实验小学工作,承担毕业班两班语文教学、语文教研组长和综合实践教学等工作。2015 年 8 月,返回实验小学工作,现任德育处副主任兼人事助理。

黄海燕:联盟育新绿,助我梦成长

一个普普通通的女孩,一个土生土长的实验小学人——小学 6 年在太仓市实验小学学习,大学毕业后又很幸运地回到实验小学这个大家庭。

如今,我是实验小学联盟"新绿计划"中的一员,在"新绿计划"中重新起航。

一、潺潺流水千层浪

三年的时光,好似匆匆流水,但时时激起层层的浪花。联盟"新绿计划"的每一次活动,仿佛都在为这流水注入无穷的力量,使其生生不息,翻滚向前。

记得第一次集中开会,钱澜校长为我们 18 个"新绿计划"成员上了开篇第一课,指明方向并提出希望,希望我们每一位成员都能有自己的教学主张和风格,能成为联盟内的表率,做一个家长满意、学生喜欢、更具幸福感的教师。

记得第一次做个人规划,虽有明确的方向——希望成为太仓市学科带头人,但具体怎样落实却是一片茫然。师父查人韵校长细心点拨,让我懂得"不积跬步无以至千里",分步计划并持之以恒地做好自己才是最重要的。

　　记得第一次进行联盟内的课堂展示活动，虽然我们来自不同的学校，有着各自不同的学科专业，但我们都向着同一个目标："共生、共创、共赢"而努力，为着同一个主题"彰显学科特色，促进深度学习"而思考。钱澜校长、王娴老师以及联盟学校的伙伴们如约走进我的课堂，那一刻的感受无法用言语表达，在我的身后有一支无比强大的团队，暖意浓浓。

　　记得第一次集中研讨个人教学主张时，想法太多却苦于不会表达，尝到了"书到用时方恨少"的滋味。联盟邀请的专家导师耐心倾听并一一点评，教师发展中心杨惠娟老师的评述我一直铭记在心：教学主张不是一个简单的观念，更不是泛泛而谈的教学经验，它应该是由一个特定的情境触发你去反思自己教学的一个过程，在不断反思与纠正过程中逐渐形成你所特有的一种教学理念，甚至你需要为这个理念而努力终生。

　　太多的第一次来自"联盟"这个大家庭，太多的收获来自"联盟"活动的精心策划与付出。在一次次的活动中，我所收获的不仅是数学学科知识的积累与技能的提高，更多的是教学观念的更新和个人能力的提升。

二、朵朵朝花向阳生

　　课堂无疑是教学的主阵地，我们常常在一起抱团研课磨课，一次次的培训和研讨，让我慢慢懂得：我们的"教"应教在儿童需要处，教在儿童发展处。

　　联盟的跨校研课活动，让我感悟到儿童就是儿童，不管来自哪一所学校，儿童的天性是相通的，我们的课堂需要的是合理设计活动，让不同的学生在活动中都能有所"得"。活动的设计，既要保持数学知识与信息的丰富性，还要对学习目标、学习过程以及可能出现的问题做出有针对性的预设，为学习活动中的"生成"预留空间。促进学生思维发展更有效的方法，我想应该是手脑的结合，因此我所努力的，是将教学中的活动设计成知与行的融合，由具体操作到先思后动，再到思而不动，在整个教学过程中希望孩子们是学习的参与者，更是知识的建构者。

　　作为孩子们的数学老师，传授知识并不是我想做的全部，孩子们思维的提升，方法的灵活运用与迁移，学习能力的发展，具有良好深度学习的品质才是我所乐见的。虽然每个孩子难免会有差异，但我希望在他们每个人的心中都种下一颗向阳的花种，希望他们乐观而自信地向着太阳生长。

做一个社会认可、家长满意、同事欢迎、学生喜欢的老师,是需要底气的。我想做的、我能做的就是珍惜当下所拥有的一切,因为只有珍惜当下,才能为自己扎实铺好未来脚下的每一方砖。

惜,"联盟"为每个新绿成员都提供的足量阅读资源。期待自己能爱上阅读,而不是为了写作的需要去硬读。

惜,"联盟"为我们所搭建的成长平台。对我来说,每一次活动就是一次蜕变的过程,期待未来的自己更加自信坚定。

惜,"联盟"为我们的专业成长所提供的专业引领。期待能不断丰厚自己的教学主张,逐渐形成自己的教学风格。

作者:黄海燕,2009 年至 2016 年,承担实验小学数学学科教学。2016 年,调至港城小学任教数学,现任港城小学德育处副主任。

李强:依托集团化办学,促自我生长

2007 年,我刚走上工作岗位,便遇到了"托管"。当然,初出茅庐的我对这个概念还是比较陌生的,但从周边老师们的语言表述和神情中也揣摩出一二来,那就是:"实验小学副校长直接来九曲做校长,我们的好日子就要到头了!"

托管初期,更多的是类似的负面消息。我在老师们的抱怨声中开始了自己作为教师的人生第一课——走上讲台,上课,备课,写反思。慢慢地,托管成了一种常态,老师们不断地适应逐渐忙碌的工作状态,我则在不断的培训、上课、磨课、研讨、交流等过程中成长。回顾四年多的托管生活,充实替代了忙碌,获得感胜过抱怨,一次次辛苦都成为专业成长路上的甘露。

那么,托管到底给一名青年教师带来了什么呢?

首先,托管为九曲小学教师的发展搭建了一个高水平的专业平台。

教师的发展离不开专业引领,实验小学骨干教师与九曲小学教师之间的师徒结对,让九曲小学多位青年教师在这一平台上快速成长起来。

陆静校长成为九曲小学首位太仓市学科带头人,苏伟老师在倪建斌老师的指导下获得太仓市语文评优课二等奖,高燕老师获得太仓市数学评优课一等奖,龚晓峰老师获得太仓市评优课二等奖等。借用当时虞彩娟老师（九曲小学德育主任，数学骨干教师）对我说的一句话："以前，我们学校的老师出去比赛从来不得奖的。"

从没人获奖到有人获奖，再到获得一等奖，对老师们来说，这是一种鼓励，是一种激励。这种激励不断唤醒更多的老师，学校逐渐形成了一股浓郁的教研氛围。教研活动大家一起上课，互相磨课，相互研讨，一改往日聊家常式的常态化教研。

这期间，师父陶校长给予我许多的帮助，让我不断成长。每月外出学习一次，太仓市级教学研讨活动、苏州市级教学交流活动、"现代与经典"成为我每年最重要的学习平台。每月一节公开课，主要展示平台有教研组活动、校评优课、青年教师汇报课、各类展示课（各级领导、教研员等来校视察）。也因为这些课，我成了校长室的常客。师父手把手地教我研读教材、教学设计、打磨课堂、听课研讨等等。

因为托管，才有了我的成长。因为实验小学老师们的无私奉献，才有了九曲小学老师们的普遍认同。

其次，托管在九曲小学老师面前打开了一扇窗。

农村的老师们工作勤恳、踏实、认真，他们每天一早来到学校，开始一天的工作，进班上课，批改作业，课间抓住每一分钟认真辅导学生，放学后，他们时常主动留校辅导学生。但就是这样一批老师，却非常不愿意主动学习，也不愿意开展教学研讨活动，更不愿意同行来听自己的课。现在想来，他们多半是因为不自信，在专业发展之路上早已习惯"孤军奋战"的老师们，也渐渐习惯了"自我否定"。

托管，恰似为老师们打开了一扇了解外面世界的窗户，城乡学校间的交流如同一股清流滋养着九曲小学的教师们。

我佩服倪建斌老师"高效、高质"的工作作风。每次到行政办公室，总能看见倪老师埋头工作的场景。他有在笔头工作的同时与他人流畅交流的"超能力"，能迅速而准确地回答来自各方的问题；他在科研方面有着深厚的功底，指导我的论文《巧设情景，成就精彩课堂》获金帆杯二等奖。我还体会到陈波老师的"热情"与"专业"。作为一名美术老师，因学校教学需要，她还担任了五年级的音乐教学，没有抱怨，没有牢骚，她以一种饱满的状态迎接每一天的教学。

倪老师和陈老师以他们的专业为平淡的教育生活打开了一扇窗户，让我们不止看到教育的眼前的苟且,还有诗和远方可以追寻。

此外,倪惠芳老师的课程"认识百分数"同样给我留下深刻印象。倪老师的课堂体现了她对农村小学学生的准确把握,以丝丝入扣的小环节设计,有效地降低学习难度,引发学生进行数学思考,引导学生尝试于挑战活动中把握知识本质。倪老师的课堂为老师们打开了一扇教研的视角之窗,原来教学要基于对核心知识的深刻理解与认识,原来教学的设计需要老师对学生知识起点准确把握,原来教学设计是在教材基础上的创新和整体的架构。这样一节展示课,不断启迪着各位数学老师。之后一段时间,我们的教学研究是围绕教材解读与学情分析而展开的。

四年托管,到底为我们留下了什么?

一笔财富:这是一笔精神财富,它体现在九曲小学的老师们,尤其是青年教师们爱"折腾",始终坚持"折腾"自己的课堂,同组的青年教师们经常聚在一起阅读、上课和研讨,这成为自觉。

一支队伍:在托管四年里,先后成长起来数名青年骨干教师,他们成为九曲小学的中层,成为九曲小学发展的中流砥柱。在他们的引领下,九曲小学在教学、科研、课程等方面发展得越来越好。

一份念想:托管四年后,我常常想起实验小学的专家团队来校指导、引领我们成长,时常怀念师父陶校长一直以来的关爱与提携,时常怀念实验小学浓郁的教研氛围……

作者:李强,2007年入职太仓市浮桥镇九曲小学,担任数学老师。2014年调入太仓市港城小学,现任太仓市港城小学教科室主任。

陆伲星:新绿计划:个人成长的沃土

转眼,加入太仓市实验小学教育联盟"新绿计划"已近三载。实验小学教育联盟精心策划,提供资源,搭建平台,充分地给予我们新绿教师成长的养分。三年的培育之路,给予我的不仅是专业的发展,更有内心的历练与成长。

联盟展示课:直指问题核心

2017年年底,联盟组织新绿教师展示课活动,我在科教新城南郊小学执教六年级英语。

　　课前，我认真钻研教材，精心设计活动，自认为准备得比较充分。但在正式上课展示时，我发现学生反应平平，说不出哪一个环节有问题，但就是感觉不够"精彩"。正在我困惑和反思之际，参与听评课的吴校长指出："课堂容量是不是太大了？学生还未消化上一个内容就被迫进入下一环节。""如果将本课内容分为两节课上，是否能上得更活？"一语惊醒梦中人，直指我的课堂核心问题。

　　确实，六年级的课容量大，难点多，在一节课上完成新单词、新句型和课文的教学，要求学生理解、会读课文，还要就所学内容进行综合性的表达，这对学生和教师来说都有难度。而我过分关注了课的设计，一心想着如何在有限的时间内把所有的内容教给学生，却忽视了"学生的学"。与其进行蜻蜓点水式的无效教学，不如适当放缓节奏，优化教学内容和学习活动，让学生学得更真切和有效。

　　此次联盟展示课给我留下了深刻印象，让我直面课堂教学"病根"。我在后续的教学中谨记此次的收获，时时反思课堂，勤于探索学生学习真实发生的教学。

教学主张论坛：探寻突破之路

　　联盟举办"我的教学主张"主题论坛活动，这虽不是教学竞赛，却促使我从另一个视角审视自己的教学。

　　我的课堂是怎样的？我希望自己的课堂是怎样的？为什么是这样的？一系列的问题促使我去思考"学生需要怎样的教学"。归根到底，我们要去关注学生，思考教学的本质。"我的教学主张"主题论坛给了我一条路径，一条由瓶颈通向广阔世界的悠然之路。我的发言主题是"创富有生命力的课堂"。我主张唤活学生思维这一泉"活水"，培育学生学习力这一片"沃土"，让学习自然发生，主动生长，让课堂焕发生命力。

　　我想，对于"教学主张"的实践和探寻，论坛上的展示只是一个起点，我将一直在路上。

教博会、京沪快线：开启科研之旅

　　2018年11月和2019年7月，我有幸在实验小学教育联盟的带领下，分别参与了第四届中国教育创新成果公益博览会（简称"教博会"）和京沪基础教育快线论坛（简称"京沪快线"），领略了两场顶级盛会的风采。

2018 年 11 月，第四届中国教育创新成果公益博览会在珠海举行，展出的优质教育教学创新成果近千项。我观看了多个学生成果展，了解学生研究共同体活动；与多个优质学校进行交流，借鉴课程开发经验；聆听了包括佐藤学教授论坛在内的多个专家论坛，享受智慧的碰撞。

教博会的到来无疑是一场及时雨，我"拜见"了多位国内外高端"师父"，叩开了科研的大门。北京中学、上海浔阳路小学、杭洲凯旋集团、太仓市实验小学的特色课程吸人眼球，给予我课程建设的启示，更让我看到科研惠及学生和学校发展，坚定走好科研之路的决心。

在我迷茫于学校课程实施和课题结题之际，京沪基础教育快线论坛给了我一些"光"的指引。

收获与期待

在实验小学联盟三年的陪伴和指引下，我努力发展自己的专业能力，提高管理工作水平。在未来，我期待自己有更多的发展与成长：继续钻研教学本质，深入专业发展，开展更适切学生的教学，向太仓市学科带头人的目标迈进；进一步提升科研理论水平和管理工作能力，将学校科研工作做实做优。

当然，也期待继续参与实验小学教育联盟的各项活动，进一步开阔视野，在这片"沃土"上汲取更多"养分"。

作者：陆俏星，2008 年入职太仓市沪太外国语小学，担任英语老师。2015 年，学校更名为太仓市高新区第四小学，现任太仓市高新区第四小学教科室主任。

后来者感悟：

参加联盟的三年，在我们的履历里增添了一抹亮色，但更重要的是，我看到了一个不同以往的不断正向成长的自己。布琳·布朗曾说，努力成长的人，一定是一个勇者。因为成长不仅是一场蜕变，更是一个破土的过程。参加教育联盟，于个人而言，是认识自己，发现自己，获得向上生长的动力；于学校而言，是文化融合、文化重构，获得新的发展机遇。

余 论

从 2005 年起,太仓市实验小学以集团化办学为契机,以文化融合与重构为路径,走出了一条城乡学校共同体建设发展的独特之路。本书从学校校长、行政和老师的视域总结了一所学校在集团化探索过程中的作为、成效、问题、不足与思考。

我和老师们从"名校"社会价值出发,不断自我强化责任意识与担当意识。如果从经济利益和劳动报酬角度去考虑,有人或许认为我们的努力是"徒劳"与"折腾",但我们的团队始终沉浸在"帮扶他人,成就自我"的满足之中。正所谓"自助者天助,助人者自强"。

一所不足 100 位教师的县级市的实验小学,十六年来坚持进行多样态的集团化办学实践,并且在继续探索。我们坚持"两手抓,两手都要硬"的"战略":一方面,抓好学校的内涵发展,组织全体教师扎扎实实开展"草根化"研究,研究深度学习的自由课堂,研究草根情怀课程的整体建构,研究每一位、每一类教师主动发展的机制与策略,研究家校共育机制的形成,真真切切探索苏南素质教育样本校建设;另一方面,我们毫无保留地帮助农村学校和新建学校共同进步、共同发展,从强势输出优质文化,到平等共享优质资源,到放大优质资源功效,再到共创再生优质资源,我们和集团内兄弟学校的老师们一起创造美好未来。

十六年探索集团化办学,太仓市实验小学的办学品质在扩模的过程中不仅没有降低,反而不断提升,学校在党建、文化建设、课程建设、师资队伍建设、教育信息化、教育科研、教学质量等方面屡创佳绩。学校几乎每年都为区域输送管理干部和市级以上学科带头人,而学校教育教学质量连续十六年获得综合评估一等奖,每"托管"一所学校就成功一所学校,集团化办学经验在太仓市、苏州市、江苏省乃至全国推广。

十六年的集团化办学之路，我们从政府的他律走向自主探索，再走向完全自觉理性地全面探索学校中观层面的教育综合改革。我们的集团化办学之路无疑是成功的。2010年，太仓市政府把我们托管农村学校的经验写入《太仓市中长期教育改革和发展规划纲要(2010—2020年)》。2012年，我们的集团化办学经验刊登在《人民教育》第18期。2016年，苏州教育局把我们的集团化办学经验作为苏州典型样本再次刊载在《人民教育》。2014年11月，我们的一体化办学经验在中国教育学会第27届全国教学年会上交流。2018年11月，《文化融合与重构：城乡学校共同体建设》成果在"全国第四届教育创新公益博览会"展出。2019年7月，《中国教育报》刊登了太仓集团化办学经验。同年10月，"文化融合与重构：教育集团城乡教学共同体建设课程基地"被江苏省教育厅列为"2019年内涵发展与重点推广项目"。且不说这些经验的价值有多大，重要的是，集团化办学惠及千万百姓子女，使他们享受到优质教育。这普惠的数字相较于全国中小学生数量也许是沧海一粟，但是对太仓市实验小学及其集团校的学生来说，他们真切地享受到优质教育的机会。

探究太仓市实验小学的中心孵化式集团化办学个案，其成功的原因是多方面的，既有外部因素，又有内部因素。

成功的外部关键因素是，我们获得了政策保障、资金保障和智力支持。

首先，政策方面有保障：太仓市教育局对集团化办学有明确的文件与配套的制度。我们所经历的结对、托管、一体化、教育联盟等方式的集团化办学，都是太仓市教育局发起，有教育行政部门的正式发文，太仓市教育局主要领导全程关注并主动调控，定期调研，及时调整政策中不协调的部分，重视阶段性成绩与效果的评估。教育局的政策让我们城乡学校教师互派互动合法化、合理化，而不是盲目介入、无序干扰。

其次，资金方面有保障：教育局委托太仓市实验小学帮助农村学校和新学校建设，促进城乡学校、城乡教师、新融入教师的成长，充分考虑到组织变革带来的学校之间、人员之间互动的运作成本的变动。

在集团化办学的探索期托管阶段，教育局领导已经做出周密的部署，派驻到农村学校的所有支教老师都有专项津贴,每年为每一所城区托管学校提供可自主支配专项资金。特别值得一提的是,太仓市教育局为农村骨干进城和城区教师下乡购买了专车,并配有专职司机,每天来回接送。一体化办学期间,新校的归属地科教新城投入大量科研经费,用以保障两校教师的培训与外出学习。联盟期,教育局对各校教师培训、专家指导与绩效评估给予奖励。

除此以外,太仓市教育局领导与基层校长的精神对话也至关重要。孔春明局长期待我们借鉴金陵饭店托管太仓花园酒店这种企业管理方式来托管农村学校,期望太仓市实验小学步入全省实验小学的第一方阵。王红星局长莅临学校参加我们主持的全国教育科学"十一五"规划教育部立项课题"文化融合视野中的学校共同体建设个案研究"的结题活动,提出了继续做好集团化办学要求,期望太仓市实验小学成为"省内一流,全国著名"的现代化小学。周鸿斌局长期待实验小学多培养名校长。何永林局长希望我们六校教育联盟成为太仓基础教育的"黄埔校",成为战斗堡垒的"井冈山",成为培育正气的"伊甸园"。2019 年年初上任的王晓芸局长调研的第一所小学就是太仓市实验小学,她希望实验小学成为培养人才的摇篮,对我们教育联盟提出了"三个把握"的期待:把握好大目标和小目标的关系,要把握求同存异的关系,把握好坐而论道与实践探索的关系。

第三,智力支持有保障:在集团化办学初期、探索期、深化期、拓展期,受到省内外一流专家团队的持续指导。

2005 年,时任江苏省教育科学研究院副院长杨九俊先生给学校授牌"江苏省教育科学研究院科研协作基地学校",从此,我、行政团队和老师团队走上了用研究的眼光对待教育教学改革中的新事物、难事情和关键事件的道路。一流的课程与教学专家成尚荣、彭钢、孙孔懿、王一军、张晓东、蔡守龙、金连平、张俊平等经常不辞辛劳从省城南京赶到省内最东边的县城太仓莅临指导,面对面、点对点、手把手指导写课题方案,修改论文,评课议课,参与沙龙与论坛点评。他们严谨的治学态度和追求卓越的精神深深影响了我们草根团队,影响了我们草根团队的学习方式、思维方式乃至生活方式。草根教师生发出"五有"理想:有终生学习的理念、有草根教育情怀、有课程开发能力、有专业生活情趣、有国际文化理解。

2013 年,经江苏省教育科学研究院和苏州教育局举荐,我们有幸和华东师范大学杨小微教授团队结缘，开启了 U－S 合作新模式。杨教授是研究组织变革与研制教育现代化指标体系的大专家，海派文化和高校丰富的教育资源让我们看到了别样的中国基础教育风貌，我们的学术交流从省内走向了全国。专家团队的持续介入与引领，让我们这所小学在负重前行的过程中有效规避了集团化办学中优质资源被稀释的风险；让我们有勇气和底气去研究一个又一个前瞻性的课题和项目——两次承担教育部规划课题，三次承担了江苏省重点规划课题，连续五次获得省级以上教育教学成果；让我们有了更深的教育情怀，坚持儿童立场办学，办儿童自由成长和社会责任相伴、民族情怀与国际理解融通的理想教育。

成功的内部关键要素是团队成员的"高度卷入"，集团内校际"互动机制"的建构和创造新的"公共教育产品"意识与气魄。

首先，构建城乡学校多元共同体让团队成员高度卷入。

集团化办学改变了原有的学校管理层级与管理跨度，也影响到原有的学校制度。如果只有校长或几个行政人员、几个骨干教师参与，往往会出现"挂个空名"、把集团化办学当成一种摆设装点学校的门面，或者强行把他校作为学校的一分子，随便指使，加重集团内其他学校的负担并出现"同质化"倾向。

太仓市实验小学集团化办学十六年，用"草根化"的工作方式，充分尊重和调动师生的积极性与创造力，集团内的重要事务集体决策，涉及规划、文化、发展、绩效等的交教代会集体讨论；策划"主题式五环跨校研修"活动，让集团内不同层次教师发挥不同的作用并参与其中，人人有机会到集团内其他学校上"试水课"，体会"以学定教""以学促教"的教学策略；设计学生"跨校一日体验"活动，让文化融合到学生层面，从而影响学生家长，影响更多社会人士，进而产生良好的社会效应。

其次，创生了多主体协同治理的互动机制。

每季度一次的校长联席会议，邀请太仓市教育局蹲点领导、教师发展中心蹲点专家和院校外聘专家一起参与其中，讨论集团"战略"层面的工作。跨校架起管理决策中心、教师发展中心、学生活动中心、课程研发中心和质量监控中心，每月一次讨论落实日常事务。

教研组之间互动机制体现在"主题式五环跨校研修"活动的设计上。从主题出发,进行文献学习、集体备课、抽签上课、课例分析、行为改进、人人上课。年级组之间的互动机制是固定时段的学生夏令营、冬令营和文化节的策划,特色课程互相体验。这样不仅让团队人员参与其中,又能形成长效的互动机制。

第三,创造新的"公共教育产品"。

政府的信任型机制释放了校长和老师思考的活力与创造力。我们理解的"公共教育产品"是不需要花钱购买,直接无条件给集团内学校分享的课程资源、管理经验和文化资源,体现了我国公立体制的优越性,教育集团公益性的性质,更体现了太仓市实验小学草根情怀"大爱"的胸怀。突破一所学校的"篱墙",让老百姓的子女享受优质教育。

在集团化办学中,我们一起研发了教研训一体化发展的教师教育课程,一起研发跨校体验课程、校本特色课程,并不断优化学校课程结构,一起研发家校共育的课程,供集团内师生和家长分享,一起探索教与学的方式变革,推崇项目化学习和个性化学习,一起追求公平而卓越的教育质量。

集团化办学中需要探讨与研究的问题是教师流动问题。

教师合理流动和集团化办学这两项举措都是促进区域教育优质、均衡发展的有效手段,两者是相互关联的。在2007年到2011年托管农村学校时期,太仓市教育局探索了教师组队流动的政策。城区学校组成5～7人的托管团队,下乡时间2～3年,托管团队包括执行校长、中层干部、年级组长、教研组长和需要农村工作经历的青年骨干。带着任务组成团队下乡比教师个体下乡对农村学校有更大的促进作用。农村学校派出相同数量的骨干到城区交流,工作量是城区学校教师的一半,另一半工作量用来跟岗学习。这一做法,短期内给城区学校部分班级带来成绩下滑的问题,但对农村学校的后续发展是十分有利的。十年以后,这些进城跟岗学习的骨干都成为农村学校的中坚力量。

在2013年至2016年一体化管理时期,集团内教师流动也是有序有效的。新校的创办,教师来源有三部分:三分之一是太仓市实验小学的骨干教师,大多是因晋升职称而需要流动经历的骨干;三分之一是来自农村学校、自己有意愿进城发展的教师;三分之一是新分配的师范毕业生。而老校实验小学的教师结构也随之发生变化,老实验小学教师约占50％,农村进城教师约占30％,新分配的师范毕业生约占 20%。所以，摆在老校与新校面前的教师二次发展问题几乎是相同的，也因此有了集团化办学过程中两校教师协同培育、协同发展的可能。新教师培养两年后必须进行第二次分配，全部到农村学校工作，对老校和新校来说，这个"一刀切"的政策或多或少有影响的。老校教师队伍本身碰到"新老更替"的问题，需要有"新的血液"输入；新校工作两年的新教师刚站稳讲台，教学质量还没有"显露山水"，中途就离开了，不利于培养新教师的负责精神与质量意识。

在整个集团化办学过程中，太仓市教育局对太仓市实验小学的师资分配、教师流动、干部配备是十分谨慎的，始终将其作为重要的试点学校进行政策研究。十六年中，太仓市实验小学输出 35 名教学骨干，其中有 25 名骨干担任兄弟学校校级领导，新补足的教师都是农村学校中的佼佼者。这批农村学校调入的教师同样敬业爱岗，但是在教育科研、课程开发、儿童立场和自身专业追求上还有较大的上升空间。促进农村教师二次专业发展与主动融合是我们集团内学校需要破解的难题。另外，教学骨干的流动，带来学校重大项目与课题研究的周期延长，调入骨干必须经历一个文化认同与心理适应的过程。

在教育联盟运作两年之际，我们有必要谋划一下未来的集团化办学之路如何走得更有价值，更有意义。

集团化办学是办学机制创新的一种方式，这项举措给我们每一所集团校带来的启示是：未来是我们要共同去创造的地方，我们集团内校长应该摒弃陈旧的条条框框创新办学，研究教育的时代命题，研究国情，研究"一地一案"，研究"一校一策"，我们要把太仓市实验小学教育集团办成一个共享成长、共创未来的教育现代化学校群，从"课程与教学""学生与教师""管理与领导""校际合作、家校社共育"这四个维度去思考和谋划未来学校的模样。

我们要聚焦课程与教学协同完善各自学校的课程规划，突出课程的育人目标，不断优化课程结构，形成多元性、开放性、生成性的课程体系，积极探索教与学方式的变革，把握苏州教育、太仓教育智慧校园的创建契机，充分利用互联网带来的便捷与海量资源，推行项目化学习和个性化学习。我们要解决单体校不能解决的问题，不同学校研发不同的特色课程，重点建设"学科＋儿童哲学"课程、"本土与国际研学"课程、"儿童心理发展与生涯规划"课程、STEAM 创客课程、儿童戏剧与儿童文化活动课程等；基于深度学习、基于国际理解、基于人工智能、基于未来的能力与素养的教师教育课程等都需要进一步完善；从儿童起点研究出发，重新建构基于"好家风""好家训"的家校共育课程。

迈进中国特色社会主义新时代，我们要坚持教育现代化的办学方向，坚持立德树人，促进人的全面发展。变革学校现代管理制度——形成多主体共同治理的新格局，保障教育思想、教育内容、教育方法、教育手段等方面的现代化，自我赋能，前进的步伐永不停滞！

钱 澜

2020 年春

参考文献

［1］巴兹尔·伯恩斯坦，2016. 教育、符号控制与认同［M］. 王小凤，王聪聪，李京，孙宇，译. 北京：中国人民大学出版社.

［2］彼得·圣吉，2018. 第五项修炼：学习型组织的艺术与实践［M］. 张成林，译. 北京：中信出版社.

［3］曹美琦，2018. 基础教育集团化办学的实践反思［J］. 教学与管理(10)：9-12.

［4］陈之华，2009. 芬兰教育全球第一的秘密［M］. 北京：中国青年出版社.

［5］段恒耀，2018. 论名校集团化办学中的学校组织间关系形态及其治理［J］. 教育理论与实践(16)：21-25.

［6］顾月华，2015. 集团化办学的使命［J］. 人民教育(19)：43-45.

［7］黄忠敬，2016. 基础教育发展的中国之路［M］. 上海：华东师范大学出版社.

［8］姜男，王莉方，2016. 校长如何调适外部环境［M］. 北京：北京师范大学出版社.

［9］教育部课题组，2019. 深入学习习近平关于教育的重要论述［M］. 北京：人民出版社.

［10］李彦青，孟繁华，2016. 由稀释到共生：基础教育集团化建设的突破与超越［J］. 中国教育学刊(5)：57-61.

［11］刘莉莉，2015. 集团化办学的理性审视［J］. 教育发展研究(18)：55-59.

［12］刘敬阳，2008. 关于日本学校教育中的学习共同体理论的介绍［J］. 正德职业技术学院学报(2)：63-66.

［13］柳国梁，2019. 义务教育集团化办学的应然特征、实然问题与对策建议［J］. 现代中小学教育(6)：1-3.

［14］陆胜利，2019. 统筹互通，联动协同——集团化办学的发展与管理策略［J］. 教育视界(5)：20-22.

［15］陆云泉，刘平青，2018. 北京市海淀区教育集团化办学的实践与思考［J］. 教育研究(5)：154-159.

［16］孟繁华，张蕾，佘勇，2016. 试论我国基础教育集团化办学的三大模式［J］. 教育研究(10)：40-45.

［17］齐格蒙特·鲍曼，2007. 共同体［M］. 欧阳景根，译. 南京：江苏人民出版社.

［18］乔慧莲，2012. 基础教育名校集团化问题研究——以北京九中为例［D］. 中央民族大学.

［19］钱澜，2009. 托管共同体：让城乡学校共同提升［J］. 江苏教育研究(12)：62-63.

［20］钱澜，2016. 校内督导制：扎根儿童　关注人人［J］. 中小学管理(02)：50-52.

［21］钱澜，2015. 组织架构创新：推动"一体化"发展［J］. 上海教育科研(11)：75-77.

［22］钱澜，2015. "名校＋新校"一体化管理的问题与对策［J］. 教育视界(2)：25-26.

［23］钱澜，2015. 文化融合与重构："一体化"管理的核心策略［J］. 江苏教育研究(Z1)：22-25.

[24] 钱澜,2015. 游学：从活动走向课程[J]. 江苏教育(21)：50-51.

[25] 钱澜,张勤坚,2012. 让游与学深度融合——江苏省太仓市实验小学的游学课程[J]. 人民教育(19)：43-46.

[26] 钱澜,2008. 分享、研究、督导：学校课程制度的创新[J]. 中国教育学刊(8)：47-49.

[27] 钱澜,2010. 平凡与卓越之间[M]. 天津：天津教育出版社.

[28] 钱澜,2015. 适合的就是最好的——基于草根文化的管理智慧[J]. 江苏教育(39)：41-43.

[29] 钱澜,倪建斌,2016. 草根情怀教育：草根文化引领下的学校课程变革[J]. 江苏教育研究(13)：30-34.

[30] 钱澜,2017. 草根情怀教育——全球视野中小学素质教育的本土建构[M]. 南京：江苏人民出版社.

[31] 钱澜,2018. 小学研学旅行课程目标建构的再思考——以太仓市实验小学实践探索为例[J]. 江苏教育研究：实践(B版)(11)：31-34.

[32] 任国平,朱哲,2012. 让每位教师成为最好的自己——江苏省苏州市教师队伍建设工作纪实[J]. 人民教育(18)：18-28.

[33] 舒惠,张新平,2017. 优质均衡愿景下的学校内生发展之路[J]. 中国教育学刊(6)：52-57.

[34] 汤林春,2018. 上海市学区化集团化办学探索与前瞻[J]. 上海教育科研(3)：15-19.

[35] 汤林春,2019. 上海推进紧密型学区化集团化办学的探索与思考[J]. 上海教育科研(6)：27-30.

[36] 陶萍,2009. 在托管工作中感受"家"的温暖[J]. 江苏教育研究(12)：63.

[37] 王彦飞,2010. 教师共同体的构建策略——知识管理的视角[J]. 聚焦教师(5)：60-61.

[38] 王悦芳,2009. 芬兰基础教育改革的逻辑与理念[J]. 外国中小学教育(6)：7.

[39] 王珍,2014. "名校集团化"办学对义务教育均衡发展的影响——以南昌地区为例[J]. 江西科技师范大学学报(4)：104-108.

[40] 武亚娟. 2013. 基础教育集团化办学研究[D]. 陕西师范大学.

[41] 谢宁,2013. 城乡统筹背景下教师专业发展的校际合作机制研究[D]. 西南大学.

[42] 严开宏,2008. 论学校共同体及其理想型[J]. 当代教育科学(11)：29-31.

[43] 严乃超,2014. 县域集团化办学的高原现象与突破策略——以苏南地区太仓市城乡学校一体化管理为例[J]. 上海教育科研(12)：59-61.

[44] 杨晓梦,2019. 优质共生：集团化办学再出发的价值追问与路径选择——来自"第二届全国中小学管理理论与实践融合研讨会"的声音[J]. 中小学管理(5)：26-29.

[45] 杨小微,2011. 近五年我国基础教育改革及其研究的进展报告[J]. 基础教育(6)：5-20.

[46] 杨小微,2012. 对话精神远高于形式[J]. 人民教育(20)：45-47.

[47] 杨小微,2012. 变革进程中学校决策与发展的基本走向[J]. 华中师范大学学报(人文社会科学版)(1)：138-143.

[48] 杨小微,张良,2013.学校文化建设的思与行[J].人民教育(Z1):23-26.

[49] 杨小微,2014.探寻区域义务教育优质均衡发展的新机制——以集团化办学为例[J].教育发展研究(24):1-9.

[50] 杨洲,田振华,2018.基础教育集团化办学的内涵意蕴、发展现状及可能进路[J].中国教育学刊(8):54-57.

[51] 叶澜,2019.关于教育优质公平发展的三重思考[N].光明日报10-16.

[52] 俞晓东,戚小丹,2018.让每个孩子都能享有公平而有质量的教育——2017年基础教育学区化集团化办学未来峰会综述[J].上海教育科研(3):24-27.

[53] 于雅楠,2014.基于共同体理论的多校区管理研究[J].教学与管理(27):48-50.

[54] 张建,程凤春,2016.名校集团化办学的学校治理:现实样态与实践理路[J].中国教育学刊(8):16-22.

[55] 张建,程凤春,2019.名校集团化办学中的校际合作困境:内在机理与消解路径——基于组织边界视角的考量[J].教育研究(6):87-97.

[56] 张爽,2015.基础教育公立学校教育集团建设的实践途径研究[J].教育学报(6):42-48.

[57] 张爽,2017.基础教育集团化办学的模式研究[J].教育研究(6):87-94.

[58] 张爽,2019.集团化办学的阶段性反思与体系重构[J].中小学管理(3):5-8.

[59] 张徐,2019.基础教育集团化办学研究回顾、反思与展望[J].教育导刊(1):40-46.

[60] 赵健,吴刚,2008.学习共同体的建构[M].上海:上海教育出版社.

[61] 周彬,2005."名校集团化"办学模式初探[J].教育发展研究(16):84-88.

[62] 周建国,2005.合作共同体——学校发展、教师成长的理想选择[J].青年教师(3):45-46.

[63] 周培亚,2009.迈好托管第一步[J].江苏教育研究(12):63.

[64] 朱永新,2019.未来学校:重新定义教育[M].北京:中信出版社.

[65] 佐藤学,2010.学校的挑战:创建学习共同体[M].钟启泉,译.上海:华东师范大学出版社.